2021—2022年
网络舆情
热点扫描

姜文华　刘春阳　编著

国际文化出版公司

·北京·

图书在版编目（CIP）数据

2021—2022 年网络舆情热点扫描 / 姜文华，刘春阳编著 . -- 北京 ：国际文化出版公司，2022.9
ISBN 978-7-5125-1442-3

Ⅰ. ① 2… Ⅱ . ① 姜… ② 刘… Ⅲ . ① 互联网络－舆论－研究－中国－ 2021-2022 Ⅳ . ① G219.2

中国版本图书馆 CIP 数据核字 (2022) 第 112202 号

2021—2022 年网络舆情热点扫描

编　　著	姜文华　刘春阳
统筹监制	吴昌荣
责任编辑	侯娟雅
品质总监	张震宇
出版发行	国际文化出版公司
经　　销	全国新华书店
印　　刷	三河市华晨印务有限公司
开　　本	710 毫米 ×1000 毫米　　16 开
	22.25 印张　　305 千字
版　　次	2022 年 9 月第 1 版
	2022 年 9 月第 1 次印刷
书　　号	ISBN 978-7-5125-1442-3
定　　价	78.00 元

国际文化出版公司
北京朝阳区东土城路乙 9 号　　　　邮编：100013
总编室：(010) 64270995　　　　传真：(010) 64270995
销售热线：(010) 64271187
传真：(010) 64271187-800
E-mail: icpc@95777.sina.net

前　言

　　2021年是具有历史性意义的一年。我们迎来中国共产党建党百年华诞，第一个百年奋斗目标如期实现，开启实现第二个百年奋斗目标新征程。2021年，全球新冠肺炎疫情仍处于大流行状态，中国在疫情防控和经济社会发展这一大考中交出了一份优异的答卷。就业优先、教育减负、养老保障、环境保护……民生为先，民意为本，人民群众有了更多实实在在的获得感、幸福感、安全感。

　　网络舆情是社会的晴雨表、时代的风向标。自2017年以来，我们连续每年出版"网络舆情热点扫描"系列丛书，力求观察和记录中国网络舆情发展演变的历史进程。今年，我们出版了该套系列丛书的第五本。全书从时政、经济、社会、文化、外交、网络等多个维度出发，全面梳理了各个领域2021年度的网络舆情热点、焦点事件，分析总结了相关网络舆情事件的发展态势、引发的关注和讨论。通过对重点领域"点"和"面"上的网络舆情的回顾、梳理与总结分析，我们力求使读者能够全面、客观、直观地了解2021年度网络舆论场动向变化，帮助读者从舆情的角度来把握2021年度的社会发展脉动。

姜文华　刘春阳

2022年7月

目　录

第一章 治国理政：百年荣光新征程

2021年，在中国共产党和中华民族历史上，都是具有里程碑意义的一年。这一年我们共同见证了中国人民在抗击新冠肺炎疫情过程中的坚强团结，经历了世界形势的风云变幻。回顾2021年，我国克服疫情防控和经济社会发展各项任务的繁重压力，如期全面建成小康社会、实现第一个百年奋斗目标，全面开展党史学习教育活动，隆重庆祝中国共产党成立100周年，胜利召开党的十九届六中全会、发布党的第三个历史决议。一年来，国家治理能力显著提升，经济社会持续稳步发展，特色大国外交引领世界，抗击新冠肺炎疫情领先全球。一年来，我们构建新发展格局迈出新步伐，推动高质量发展取得新成效，开启全面建设社会主义现代化国家、向第二个百年奋斗目标进军新征程。"十四五"实现良好开局，将在新时代新征程上迈向更加伟大的胜利和荣光，以优异成绩迎接党的二十大胜利召开。

第一节　回首百年路　感悟党史奋进伟力

2021年是中国共产党成立100周年。在全党开展党史学习教育，是党中央立足党的百年历史新起点、统筹中华民族伟大复兴战略全局和世界百年未有之大变局、为动员全党全国满怀信心投身全面建设社会主义现代化国家而作出的重大决策。党中央周密部署，党史学习贯穿全年，百年党史鼓舞斗志、凝聚力量。党的十九届六中全会顺利召开，党的第三个历史决议反响强烈。大批榜样事迹涌现，打动人心。值中国共产党百年华诞之际，舆论号召牢记初心使命，感悟党史伟力，坚定理想信念，奋力建设国家，以昂扬姿态开启全面建设社会主义现代化国家新征程。

重大部署：百年之际深入学习党史

2021年，中国共产党迎来百年华诞。百年芳华，风采依旧。以习近平同志为核心的党中央周密谋划部署，率领全党开展党史学习教育、隆重庆祝中国共产党成立100周年、总结党的百年奋斗重大成就和历史经验。

习近平总书记亲自谋划、部署党史学习教育工作。2月，习近平同党外人士共迎新春时指出，中共中央决定，今年在全党开展中共党史学习教育，激励全党不忘初心、牢记使命，在新时代不断加强党的建设。2月20日，党史学习教育动员大会在北京召开，习近平总书记亲自讲授了党史学习教育"第一课"，他指出，这次党史学习教育，是党的十八大以来第五次党内集中教育，在建党百年的重大时刻，在"两个一百年"历史交会的关键节点，具有极其重要的现实意义和历史意义。[1]习近平总书记在贯穿全年的党史学习教育中，身体力行，率先垂范：4月，来到广西红军长征湘江战役纪念园，缅怀革命先烈；6月，走进点燃红色火种的北大红楼和丰泽园毛泽东同志故居。习近平总书记还前往中国共产党历史展览馆，参观"'不忘初心、牢记使命'中国共产党历史展览"，并带领党员领导同志重温入党誓词。9月，习近平在陕西榆林考察期间，来到杨家沟革命旧址。在福建，习近平指出，要在党史学习教育中做到学史明理，

---

① 习近平：在党史学习教育动员大会上的讲话，新华网，2021-03-31。

明理是增信、崇德、力行的前提。^①在广西，习近平强调，学史增信，就是要增强信仰、信念、信心，这是我们战胜一切强敌、克服一切困难、夺取一切胜利的强大精神力量。^②在青海，习近平指出，在党史学习教育中做到学史崇德，就是要引导广大党员、干部传承红色基因，涵养高尚的道德品质。^③在西藏，习近平强调，学史力行是党史学习教育的落脚点，要把学史明理、学史增信、学史崇德的成果转化为改造主观世界和客观世界的实际行动。^④

11月，党的十九届六中全会顺利召开，审议通过了党的第三个历史决议《中共中央关于党的百年奋斗重大成就和历史经验的决议》，该决议集中了全党的智慧，全面系统地总结了我们党百年奋斗的重大成就和历史经验，特别是着重阐释了党的十八大以来党和国家事业取得的历史性成就、发生的历史性变革，充分彰显了我们党高超的政治智慧和责任担当，充分彰显了我们党高度的历史自觉和历史自信。12月24日，在在京召开的党史学习教育总结会议上，习近平总书记强调，要认真总结这次党史学习教育的成功经验，建立常态化、长效化制度机制，不断巩固拓展党史学习教育成果。^⑤一年以来，以习近平同志为核心的党中央围绕建党百年运筹帷幄，谋篇布局。习近平总书记始终强调，重视学习和总结历史，重视借鉴和运用历史经验，重视从历史中汲取智慧和力量，是党能够从小到大、由弱到强，不断取得胜利的重要原因，是党的成功之道。^⑥

在以习近平同志为核心的党中央带领下，全体党员，全国人民深入学习党史，感悟党史伟力，备受鼓舞，勠力同心，踏上第二个百年奋斗目标的新征程。舆论高度认可习近平总书记在建党百年之际亲自部署，充分感悟党百

---

① 习近平：在福建考察时的讲话，新华网，2021-03-25。
② 习近平：在广西考察时的讲话，新华网，2021-04-27。
③ 习近平：在青海考察时的讲话，新华网，2021-06-09。
④ 习近平：在西藏考察时的讲话，新华网，2021-04-27。
⑤ 习近平：在党史学习教育总结会议上的讲话，新华网，2021-12-27。
⑥ 学习进行时 | "习近平的2021"：总结党的辉煌百年，开启新的赶考之路，新华网，2021-12-21。

年历史中的磅礴伟力，全年涉及党史相关信息量超过1,100万条。媒体纷纷刊发评论，高度肯定中国共产党恢宏历史与学习党史的重要意义。新华社评论称，历史不仅蕴藏着我们"从哪里来"的密码，也标定我们"走向何方"的路标。对历史最好的致敬，是书写新的历史；对未来最好的把握，是开创更美好的未来；宏阔的视野，决定光明的未来。人民网评论称，我们在总结历史经验中航向更加清晰、步伐更加坚定。百年征程波澜壮阔，百年奋斗成就辉煌，党领导人民进行伟大奋斗，在进取中突破，于挫折中奋起，从总结中提高，积累了宝贵的历史经验。

在国家语言资源监测与研究中心发布的"2021年度中国媒体十大流行语"中，排首位的是"建党百年"；在《咬文嚼字》编辑部发布的"2021年十大流行语"中，包含"百年未有之大变局""小康""赶考"；在上海《语言文字周报》编辑部发布的2021年"十大网络热议语"中，榜首为"建党百年"。贯穿全年舆论的各类十大热门语均包含建党百年，足见在党中央的领导与部署

图1-1　上海《语言文字周报》2021年度十大流行语

图1-2　2021年网络舆论热词云图

下，党的百年华诞深入人心，持续引发关注。网民盛赞党中央周密部署，高瞻远瞩，热议在党的百年华诞深刻感受和学习了我们党走过的光辉岁月，"奋进""振奋""奋斗"成为全年舆论场的高频用词，"自信""光荣""自豪"也是这一年中网民真切的呼喊。

周密部署：党史学习教育效果显著

中国共产党自1921年成立以来，团结带领全国各族人民为争取民族独立、人民解放和实现国家富强、人民幸福而不懈奋斗，已经走过一百年光辉历程。2021年，在庆祝我党百年华诞的重大时刻，在"两个一百年"奋斗目标历史交汇的关键节点，以习近平同志为核心的党中央作出重大战略决策：在全党开展党史学习教育。2月20日，在党史学习教育动员大会上，习近平总书记发表重要讲话，要求全党同志做到学史明理、学史增信、学史崇德、学史力行，

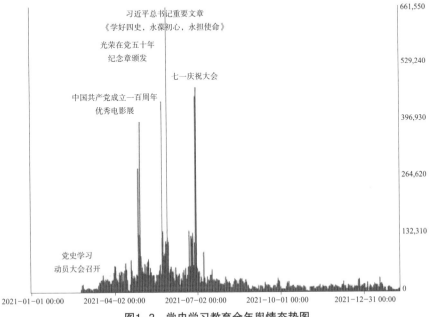

图1-3　党史学习教育全年舆情态势图

学党史、悟思想、办实事、开新局，以昂扬姿态奋力开启全面建设社会主义现代化国家新征程，以优异成绩迎接建党一百周年。[①]这场覆盖9,500多万名党员的党内集中教育在全党上下全面展开。

一年以来，各地区各部门各单位将党史学习教育作为重要政治任务，周密部署，精心安排，扎实推进，开展了一系列主题鲜明、形式多样的活动，求实务实扎实做好党史学习教育各项工作。中共北京市委理论学习中心组围绕学习贯彻习近平新时代中国特色社会主义思想，开设了"政治理论学习"和"构建首都新发展格局"系列讲座；中央和国家机关工委探索并完善了学习交流机制，采取会前定题不定人、会上随机抽点发言、现场随机提问的方式，传导学习压力，破解学习中的形式主义难题；中共浙江省委创作推出了电视理论宣讲节目《中国共产党为什么能》；中共黑龙江省委党校打造了多个干部教育特色主题教室等。各地区各部门深入部署，扎实落实，锐意创新，学习效果明显。根据中央安排，党史学习教育领导小组派出了25个中央指导组，充分运用巡回指导、随机抽查、调研访谈、巡听旁听等多种方式，推动党史学习教育走深走实。讲体会、讲收获，摆问题、找差距，补短板、提质效。"七一"以后，全国基层党组织陆续召开专题组织生活会，一场场检视深刻、富有辣味的"政治点名"在广大基层党组织展开。党的十九届六中全会顺利召开后，全党全社会持续掀起学习贯彻党的十九届六中全会精神热潮，广大党员干部反响更加热烈，党团结带领中国人民又踏上了实现第二个百年奋斗目标新的赶考之路。

一年来，"互联网+党史学习教育"模式发挥了重要作用，各类党史学习形式通过互联网深入党员、群众生活，效果显著。由中央党史学习教育领导小组办公室指导，人民网承办的"党史学习教育官网"、共产党员网开放的

---

① 习近平：在党史学习教育动员大会上的讲话，新华网，2021-03-31。

"党史学习教育网专题网站"等专题学习网站，"全国党史知识竞赛""全国青少年诵读党史故事活动""学党史，悟思想读书汇"等微信公众号，"学习强国""人民日报"等学习App，西柏坡纪念馆、中共一大会址纪念馆、侵华日军南京大屠杀遇难同胞纪念馆、瑞金中央革命根据地纪念馆等上百个党史网上展馆，等等，各类网上学习通道、形式深入众多党员群众。各种形式的党史重温、宣传、讲述在网上引发全体党员乃至全体人民深刻感悟党的历史，深入了解党史、新中国史、改革开放史、社会主义发展史，将党史作为最生动、最有说服力的教科书。

全年的党史教育活动，持续引发了全国舆论高度关注与热议。主流媒体纷纷肯定活动效果。《人民日报》称，要"把党的历史学习好、总结好，把党的成功经验传承好、发扬好，以史为鉴、开创未来，埋头苦干、勇毅前行"。新华社评论称："历史照亮未来，奋斗成就伟业。一次次从历史中汲取智慧和勇气，一次次从胜利走向新的胜利的中国共产党和中国人民，必将在新时代新征程上赢得更加伟大的胜利和荣光。"《光明日报》称，我们迎来中国共产党的百年华诞，总结百年奋斗的重大成就与历史经验，从党史学习教育中汲取奋进的力量。中央党史和文献研究院刊发评论文章称，重视对历史的学习和对历史经验的总结与运用，从中找到前进的正确方向和正确道路，是我们党的一个好传统，也是我们党领导中国革命、建设、改革不断取得胜利的一个重要原因。中国历史研究院评论称："只有树立大历史观，才能进一步把握历史发展规律和大势，牢牢掌握历史主动，确保中华民族伟大复兴的巨轮始终沿着正确航向破浪前行。"贯穿全年的党史学习教育活动成为一件关乎全国的政治大事，党员、群众深受党史感召和鼓舞，真正做到了知史爱党，知史爱国，确保中国共产党始终成为中国特色社会主义事业的坚强领导核心，确保党和国家事业根基永固、优势永存、先进永葆、血脉永续。党史学习相关话题"党史学习教育""党史""党史百年天天读""党史上的今天""追寻党史百年记忆""文艺志愿者学党史传精神跟党走"等持续引发舆论关注，累计超过50亿话题阅读量，超过1,000万评论量。"致敬""学党史，跟党走""传精神""汲取奋斗力量"等成为网民高频用词。

历史时刻：建党百年大庆引发热议

建党百年庆祝大会前夕，习近平总书记向"七一勋章"获得者颁授勋章。中国共产党历史展览馆落成开馆，文艺演出《伟大征程》盛大举行。7月1日上午，庆祝中国共产党成立100周年大会在北京天安门广场隆重举行，各界代表7万余人以盛大仪式欢庆中国共产党百年华诞。中共中央总书记、国家主席、中央军委主席习近平发表重要讲话指出，中国产生了共产党，这是开天辟地的大事变，深刻改变了近代以后中华民族发展的方向和进程，深刻改变了中国人民和中华民族的前途和命运，深刻改变了世界发展的趋势和格局。中国共产党一经诞生，就把为中国人民谋幸福、为中华民族谋复兴确立为自己的初心使命。一百年来，中国共产党团结带领中国人民进行的一切奋斗、一切牺牲、一切创造，归结起来就是一个主题：实现中华民族伟大复兴。[①]

央视新闻通过互联网现场直播了建党100周年庆祝大会，众多网民观看、评论和祝福。天安门城楼上，习近平总书记举起右拳，发出历史的强音："伟大、光荣、正确的中国共产党万岁！伟大、光荣、英雄的中国人民万岁！"习近平总书记的讲话引起舆论强烈点赞，引发全国舆论沸腾，"庆祝中国共产党成立100周年大会""祝福党的百年华诞"等相关微博热搜话题持续刷屏，累计阅读量超100亿次，讨论量超4,800万次。"一百周年真的太振奋人心了！""我们生在红旗下，长在春风里。人民有信仰，国家有力量，民族有希

---

① 习近平：在庆祝中国共产党成立100周年大会上的讲话，新华网，2021–07–01。

图1-4　习近平总书记"七一"讲话高频词云图

望。""我爱我的国，我爱我的党！继续为中华民族伟大复兴奋斗！""礼赞百年征程，不忘初心再出发""迈进新征程、奋进新时代"等真挚的评论，反映出网民对党百年奋斗历程的高度肯定，对中国发展前景的高度自信。舆论纷纷表示要继续弘扬光荣传统，赓续红色血脉，继承并发扬伟大建党精神，并表示在中国共产党的领导下，中华民族伟大复兴的中国梦、全面建成社会主义现代化强国的目标一定能够实现。

"七一"大庆的背后，反映出我国人民更加自信，民族和国家自豪感显著增强。青年网民群体尤其成为凝聚我国新兴群体的中流砥柱。2021年，革命历史题材剧《觉醒年代》成为网红热播剧，在豆瓣评分高达9.3。网民纷纷用诸如"《觉醒年代》yyds[①]""《觉醒年代》太好哭了"等网络话语发表感想。据优酷平台数据，《觉醒年代》观众画像中，35岁以下的青年观众占比接近60%；在社交媒体上，更有很多年轻人自发"安利"[②]，将电视剧截图做成有趣的表情包和原创漫画，并在弹幕上留下慷慨激昂的"小作文"[③]。在"七一"

① yyds，也被称作"歪歪滴艾斯"，网络流行语，即"永远的神"的缩写。
② 安利，网络流行语，相当于"诚意推荐"。
③ 这里指聊天或发朋友圈时的长篇大论的文案，因为内容比较长，有写作文的即视感，所以被称作"小作文"。

庆祝大会上，共青团员和少先队员代表集体致献词："不忘初心，青春朝气永在，志在千秋，百年仍是少年，奋斗正青春！青春献给党！请党放心，强国有我！请党放心，强国有我！"一张张青春年少的面庞，一句句郑重有力的誓言，彰显着新时代中国青年的志气、骨气、底气所在。"强国有我，请党放心"持续刷屏网络，入选十大网络热语，青年群体的爱国主义情绪与民族自豪感持续增强。

"七一"大庆前后，舆论学习感悟党史热度空前，对中国共产党百年历史高度自信，并对网上出现的历史虚无主义等思潮进行了有力批驳。《求是》杂志评论员文章称，要旗帜鲜明反对历史虚无主义。只有正确认识历史，才能更好开创未来。正确认识历史，就要坚持正确党史观，就要旗帜鲜明反对历史虚无主义，以史为镜、以史明志，知史爱党、知史爱国，坚定历史自信、增强历史自觉，在乱云飞渡中把牢正确方向，风雨无阻，坚毅前行，开创属于我们这一代人的历史伟业。在深入学习、感悟党史的同时，广大党员、群众在网上自发批驳历史虚无主义。就"震旦学院教师公开质疑南京大屠杀死难者人数"批评称"枉为人师""历史虚无主义的本质，就是以所谓'重新评价'为名，歪曲近现代中国革命历史"等；就"国内接连出现'精日'事件"评论称"数典忘祖"；就"罗某平侮辱志愿军冰雕连被公诉"发声称"抗美援朝的伟大历史不容侮辱和曲解"；对"沈阳推出张作霖大帅币交通卡"评论称"这种旧军阀，即便没被钉在耻辱柱上，也不该给他立碑刻传吧？"等。

"历史自信"成为2021年舆论热议的政治新词，以及政治舆论领域的新热点，引发舆论高度关注。"上观新闻"评论解读称，牢牢把握历史自信与道路自信、理论自信、制度自信、文化自信之间的关系，对于我们进一步坚定信心决心，以史为鉴、开创未来，埋头苦干、勇毅前行，有着重要的理论和实践意义。微信公众号"六和钟"评论称，历史自信需要回到历史中去找寻答案。历史自信源于中华民族深厚的历史文化积淀。历史自信源于建党百年的历史伟

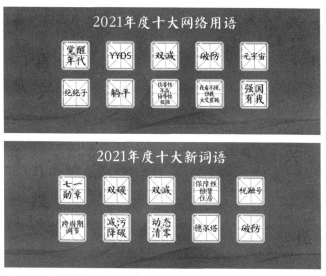

图1-5　上海《语言文字周报》2021年度十大网络用语与新词语

业。历史自信源于中国发展的世界性成就和贡献。历史自信源于接续奋斗的永恒精神力量。《辽宁日报》评论称，坚定历史自信显示党对百年奋斗历程取得重大成就的强大底气。坚定历史自信展现党总结历史经验、找到制胜密码的伟大智慧。坚定历史自信为走好新的赶考之路提供不竭力量。历史自信也充分反映在全年的舆论中。从电影《长津湖》创下中国影史新纪录，影评中"这是一支充满希望的队伍，能打胜仗的队伍，永远向这些革命先烈致敬""最好的彩蛋，便是今日繁荣昌盛的祖国""别说当时的美军想不到，现代人更想不到，在没有制空权的情况下，在补给、装备远远落后的情况下，人民军队打赢了抗日战争，打赢了抗美援朝战争，打赢了一切对外正义战争"等内容，到全国党史学习潮等，都反映出国民深入学习党史，汲取党史伟力，感悟历史自信。

决议历史：十九届六中全会反响热

11月8日至11日，党的十九届六中全会在北京召开。全会听取和讨论了习近平受中央政治局委托做的工作报告，审议通过了《中共中央关于党的百年奋斗重大成就和历史经验的决议》，审议通过了《关于召开党的第二十次全国代表大会的决议》。习近平就《中共中央关于党的百年奋斗重大成就和历史经验的决议（讨论稿）》向全会做了说明。全会决定，中国共产党第二十次全国代表大会于2022年下半年在北京召开。

全会审议通过的《中共中央关于党的百年奋斗重大成就和历史经验的决议》（以下简称《决议》），聚焦总结党的百年奋斗重大成就和历史经验，突出中国特色社会主义新时代这个重点，体现了党中央对党的百年奋斗的新认识，是一篇光辉的马克思主义纲领性文献，是新时代中国共产党人牢记初心使命、坚持和发展中国特色社会主义的政治宣言，是以史为鉴、开创未来、实现中华民族伟大复兴的行动指南。3.6万余字的《决议》，浓缩了中国共产党一个世纪波澜壮阔的征程，揭示了百年辉煌的深远影响和创造奇迹的核心密码，字字意义深远，句句高屋建瓴。历史已经证明，党的前两个历史决议，极大增强了全党在政治上、思想上、组织上、行动上的高度团结统一，对推进党和人民事业发挥了重要引领作用。历史将继续证明，党的第三个历史决议，必定能够更好凝聚全党共识，统一全党思想、意志、行动，指引新时代的中国共产党人赢得更加伟大的胜利和荣光。

2021年10月起至11月初，境内外舆论开始关注即将召开的六中全会，其中境内新闻报道逐渐增多。2021年11月8日，党的十九届六中全会正式召开，网上有关全会的报道和评论持续增多，六中全会公报经新华社授权发布当日百度指数跃升至138,500。十九届六中全会的胜利召开，特别是《中共中央关于党的百年奋斗重大成就和历史经验的决议》的公布，舆论反响热烈。境内媒体网站纷纷在首页醒目位置对全会进行报道和解读。新华社"钟华论"评论称，3.6万余字的历史决议是一篇马克思主义的纲领性文献，是新时代中国共产党人牢记初心使命、坚持和发展中国特色社会主义的政治宣言，是以史

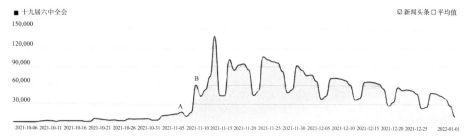

图1-6　十九届六中全会百度指数图

为鉴、开创未来，实现中华民族伟大复兴的行动指南。《人民日报》评论称，《决议》全面、深刻、系统阐述了党对中国人民、对中华民族、对马克思主义、对人类进步事业、对马克思主义政党建设所作的历史性贡献，深刻揭示了党百年奋斗的重大意义和价值所在。国际舆论用"具有关键意义""决定中国的前途"等来形容这次会议。俄罗斯列格努姆通讯社报道称，中共中央委员会全体会议在历史上曾多次讨论党的最重要问题并决定中国发展的道路。这次会议对于中国共产党的建设具有关键意义。新加坡《联合早报》评论称，中共十九届六中全会审议通过了中国共产党历史上第三个历史决议，强调中共中央总书记习近平的核心地位和习近平新时代中国特色社会主义思想的指导地位。

榜样力量：优秀党员事迹激励人心

伟大时代呼唤伟大精神，崇高事业需要榜样引领。2021年，中国热情礼赞功勋模范，大力弘扬榜样精神，先后颁授和表彰了"七一勋章"、全国脱贫攻坚楷模、时代楷模等。

2月19日，《解放军报》头版刊发反映中印边境任务部队官兵卫国戍边先进事迹的综合性报道《英雄屹立喀喇昆仑》，5位卫国戍边官兵的英雄事迹随之公布，相关报道和视频迅速刷屏网络。无数国人为英雄的事迹感动落泪，

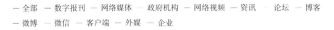

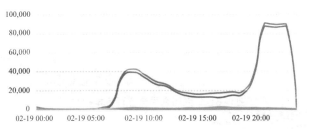

图1-7　2021年人民众云"卫国戍边英雄官兵"话题热度趋势图

话题热度飙升，成为当时舆论场最受关注的重磅话题。卫国戍边的英雄们感动中国，舆论场上的反馈与声音，可视作人民对英雄的一曲礼赞。从文字到视频，从微博、微信到B站，从《谁是最可爱的人》到今天媒体与网民的每句讨论，人们在用破圈与跨越时代的共鸣致敬戍边英雄。

2月25日，全国脱贫攻坚总结表彰大会在北京人民大会堂隆重举行。建党百年，党中央首次颁授"七一勋章"和颁发"光荣在党50年"纪念章。11月，中央组织部联合有关部门评选公布了32名"最美公务员"，并为他们记一等功。12月，《榜样6》（建党100周年特别节目）在中央电视台综合频道（CCTV-1）晚间8点档首播。"七一勋章""最美公务员"、全国"两优一先"表彰对象等榜样事迹感动和号召着全体党员与全国人民。网民向榜样致敬，表示这些榜样是真正值得追寻的明星。特别是乡村教师张桂梅的感人事迹引发全网关注。以新浪微博为例，"张桂梅获七一勋章""张桂梅对孩子说妈明天回来""张桂梅说自己是一名普通教师""张桂梅被搀扶着进入人民大会堂""张桂梅获颁七一勋章瞬间""张桂梅的开场白"等涉及张桂梅获颁"七一勋章"相关热搜累计超过10亿阅读量，20万评论量。《榜样6》节目播出后，引发众多网民观看学习，《榜样如星火，照亮新征程》《平凡铸就伟大英雄来自人民》《榜样星火照亮百年征程》等一大批观后感在网上引发关注和热议。

第二节　奋进正当时　迎难而上破浪前行

2021年，新冠肺炎疫情继续肆虐全球，世界经济陷入严重衰退，人类经历了史上罕见的多重危机。大国关系面临新的调整，互动复杂博弈加剧。英国正式脱欧，美国"国会山之乱"，全球超540万人[①]死于新冠肺炎疫情。受大国博弈和疫情冲击影响，全球政治形势更为严峻，不稳定性、不确定性显著上升。重大历史时刻，重要历史关头，以习近平同志为核心的党中央统筹国内、国际两个大局，聚焦民生工作，重点发展经济，精准抗击疫情，大力创新科技，开展大国外交，团结带领全党全国各族人民，奋力完成改革发展艰巨任务，推动党和国家各项事业取得新的重大成就，创造了新的辉煌成绩。

以民为本：坚持"我为群众办实事"

2021年，党中央落实以民为本的发展理念，关注民生民意民情。习近平总书记先后十次深入基层考察调研：1月北京、河北，2月贵州，3月福建，4月广西，5月河南，6月青海，7月西藏，8月河北，9月陕西，10月山东。一年来，总书记调研的脚步不停歇，跋山涉水、风雨兼程，步履不停；访农户、进社区、探企业，拉家常、问冷暖、听民意、重民生，心中装满老百姓，与人民同呼吸、共命运、心连心。"希望乡亲们继续努力奋斗，把乡村产业发展得更好，把乡村建设得更美。""希望你们依靠勤劳智慧把日子过得更有甜头、更有奔头。""要发挥好基层党组织战斗堡垒作用，努力把社区建设成

---

① 540万为各国官方统计数据。据世界各国卫生部门估计，2020年1月1日至2021年12月31日，新冠肺炎已造成约1500万人死亡（为估计值）。二者统计计算口径不一样。观察者网，https://baijiahao.baidu.com/s?id=1731996881079698898&wfr=spider&for=pc。

为人民群众的幸福家园。"①总书记深入基层调研，并对基层群众提出美好祝愿，对关乎百姓生活的基层工作提出重要指示，都反映出总书记对人民深沉的爱，总书记坚实的脚步与真切的关怀引发广大舆论的好评和支持。总书记**十次亲赴基层调研**，反映出党中央对于广大群众切身利益、真实民意的关注。上海《语言文字周报》编辑部发布2021年"十大网络热议语"中"江山就是人民，人民就是江山"代表着社会舆论对党中央关注民生、以民为本的认可。

9月，党史学习教育领导小组印发《关于深入推进"我为群众办实事"实践活动的通知》，就深入推进"我为群众办实事"实践活动提出明确要求：要以更加有力的举措解决群众身边各类急难愁盼问题，推动"我为群众办实事"实践活动取得新进展新成效。相关活动在全国范围内引发群众广泛关注，人民网统计数据显示，2021年全年，各级党政领导干部通过人民网"领导留言板"回应群众诉求和意见建议超80万件；各地入驻的留言办理职能单位新增近2,000家；城建、教育、交通成为全年各地群众留言关注度较高的领域；各地群众对留言办理工作给出的评价中，"效率高""圆满解决""感谢""暖心"成为高频词。有媒体梳理2021年我国民生领域年度关键字为"康""村""疫""环""教""老""房""民"，重点工作为"养老、护苗、扶弱"，目标是"安全、美丽、富裕"。舆论评论称，民之所盼，政之所向。网民肯定2021年我国民生领域取得的成绩，"越来越好""满怀希望"等评论刷屏。

随着党史学习教育的开展并不断深入推进，各级领导干部主动将网上群众工作平台视为开展"我为群众办实事"实践活动的重要抓手，精准聚焦群众反映集中的急难愁盼，实打实解决了一大批民生问题、推动了一大批民生

---

① 人民领袖爱人民 人民领袖人民爱——2021年总书记和人民在一起，《党建》杂志，2022年第1期。

领域改革、实施了一大批民生工程，人民群众获得感、幸福感、安全感不断增强。其中，党史学习教育官网在网上发起经验做法展示栏目，在网上征集到的大量群众支持且呼声较高的经验做法包括"量身打造高质量'就业服务套餐'，满足群众'多样化'就业需求""山间'红蜜蜂'，'酿蜜'惠万家"等一系列符合群众实际需求、关乎民生发展需要，且解决和满足群众切身问题的经验做法。

12月31日，习近平总书记发表《二〇二二年新年贺词》，新年贺词"金句"频出，让人温暖而鼓舞人心："大国之大，也有大国之重""无数平凡英雄拼搏奋斗，汇聚成新时代中国昂扬奋进的洪流""民之所忧，我必念之；民之所盼，我必行之"。①有媒体梳理，习近平总书记近九年的贺词中，"人民"二字出现80余次，居词频首位。贺词中朴实话语蕴含着真挚情感，体现着大党大国领袖深厚的人民情怀。习近平总书记的新年祝愿引发全国人民热议，盛赞总书记的话语"振奋人心"。人们对2022年充满希望，纷纷表示"一起努力，一起拼搏""国泰民安，一起向未来！"

图1-8　习近平总书记基层调研讲话词频图

---

① 国家主席习近平发表二〇二二年新年贺词，新华社，2021–12–31。

发展经济：应对多重压力稳定增长

2021年，面对复杂的国际环境、新冠肺炎疫情和极端天气等多重挑战，各地区各部门按照党中央、国务院决策部署，统筹推进疫情防控和经济社会发展，加大宏观政策跨周期调节力度，国民经济持续恢复，发展水平再上新台阶。

2021年，全球经济形势复杂严峻，中国沉心静气，保持定力，各项政策稳字当头，保持了稳健的增长步调。2022年1月17日，2021年中国经济年报正式出炉：我国国内生产总值（GDP）比上年增长8.1%，两年平均增长5.1%，在全球主要经济体中名列前茅；经济规模突破110万亿元，达到114.4万亿元，稳居全球第二位；人均GDP突破8万元，按年平均汇率折算达12,551美元，超过世界人均GDP水平。在全球疫情冲击下，我国依然能保持这样的增速非常不易。尽管经济增速逐季放缓，但第四季度两年平均增长率比第三季度还要高，反映出经济运行总体平稳。我国经济总量规模和人均水平都持续提高，说明我国综合国力、社会生产力、人民生活水平进一步提升。

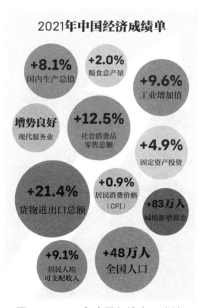

图1-9　2021年中国经济主要成绩

在新冠肺炎疫情冲击下，我国面临经济发展不平衡、不充分等问题，通过积极实施扩大内需战略，大力推动供给侧结构性改革，稳步推进乡村振兴和新型城镇化，深入实施区域重大战略和区域协调发展战略，我国结构调整和转型升级取得了新进展。为突破科技支撑短板，夯实实体经济发展基础，我国持续深化"放管服"改革，稳步推进高标准市场体系建设，不断强化创新驱动，科技促发展作用日益增强，新动能培育壮大。为顺应人民对绿水青山的向往和期盼，各地区各部门深入贯彻落实习近平生态文明思想，持续推进绿色低碳转型，巩固拓展污染防治攻坚战成果，统筹做好碳达峰、碳中和工作，生态环境质量不断改善，绿色发展底色更加亮丽。聚焦人民群众最关心最直接最现实的利益问题，各级党委政府坚持以人民为中心的发展思想，千方百计增加居民收入，全面加强社会建设，完善社会保障网，构筑起了人民群众实实在在的获得感、幸福感、安全感。

世界经济艰难复苏，全球生产供给循环不畅，对我国经济平稳运行制约加大。在党中央坚强领导下，各地区各部门积极推进构建新发展格局，畅通经济循环，统筹发展与安全，有效地保障了经济社会大局稳定。经济类媒体总结梳理出了2021年中国经济发展六大特点：第一，历史性解决绝对贫困问题；第二，经济发展和疫情防控保持全球领先地位；第三，从经济增长、价格、就业、国际收支四大宏观指标显示，我国经济运行保持在合理区间；第四，构建新发展格局迈出新步伐，高质量发展取得新成效；第五，改革开放不断深化，国家战略科技力量加快壮大；第六，生态文明建设持续加强，民生保障有力有效，生态文明建设、社会建设、经济建设同步推进。12月底，由《经济参考报》主办，全国13家新闻单位及特邀经济学家联合评选出了2021年国内十大经济新闻：1.中国经济总量首次突破百万亿元大关；2.我国宣布全面建成小康社会；3.重拳反垄断，防止资本无序扩张；4.浙江为推进共同富裕先行探路；5.大宗商品价格快速上涨，多方合力做好能源等保供稳价工作；6."双碳"政策体系顶层设计文件发布；7.首张跨境服贸负面清单出炉，中国吸收外资破万亿元；8.北交所正式开市交易　资本市场改革发展提速；9.中央经济工作会议强调稳字当头稳中求进；10.《"十四五"促进中小企业发展规划》发布，打造一万家专精特新"小巨人"。新华社评论称，**从增长之稳，世界感知中国经济承压前行之韧**。从外贸之增，世界感受中国经济平稳运行之韧。从外资之汇，世界看到中国经济长期向好之韧。《中国新闻周刊》评论称，2021年各项经济指标普遍在2020年的低基础上进一步修复，经济平稳收官。境外舆论方面，英国路透社评论称，全年GDP增速超过8%，中国经济总体稳健，一方面是疫情得到较好控制，另一方面是国外疫情严重，给中国制造业带来订单和机会，出口金额维持高位，从中期看，中国经济料仍将维持稳健走势。美国消费者新闻与商业频道（CNBC）评论称，2021年中国GDP增速很快，并且，中国还是2020年全球唯一实现经济正增长的主要经济体，而这都是在世界仍在与新型冠状病毒作斗争的背景下达成的。网民感慨，虽然身处疫情之中，但中国经济发展韧性十足，人民获得感满满，对未来发展、经济前景"充满信心"。

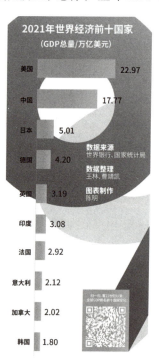

图1-10　中国经济增长对世界经济的贡献

一年来，我国成功抵御疫情、汛情等多重挑战，在逆境中砥砺前行，经济实力、社会生产力和综合国力稳步提高。我国经济增长持续提升，意味着我国经济实力、科技实力、综合国力又跃上了新的大台阶。我国经济发展和疫情防控保持全球领先地位，国家战略科技力量加快壮大，产业链韧性得到提升，改革开放向纵深推进，民生保障有力有效，生态文明建设持续推进，实现了"十四五"良好开局。

同心抗疫：举国抗疫交出不凡答卷

2021年，全球疫情起伏反复，人类与新型冠状病毒的战斗处于艰难相持阶段。世界卫生组织数据显示，截至2021年12月29日欧洲中部时间下午4点14分，全球累计确诊病例达2.82亿例，累计死亡病例达541万例。[①]突如其来的新冠肺炎疫情持续考验着一个国家的治理能力。2021年，我国最高时有200多个中高风险地区，一度波及20余个省份，面临极为严峻复杂的防控形势。在党和政府的正确领导下，全体国人同心抗疫，迅速扑灭30余起聚集性疫情，防控以最小成本取得了最大成效，疫苗全程接种人数超过12亿，接种率已达85%以上，这一年，中国抗疫交出不凡答卷。疫情发现一起扑灭一起，是中国精准防控的一个缩影。第一时间全面激活应急指挥体系，第一时间启动重点地区全员核酸检测，第一时间强化公卫、公安、工信的协同，第一时间做好信息发布和舆论引导。国家卫生健康委、国家疾控局向多地派出工作组，指导疫情处置工作。党中央、国务院始终把疫情防控作为头等大事，指挥体系24小时保持运行，没有发生疫情时关键抓"防"，发生疫情后处置重"快"，迅速切断传播途径和链条。我国不仅成功抗击了国内疫情，还为世界做出重大贡献，以实际行动做出了表率。迄今我国已向120多个国家和国际组织提供了近20亿剂新冠疫苗，占中国以外全球新冠疫苗使用总量的1/3，成为对外提供新冠疫苗最多的国家。中国还同30多个国家发起"一带一路"疫苗合作伙伴关系倡议，同19个发展中国家开展了新冠疫苗联合生产。一支支中国的新冠疫苗

---

① 界面新闻，https://www.jiemian.com/article/6969321.html。

跨越山海，为许多发展中国家解了燃眉之急，为全球抗疫贡献了中国力量。

2021年，在全球新冠肺炎疫情形势日益严峻复杂的情况下，在美国等西方国家陆续"放弃治疗"等形势下，中国坚持人民至上的理念，践行科学防控，向世界展示中国制度、中国抗疫的新篇章，相关成绩引发了境内外舆论热议。新华社评论称，从南京到张家界，从瑞丽到黑河，从绍兴到西安……控制传染源、切断传播途径、保护易感人群的理念一以贯之，而防控举措则根据疫情形势变化不断优化调整——从阻击战的应急救治，到常态化的防控，再到迎战德尔塔、奥密克戎的精准防控，抗疫的中国答卷，始终书写"以人民为中心"的庄严承诺！《人民日报》评论称，抗击新冠肺炎疫情斗争取得重大战略成果，充分展现了中国共产党领导和我国社会主义制度的显著优势，充分展现了中国人民和中华民族的伟大力量，充分展现了中华文明的深厚底蕴，充分展现了中国负责任大国的自觉担当，极大增强了全党全国各族人民的自信心和自豪感、凝聚力和向心力，必将激励我们在新时代新征程上披荆斩棘、奋勇前进。美国《华尔街日报》评论称，中国疫苗接种速度不断突飞猛进，如能保持该速度，将有望改变人们对亚洲乃至全球新兴市场复苏速度的预期。美联社指出，中国是为数不多的可以大规模生产新冠疫苗的国家之一，"对于那些尚未获得疫苗的国家，中国可能是唯一的解决方案"。

新冠疫苗免费接种成主流焦点。从2021年3月开始，各地纷纷开始开展全人群免费接种工作，积极推进新冠疫苗的全民接种。截至2021年12月底，全国完成新冠疫苗全程接种人数已超12亿。相关信息高密度、持续性引发舆论关注，热度一直居高不下，"疫苗接种"也成为年度热词。媒体认为提高新冠疫苗接种率刻不容缓，同时认为应该加强疫苗预约精准性。东方时评称，要尽快建立完善"精准预约"制度，引导广大民众分时段预约接种、错峰接种，并利用新媒体和传统媒体等来加大宣传、解释和落实的力度，使新冠疫苗接种不再陷入被动、低效的现场分流。网民热议全国新冠疫苗接种率不断提高，

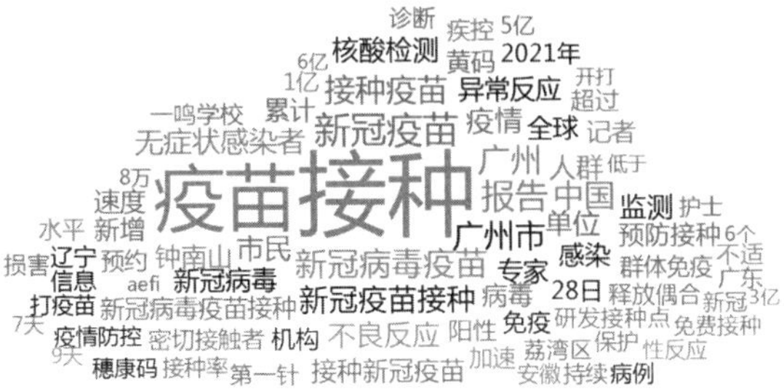

图1-11　舆论场涉疫苗接种词云图

同时也反映出个别地区接种管理混乱等现象，呼吁相关部门科学安排，有序推进，逐步提升全民接种率。

2021年，舆论场上曾掀起一阵"清零论"与"共存论"的讨论争议，媒体、学者、专家、官员等都曾参与其中。坚持"动态清零"者认为，不能将新型冠状病毒等同于普通流感病毒，二者对人们生命健康的威胁不在同一量级，而且疫苗的预防作用又比较有限，如果放弃"动态清零"，医疗资源被挤兑会造成大量死伤，有违社会管理以人为本的核心价值，甚至可能会影响到社会正常运行与政治稳定，造成更广泛的潜在社会风险。坚持"与病毒共存"的人则认为，长期严格的防疫管控会影响到社会正常运行，造成巨大经济损失，而且新型冠状病毒的致死率和初期相比已大大降低，再加上多数人已经接种疫苗具有一定免疫能力，为保持经济运行，应该放开防疫管治，在经济与安全之间保持平衡，走"与病毒共存"的防疫模式。当前，中国防疫路线之争已有鲜明的答案，就是继续坚持"生命至上""人民至上"的防控理念，现阶段继续做好"动态清零"，确保全国疫情防控平稳安全。

创新科技：重大科技稳步突破

2021年，中国科技领域成绩斐然，进步突出。2022年2月，由科技部基础研究管理中心等部门组织开展的2021年度中国科学十大进展发布，包括：火星探测任务"天问一号"探测器成功着陆火星，中国空间站天和核心舱成功发射，"神舟十二号""神舟十三号"载人飞船成功发射并与天和核心舱成功完成对接，"中国天眼"（FAST）捕获世界最大快速射电暴样本，自供电软机器人成功挑战马里亚纳海沟，等等。

太空领域捷报频传，恰似中国高水平科技自立自强的强劲序曲。4月29日，中国空间站天和核心舱发射成功，标志着我国空间站建造进入全面实施阶段。5月15日，"天问一号"探测器着陆火星，迈出了我国星际探测征程的重要一步，实现了从地月系到行星际的跨越，在火星上首次留下了中国人的印迹。我国首次火星探测任务着陆火星取得圆满成功，祝融号社交话题阅读量超1.6亿次，全网燃起祝贺"天问一号"探索火星的激荡自豪情绪。以"火神"的名字命名中国第一辆火星车，获得多数网民称赞"有内涵、有深意"。6月17日，"神舟十二号"载人飞船发射升空，与天和核心舱完成自主快速交会对接。10月16日，"神舟十三号"载人飞船发射成功，3名航天员先后进入天和核心舱，开启为期6个月的在轨驻留。我国航天事业的蓬勃发展，星辰大海的浪漫与燃起的爱国自豪情绪在舆论场中持续感染网民。从网络热词来看，网民情感表达集中在"平安""凯旋""感动""致敬""眼含热泪"等情绪，还有对"巾帼不让须眉"女性力量的赞颂，同时"期待英雄安全凯旋！"

一年来，中国在科技领域展现出的发展潜力引发国际舆论关注热议。根据世界知识产权组织的数据，中国申请的专利数量位居世界第二，仅次于美国，但领先于日本。如果中国继续以目前的速度发展，三年之内申请专利数量就很有可能超越美国。新加坡《联合早报》称，世界知识产权组织发布的最新《全球创新指数报告》显示，中国创新指数排名升至第12位。连续9年排名上升，位居中等收入经济体首位，超过日本、以色列、加拿大等发达经济体。目前，中国是唯一一个进入全球前30名的中等收入国家。新加坡《海峡时报》分析，中国教育质量在过去十年里显著提升，尤其是在博士级别。中国将人才视为中国自主创新的"第一资源"，旨在通过自主创造附加值更高的本土产品和技术来减少对外国技术的依赖。《日本经济新闻》称，目前，中国科研人员有210万人，是全世界最多的。"积极的投资和充足的人才是支撑中国科研实力发展的关键。"西班牙《世界报》评论称："中国近年来的科研论文增长非常迅速，数量上已超过美国。而且近年来，中国与美国的平均科学影响力之间的差距已在缩小。"

大国外交：特色中国践行大国担当

2021年，国家主席习近平以视频方式出席了中国共产党与世界政党领导人峰会、金砖峰会、上合峰会、联合国大会一般性辩论、《生物多样性公约》第十五次缔约方大会、二十国集团峰会、亚太经合组织领导人非正式会议等一系列重大活动，通过"云外交"同国际社会密切互动，针对共同挑战提出中国方案、凝聚全球共识，有力促进国际抗疫合作和全球共同发展，弘扬全人类共同价值，推动构建人类命运共同体。11月16日，国家主席习近平同美国总统拜登举行视频会晤，为中美关系发展把舵引航。12月15日，习近平主席同俄罗斯总统普京举行年内第二次视频会晤。一系列外交成绩，极大地提升了舆论自豪感与民族自信心。

9月，在被拘押1,028天后，孟晚舟女士乘坐中国政府包机，回到祖国。孟晚舟女士身着一袭红衣，略带哽咽说出"祖国，我回来了"的场面引发众多网民感动感慨。轻"舟"已过万重山，"如果信念有颜色，那一定是中国红"等刷屏网络，成为一年中关涉我国外交工作的重要事件和热点话题。孟晚舟自述归国心路："没有强大的祖国，就没有我今天的自由。正是那一抹绚丽的中国红，燃起我心中的信念之火，照亮我人生的至暗时刻，引领我回家的漫长路途。"媒体评论称："这是中国的一次重大国家行动，是中国人民取得的一个重大胜利。这条归乡之路，曲曲折折，曾见证过无数的煎熬，寄托着无数的期盼。""当国际社会感叹中国政府何以连续多年在国际机构民调中的民意支持率居全球之首，孟晚舟事件的解决提供了一个最新佐证。在中国共产党领导下，一个强大的中国始终是中国人民抗击风雨的最强有力保障。""孟晚舟事件的实质，是美国试图阻挠甚至打断中国发展进程。中国所作的努力，维护的不仅是一位公民的权利、一家企业的权益，更是在维护中国人民过上更美好生活、国家实现现代化的权利。""从小米起诉美国政府获胜，到孟晚舟获释回国，中国政府和中国企业在'实战'中积累了宝贵的斗争经验。"

同样引发舆论热议的还有中美阿拉斯加高级别会晤。3月18日，中共中央政治局委员、中央外事工作委员会办公室主任杨洁篪，国务委员兼外长王毅在安克雷奇，同美国国务卿布林肯、总统国家安全事务助理沙利文举行中美高层战略对话。会晤中，中央政治局委员、中央外事工作委员会办公室主任杨洁篪对美方无礼言行的反击全网刷屏。新浪微博相关热搜"美国人没资格居高临下同中国人说话""中国人不吃这一套""中美高层战略对话"等，阅读量达2.3亿，转发量达52.5万。"我现在讲一句，你们没有资格在中国的面前说，你们从实力的地位出发同中国谈话"更是赢得广大网民的称赞。"中国人不吃这一套"迅速成网络"金句"，网上开始出现印有金句的T恤、手机壳等周边产品，吸引了不少民众抢购。此外，关于孟晚舟事件与中美阿拉斯加会晤，相关自媒体文章《中国展现强势外交，让世界耳目一新》《华姐反手就给了他们一记耳光》《东方的反击刀刀见血，西方愤怒了：我们不接受！》《晚舟归航，看那些躲在阴暗角落里咬牙切齿者》等被广泛阅读，引发热议。

2021年中国继续大国担当，在世界贡献方面也屡屡引发世界舆论的热议。2021年，新冠肺炎疫情警报不断，德尔塔和奥密克戎变异毒株相继来袭，给全球抗疫与经济复苏再添"路障"。在诸多国际场合，习近平主席鲜明倡导团结抗疫，以坚定的态度为国际社会凝心聚力，以一系列扎实举措践行"努力让疫苗成为各国人民用得上、用得起的公共产品"的中国承诺。①中国还倡议并成功举办新冠疫苗国际合作论坛，与会各国达成全年超过15亿剂的合作意向；中国同30多个国家发起"一带一路"疫苗合作伙伴关系倡议，呼吁国际社会共同促进疫苗全球公平分配；中国主办新冠疫苗合作企业对话会，聚焦新冠疫苗的需求、供应、采购和共同生产，并宣布支持新冠疫苗知识产权豁免，同19个发展中国家开展疫苗联合生产。中国坚定秉持疫苗公共产品的"第一属性"，坚定站在疫苗国际合作的"第一方阵"，坚定担当疫苗公平分配的"第一梯队"。联合国秘书长古特雷斯盛赞"中国在推动疫苗成为全球公共产品等方面发挥关键作用"。世卫组织总干事谭德塞说，中国为全球疫苗公平分配做出了积极贡献。赤道几内亚总统奥比昂说，中国疫苗"挽救了非洲人民的生命"。泰国副总理兼公共卫生部部长阿努廷说，中国疫苗"是我们全民接种的主力军"。30多国领导人亲往机场迎接中国疫苗，30多国领导人公开接种中国疫苗。

在率先有效控制新冠肺炎疫情后，中国经济继续引领全球复苏。12月4日，在国际金融论坛（IFF）第18届全球年会上，IFF发布了其首期全球金融与发展报告。报告预测，2021年全球经济将增长约5.9%，中国仍将以26.3%的占比成为全球经济增长的最大贡献国。中国通过加强宏观政策跨周期调节，保持流动性合理充裕，稳定通胀预期等举措做好大宗商品保供稳价；在填补全球市场供应不足缺口的同时，来自中国市场的巨大需求同样有力地拉动了全球经济。中国的坚定支持和承诺不会缺席，中国给世界带来的信心也将越来越足。中国倡议各国扩大开放，共同反对单边主义、保护主义，为全球经济早日走出阴霾、推动人类走向更加美好的未来指明了方向。2021年，中

---

① 习近平：中国将履行承诺，努力让疫苗成为各国人民用得上、用得起的公共产品，新华网，2020-11-21。

国不断改善营商环境，推动自由贸易试验区持续扩围；率先完成《区域全面经济伙伴关系协定》国内核准，申请加入《全面与进步跨太平洋伙伴关系协定》；提出全球发展倡议、推动共建"一带一路"高质量发展不断取得新成效。中国坚持开放发展、合作共赢，推进范围更大、领域更宽、层次更深的开放，与各国共享发展机遇，共谋发展繁荣。

一年以来，中国在世界经济论坛"达沃斯议程"对话会、金砖国家领导人第十三次会晤、第七十六届联合国大会一般性辩论等多边平台发出倡议，强调维护和践行真正的多边主义，是应对全球性挑战的唯一正确出路。面向未来，中国从推动人类社会永续发展的全球视角出发思考中国的责任担当，提出了一个又一个全球治理的"中国方案"：面对霸权主义、单边主义等逆流，习近平强调"真正的多边主义"，倡导用多边主义理念处理国际问题，大力弘扬和平、发展、公平、正义、民主、自由的全人类共同价值。面对全球气候变化，习近平呼吁各国共建地球生命共同体、构建全球发展命运共同体，提出中国碳达峰、碳中和目标，并制定相关行动方案，为加强全球环境治理注入强大动力。

第三节　眺望新时期　踔厉奋发笃行不怠

2021年，在以习近平同志为核心的党中央的领导下，"十四五"开局良好，改革开放迈出新步伐，社会文明得到新提高，生态建设实现新进步，民生福祉达到新水平，治理效能得到新提升。大国的现代化，是从物质到精神全面发展的现代化，不仅要实现国家的富强，更要实现人的全面发展、社会的全面进步。站在新的时空坐标，以习近平同志为核心的党中央运筹帷幄，谋篇布局，聚焦教育、人口、共同富裕、生态环境、长远发展等重要议题，带领全国人民一起向未来。

布局未来："双减""三孩"着眼长远发展

　　教育是民生之基，社会各方密切关注。习近平总书记强调，对群众反映强烈的突出问题，对打着教育旗号侵害群众利益的行为，要紧盯不放，坚决改到位、改彻底。[①]党中央针对义务教育阶段存在的短视化、功利化问题，特别是校外培训机构无序发展，"校内减负、校外增负"等现象做出重要决策部署。7月24日，中共中央办公厅、国务院办公厅印发了《关于进一步减轻义务教育阶段学生作业负担和校外培训负担的意见》（以下简称《意见》）。《意见》要求，切实提升学校育人水平，持续规范校外培训（包括线上培训和线下培训），有效减轻义务教育阶段学生过重作业负担和校外培训负担（简称"双减"）。《意见》统筹服务国家战略和促进学生全面发展，一方面，要求从服务国家战略需求和社会主义现代化建设的高度，扭转"唯分数""唯升学"的不科学的教育评价导向，培养创新精神、创新能力和综合素质，为党育人，为国育才；另一方面，要求从促进学生全面发展的角度，将学生从过重的作业负担和校外培训负担中解放出来，将本该属于学生自由探索、身心健康发展的时间还给学生，发

图1-12　"双减"政策舆论词云图

---

① 习近平看望参加政协会议的医药卫生界教育界委员，新华网，2021-03-06。

挥兴趣和特长，引导学生全面而有个性发展，真正体会到学习的愉快、童年的幸福，成长为德智体美劳全面发展的社会主义建设者和接班人。

《意见》对违背教育规律、冲击学校教育、破坏教育生态、有违教育公平的问题，重拳出击，大力规范。"双减"工作是一项系统工程，涉及众多利益群体。家长和社会均是做好"双减"工作的重要责任主体，密切家校联系、营造良好的社会育人氛围，统筹学校、社会、家庭力量，真正形成相互理解、支持的三位一体育人格局，才能确保治理效果的最大化。精心组织实施，务求取得实效，学生过重作业负担和校外培训负担、家庭教育支出和家长相应精力负担一定能显著减轻，教育质量将进一步提高。《关于开展中小学有偿补课和教师违规收受礼品礼金问题专项整治工作的通知》《关于加强义务教育学校考试管理的通知》《教育督导问责办法》等多部文件持续发布，让"双减"政策热度持续时间较长，舆论讨论话题广泛，激烈深入。一方面，舆论为国家大力整治教育领域乱象，着眼孩子全面、健康成长点赞；另一方面，部分家长对取消各类补习后孩子升学发展压力或更大、职普分流等产生忧虑，同

图1-13 "双减"政策引发舆情重点节点图

时政策对教培行业发展带来的冲击、各类教培机构跑路等现象也引发了一定的负面舆情。

5月，我国第七次全国人口普查主要数据结果出炉，60岁及以上人口的占比达到18.70%，其中65岁及以上人口比重达到13.50%，我国"人口老龄化"问题日益凸显：第一，老年人口规模庞大。我国60岁及以上人口有2.6亿人，其中，65岁及以上人口1.9亿人。第二，老龄化进程明显加快。2010—2020年，60岁及以上人口比重上升了5.44个百分点，65岁及以上人口上升了4.63个百分点。第三，老龄化水平城乡差异明显。从全国看，乡村60岁、65岁及以上老人的比重分别为23.81%、17.72%，比城镇分别高出7.99、6.61个百分点。第四，人口老龄化将是今后较长一段时期我国的基本国情，也将减少我国劳动力的供给数量、增加家庭养老负担和基本公共服务供给的压力。

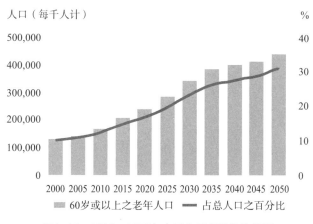

图1-14　2020—2050年中国人口老龄化趋势图

为应对日益严峻的人口危机，7月20日，《中共中央国务院关于优化生育政策促进人口长期均衡发展的决定》对外发布，提出优化生育政策，实施一对夫妻可以生育三个子女政策，配套实施积极生育支持措施。这是我国人口与生育政策的又一次历史性调整，有利于改善我国人口结构，保持我国人力资源优势，平缓总和生育率下降趋势，巩固全面建成小康社会成果。主流媒体肯定"三胎政策"积极意义，强调破解"不敢生"难题需多策并进。对于"三胎政策"，媒体肯定其积极意义。央视新闻评论指出，优化生育政策，具有多重意义。这是促进人口长期均衡发展的需要，也是应对人口老龄化的国家战略。也有不少媒体进一步指出，近些年国内生育率一直在低水平徘徊，想要破解"不敢生"难题并促进"三孩"落地，还需政府多策并举。《北京日报》评论指出，有张力的政策需要有力度的支持，加强税收、住房等支持政策，保证女性就业合法权益等配套支持措施，对落实三胎政策必不可少。"三孩生育政策来了""三孩政策会带来哪些改变""你怎么看开放三孩政策""三孩时代需要怎样的配套措施"等话题阅读量超过100亿次。一方面，从网民讨论中的高频词来看，"积极""发展""老龄化""教育"等关键词突显，反映网民肯定三孩政策的意义，以及正在积极探讨政策下孩童教育和老龄化等问题。另外，舆论中负面消极情绪主要体现在以下方面：一是认为当前生育问题的关键在于结构压力下的生育意愿低，绝非仅仅开放政策就能够扭转；二是网民关于"三孩"痛点不一，性别化差异突出。女性的生育痛点主要集中于就业权益及婴幼儿养育问题。

长期以来，教育支出成本过重对于人口增长存在一定的消极影响，而我国人口老龄化趋势日益严峻，中央提出"双减"与"三孩"政策，正是要着力解决人口问题，提升教育质量。舆论在对相关政策满怀期待的同时，也提出了对相关配套政策、措施落地的担忧，以及对"双减"后孩子未来发展的忧虑情绪。不过，相信随着相关配套政策的逐步落地，各类舆论忧虑将有效化解。

国强民富：脱贫攻坚迈向共同富裕

2021年，我国全面建成小康社会，历史性地解决了绝对贫困问题。站在"两个一百年"交汇的新起点上，以习近平同志为核心的党中央聚焦新的宏伟目标——"共同富裕"。2月25日，全国脱贫攻坚总结表彰大会在北京人民大会堂隆重举行，宣告我国脱贫攻坚战取得了全面胜利，现行标准下9,899万农村贫困人口全部脱贫，832个贫困县全部摘帽，12.8万个贫困村全部出列，区域性整体贫困得到解决，完成了消除绝对贫困的艰巨任务。数据显示，新时代中国取得了历史性成就、历史性变革：近1亿农村贫困人口实现脱贫，历史性地解决绝对贫困问题；国内生产总值、人均国内生产总值分别突破100万亿元和1万美元；中等收入群体超过4亿人，实现从低收入国家到中等偏上收入国家的历史性跨越。这一切，为促进共同富裕创造了良好条件。时与势，呼唤着采取更多举措扎实推动共同富裕。

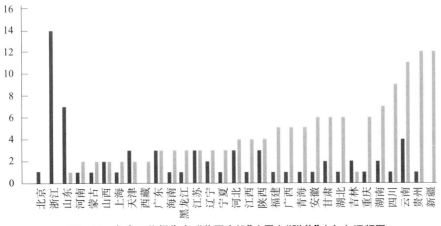

图1-15　各省工作报告中"共同富裕"（黑）"脱贫"（灰）词频图

1月，习近平在省部级主要领导干部学习贯彻党的十九届五中全会精神专题研讨班开班式上强调，实现共同富裕这项工作"不能等"。[①]7月，在庆祝中国共产党成立100周年大会上，习近平指出，着力解决发展不平衡不充分问题和人民群众急难愁盼问题，推动人的全面发展、全体人民共同富裕取得了更

① 习近平在省部级主要领导干部学习贯彻党的十九届五中全会精神专题研讨班开班式上发表重要讲话，新华网，2021-01-11。

为明显的实质性进展。①8月，习近平在中央财经委员会第十次会议上提出了促进共同富裕的时间表：到"十四五"末，全体人民共同富裕迈出坚实步伐，居民收入和实际消费水平差距逐步缩小。到2035年，全体人民共同富裕取得更为明显的实质性进展，**基本公共服务实现均等化。到21世纪中叶，全体人民共同富裕基本实现，居民收入和实际消费水平差距缩小到合理区间。**②三个关键时间节点，一目了然。习近平多次阐释"共同富裕"实践途径。他警示，促进共同富裕不能搞"福利主义"那一套；他强调，共同富裕不是少数人的富裕，也不是整齐划一的平均主义；他指出，这是一个长期的历史过程，我们要创造条件、完善制度，稳步朝着这个目标迈进。③12月，习近平在中央经济工作会议上着重阐述了几个重大问题，其中之一就是，正确认识和把握实现共同富裕的战略目标和实践途径。④一年来，在不同场合，习近平多次提及"共同富裕"。他强调，我们决不能允许贫富差距越来越大、穷者愈穷富者愈富，决不能在富的人和穷的人之间出现一道不可逾越的鸿沟，促进全体人民共同富裕"必须摆在更加重要的位置"。⑤

中央着眼我国未来长远发展，提出共同富裕发展理念，引发境内外舆论高度关注。主流媒体关注共同富裕实现路径，解读评论称，中国推动共同富裕的几个关键元素：发展性、共享性和可持续性。这些既是共同富裕的核心要素，也是推动和实现共同富裕的必要条件，三者缺一不可。首先，发展是实现共同富裕的前提；其次，共享性是共同富裕的底色；最后，共同富裕的第三个关键要素是可持续性，包括发展的可持续和共享的可持续。国际舆论

① 习近平：在庆祝中国共产党成立100周年大会上的讲话，新华网，2021-07-01。
② 习近平主持召开中央财经委员会第十次会议，新华网，2021-08-17。
③ 习近平主持召开中央财经委员会第十次会议，新华网，2021-08-17。
④ 中央经济工作会议在北京举行 习近平李克强作重要讲话，新华网，2021-12-18。
⑤ 习近平在省部级主要领导干部学习贯彻党的十九届五中全会精神专题研讨班开班式上发表重要讲话，新华网，2021-01-11。

也高度关注我国共同富裕理念，美国《华尔街日报》认为："中国想要借此证明，在照顾到所有人口方面，社会主义比西方资本主义更好。"香港《南华早报》评论，中国这是倡导在经济发展过程中更好地管理和平衡，比起资本密集型投资，更关注基层消费。新加坡《联合早报》指出，在启动新一轮社会变革时，对节奏的把握，对规则、私有财产和个人空间的尊重，都将是衡量这个体制优越性和现代化水平的标准。

美丽中国：绿色成为长远发展底色

良好生态环境是实现中华民族永续发展的内在要求，是建设美丽中国的重要基础。"十四五"时期，我国生态文明建设进入关键时期，要以绿色发展促进经济社会高质量发展。4月30日，在中共中央政治局第二十九次集体学习时，习近平总书记着重阐释了生态环境保护和经济发展的辩证关系，为领导干部们上了一堂"发展观"的公开课。他强调要站在人与自然和谐共生的高度来谋划经济社会发展，坚持节约资源和保护环境的基本国策，坚持节约优先、保护优先、自然恢复为主的方针，形成节约资源和保护环境的空间格局、产业结构、生产方式、生活方式，统筹污染治理、生态保护、应对气候变化，促进生态环境持续改善，努力建设人与自然和谐共生的现代化。[①]10月22日，在深入推动黄河流域生态保护和高质量发展座谈会上，习近平总书记就沿黄河省区落实好黄河流域生态保护和高质量发展战略部署提出明确要求，"十四五"是推动黄河流域生态保护和高质量发展的关键时期，强调要坚定不移走生态优先、绿色发展的现代化道路。[②]在发展理念上以"绿色"为指引，

[①] 习近平主持中央政治局第二十九次集体学习并讲话，新华网，2021-05-01。
[②] 习近平主持召开深入推动黄河流域生态保护和高质量发展座谈会并发表重要讲话，新华网，2021-10-22。

在区域协调上以"绿色"为准绳，以习近平同志为核心的党中央谋划推动国家发展的大手笔清晰明朗，以持续改善环境质量促进经济社会发展，"绿色"正成为高质量发展的鲜明底色。

生态环境，攸关人类存续；生态文明，攸关人类发展。中国践行大国担当，坚定构建人与自然生命共同体。3月，习近平总书记在中央财经委员会第九次会议上指出，要把碳达峰、碳中和纳入生态文明建设整体布局。[①]5月，中央层面成立碳达峰碳中和工作领导小组。9月，在第七十六届联合国大会一般性辩论时，习近平主席在视频发言中表示，中国将大力支持发展中国家能源绿色低碳发展，不再新建境外煤电项目。[②]10月，《中共中央国务院关于完整准确全面贯彻新发展理念做好碳达峰碳中和工作的意见》重磅发布，明确了我国实现碳达峰、碳中和的时间表、路线图，围绕"十四五"时期以及2030年前、2060年前两个重要时间节点，提出了构建绿色低碳循环经济体系、提升能源利用效率、提高非化石能源消费比重、降低二氧化碳排放水平、提升生态系统碳汇能力等5个方面主要目标。"1+N"政策体系加快建立，碳达峰、碳中和工作的"四梁八柱"逐步架起。一年来，碳达峰、碳中和相关网络舆情声量不断增加，"碳达峰碳中和纳入生态文明建设整体布局"相关讨论热度较高。从舆情地域分布看，我国东部地区的舆情关注点较高，北京、上海、广州等大城市舆论讨论占比高。舆论一方面期待相关政策保障生态环境建设取得新进展，另一方面担忧因政策的执行会推高生产成本，限制区域经济发展。个别地区"拉闸限电""停工停产"等社会问题形成部分负面舆情。

一年来，我国生态领域热点频频，云南亚洲象北上南归成全年热点，《人民日报》、新华社、央视等大量中央媒体刊发相关报道，深入宣传中国及云南

---

① 习近平主持召开中央财经委员会第九次会议，新华网，2021-03-15。
② 习近平在第七十六届联合国大会一般性辩论上的讲话，新华网，2021-09-22。

生态文明建设举措成效，以权威真实的解读性文章及时阐释事件背后涉及的复杂科学问题，以轻松有趣的融媒产品塑造"可爱中国"的形象，聚焦云南采取有效措施避免人象冲突，点赞云南亚洲象救助工作及生态保护。同时，COP15大会第一阶段会议上，北移亚洲象群成为当仁不让的主角，牢牢占据C位，再次引起国内外广泛关注。云南亚洲象北上南归是媒体讲好中国生态环保故事较为成功的案例，有效宣传了我国生态文明成就。据统计，云南亚洲象北移南归相关有效信息超过67万条，参与报道的海内外媒体超过3,000家，覆盖全球190多个国家和地区，全网阅读量110多亿次，在国际舆论场上成功宣介了真实中国、立体中国、全面中国，受到国际舆论广泛赞誉。舆论认为，讲好中国生物多样性故事，需要加快构建中国特色的叙事体系，提炼出具有中国特色的生态治理话语，如"生态中国""美丽中国""低碳生活""绿水青山就是金山银山"等。作为最大发展中国家，中国承担国际责任、展现大国担当，以大决心和强举措成为全球生态文明建设的重要参与者和贡献者，为构建人类命运共同体提供了生态文明路径。

运筹帷幄来：放眼"十四五" 远观2035

3月13日，《中华人民共和国国民经济和社会发展第十四个五年规划和2035年远景目标纲要》正式公布，全文共19篇65章，清晰地勾画出未来5年乃至15年中国发展的行动蓝图。在收入水平上，纲要提出，到2035年，人均国内生产总值达到中等发达国家水平，中等收入群体显著扩大。在目标设置上，提出到2035年基本实现社会主义现代化，经济实力、科技实力、综合国力大幅跃升，经济总量和城乡居民人均收入将再迈上新的大台阶，关键核心技术实现重大突破，进入创新型国家前列；基本实现新型工业化、信息化、城镇化、农业现代化，建成现代化经济体系。值得注意的是，纲要把创新放在了具体任务的第一位，明确要求坚持创新在我国现代化建设全局中的核心地位，把科技自立自强作为国家发展的战略支撑，深入实施科教兴国战略、人才强国战略、创新驱动发展战略，完善国家创新体系，加快建设科技强国。在2021年全国两会上，国务院总理李克强所作的政府工作报告中，"创新"出现45次，"科技"出现了24次，两个词的出现频率为近三年来最高。

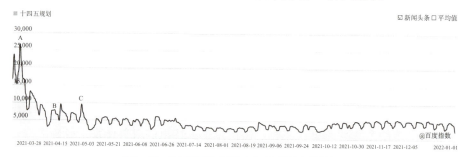

图1-16 "十四五"规划全年热度百度趋势图

舆论高度关注规划目标与相关定位。国内专家解读称，新发展阶段明确了中国发展的历史方位，需要我们准确把握内外部环境和社会主要矛盾的变化。新发展理念明确了我国现代化建设的指导原则，科学回答了在新发展阶段实现什么样的发展、怎样实现发展等重大问题，明确了新发展阶段的目标、动力、方式和路径，阐明了我们党关于发展的政治立场、价值导向、发展模式、发展道路等重大政治问题。新发展格局明确了我国经济现代化的路径选择，是面对中华民族伟大复兴的战略全局和世界百年未有之大变局的主动作为，是适应我国经济社会发展阶段、环境、条件变化做出的重大决策，是贯彻落实新发展理念、提升我国经济发展水平的战略部署，是发挥比较优势重塑我国国际经济合作和竞争新优势的战略抉择。国际舆论也高度关注我国"十四五"规划。国际机构普华永道称，与过去的中长期发展规划相比，"十四五"发展规划和2035年的远景目标展示了新的发展理念、发展思路和发展政策，有很多新的看点。其中与经济工作直接相关的内容值得高度关注：淡化数量型发展指标，提出全方位发展目标；坚持创新在现代化建设全局中的核心地位；显著提升现代产业体系建设的重要性；依托强大国内市场，构建"双循环"新发展格局；继续深化改革，构建高水平社会主义市场经济体制；实行高水平对外开放，开拓合作共赢新局面。新加坡经济学家表示，对于2035年的蓝图，中国的政策制定将更加长期化，并且投资者有望在未来15年内获得更多政策连续性和确定性。美国有线电视新闻网称，这种长期规划与某些国家经常摇摆不定的性质形成了鲜明对比。

网民对我国"十四五"规划及2035远景目标的出台高度关注，新浪微博"'十四五'规划和2035远景目标建议""'十四五'规划""'十四五'规划和2035年远景目标纲要全文""'十四五'规划硬核分析"等热搜话题累计引发超过5.5亿阅读量，近20万评论量，网民期待"十四五"规划和2035远景规划下国家的未来发展，感慨"个人命运与国家发展息息相关"。

伟大复兴：聚焦党的二十大新百年奋斗

党的十九届六中全会决定，中国共产党第二十次全国代表大会于2022年下半年在北京召开。全会认为，党的二十大是我们党进入全面建设社会主义现代化国家、向第二个百年奋斗目标进军新征程的重要时刻召开的一次十分重要的代表大会，是党和国家政治生活中的一件大事。

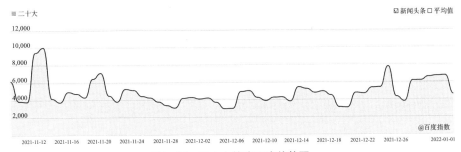

图1-17　二十大热度百度趋势图

11月，中共中央印发了《关于党的二十大代表选举工作的通知》，对二十大代表选举工作作出全面部署。中央组织部召开会议，对选举工作作出具体安排。认真做好二十大代表选举工作，是开好大会的重要基础。党中央对做好二十大代表选举工作高度重视，习近平总书记主持召开中央政治局常委会会议和中央政治局会议专门研究，确定了做好这项工作的总体要求和目标任务，要求各级党组织切实负起政治责任，认真履行职责，精心组织实施，确保代表选举工作圆满完成。①党中央确定，二十大代表名额共2,300名，由全国38个选举单位选举产生。做好二十大代表选举工作，要坚持以习近平新时代中国特色社会主义思想为指导，坚持以党章为根本遵循，坚持党的性质宗旨，坚持和加强党的全面领导，充分发扬党内民主，严格资格条件，严密产生程序，严肃选举纪律，确保选出的二十大代表素质优良、结构合理、分布广泛、党员拥护。

为贯彻落实习近平总书记重要指示精神，2022年4月15日起，党的二十大相关工作网络征求意见正式启动。舆论为"党的二十大相关工作网络征求意见"点赞，认为开展党的二十大相关工作网络征求意见，充分彰显了以习近平同志为核心的党中央发扬民主、集思广益的优良作风，是我们党坚持以人民为中心、尊重人民主体地位、走好群众路线的重要体现，是发挥中国特色社会主义制度优势、推进全过程人民民主的生动实践，是适应互联网时代新要求、推进国家治理体系和治理能力现代化的有益探索。新浪微博相关话题阅读量达1,600万，网民认为此举"是一种很好的政治协商和民主监督形式""是全过程人民民主的一种体现，能够让全国各行各业以及不同身份的人都能参与其中，希望能成为新常态"，"为社会各界开辟了一条参与国家政治生活的便捷途径"。截至2022年4月20日，人民网留言板累计收到相关网民建

---

① 中共中央发出通知 部署党的二十大代表选举工作，新华网，2021-11-18。

议2万余条，留言量前五的省份分别是广东、江苏、河南、河北、四川。

2022年，我国将召开党的二十大，党中央在十九届六中全会上号召，全党要团结带领全国各族人民攻坚克难、开拓奋进，为全面建设社会主义现代化国家、夺取新时代中国特色社会主义伟大胜利、实现中华民族伟大复兴的中国梦作出新的更大贡献，以优异成绩迎接党的二十大召开。全党全军全国各族人民要更加紧密地团结在以习近平同志为核心的党中央周围，全面贯彻习近平新时代中国特色社会主义思想，大力弘扬伟大建党精神，勿忘昨天的苦难辉煌，无愧今天的使命担当，不负明天的伟大梦想，以史为鉴、开创未来，埋头苦干、勇毅前行，为实现第二个百年奋斗目标、实现中华民族伟大复兴的中国梦而不懈奋斗。我们坚信，在过去一百年赢得了伟大胜利和荣光的中国共产党和中国人民，必将在新时代新征程上赢得更加伟大的胜利和荣光。

第二章 新冠肺炎疫情：宝剑锋从磨砺出

2021年，新冠肺炎疫情仍在全球肆虐。在党中央的坚强领导下，我国及时有效扑灭了一次又一次疫情，成为世界上防疫工作最成功的国家之一；坚持"外防输入、内防反弹"总策略、"动态清零"总方针，为人民筑起坚实的防疫堡垒；稳步推进疫苗接种，加固群体免疫屏障；实施精准防控策略，保障经济发展。而与我国形成鲜明对比的是美国等西方国家对待疫情采取"躺平""佛系"的态度，早早宣布"解封""与病毒共存"，不仅导致疫情反复，大量无辜民众因此失去生命，还拖慢了自身及全球结束新冠肺炎疫情的步伐，种种事实都凸显了其抗疫之失败。

第一节 抗疫历程：千淘万漉虽辛苦

2021年，我国曾一度有200多个中高风险地区。面对严峻的防疫形势，国家迅速织牢防护网，为人民撑起守护伞，再一次交出优秀的抗疫答卷。

从百度搜索有关2021年新冠肺炎疫情搜索量变化图可以看出，全年新冠肺炎疫情相关舆情总体呈波动状。受河北等地疫情影响，疫情相关舆论热度自年初就处在一定高位，1月热度均处于平均线之上。2月起，舆情开始降温。在之后的几个月中，由于境内疫情较为平稳，舆情热度大多低于平均线。7月下旬，江苏等地发生疫情引发大量关注，舆情热度再度攀升，并在8月4日形成全年热度高峰。之后，受部分地区偶有散发疫情影响，热度出现波动，10月中旬至11月中旬热度较高，均处于平均线以上。年底，相关热度有所回落，但仍处于平均线之上。

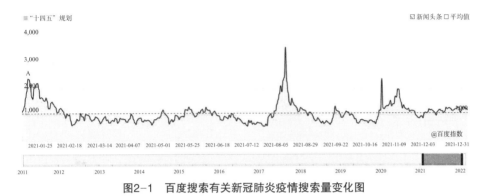

图2-1　百度搜索有关新冠肺炎疫情搜索量变化图

分析发现，全年舆情热度较高的三个阶段（1月、7—8月、10—11月）恰好对应2021年度境内疫情较为多发的三个时间段。

2021年1月

2021年1月，石家庄藁城、黑龙江绥化、吉林通化等地发生疫情。其中，石家庄藁城疫情尤为受到关注。

疫情回顾：2021年1月2日，万家欢庆新年之时，河北石家庄藁城区小果庄村突然报告新增一例新冠肺炎确诊病例。患者的行程轨迹显示曾参加婚礼。接下来在短短5天内，河北省新增234例新冠病毒感染者，宣布进入战时状态。1月7日，石家庄藁城区开展首轮核酸检测，共检测出阳性259人。而在石家庄市、邢台市开展首轮检测后，也出现了大量新增病例。

此次疫情源头尚不明晰，但有专家表示，经过测序、抗体检测、大数据筛查，病毒极有可能是通过机场输入的。相关病例基本围绕在机场一定范围

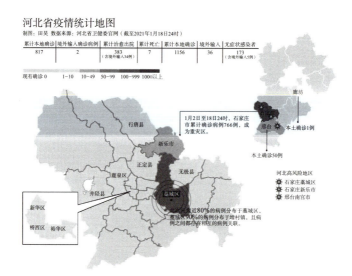

图2-2　截至2021年1月18日24时的河北省疫情统计地图

（来源：微信公众号"中国新闻周刊"）

内，相关几个村庄均在机场周边直径范围几公里内。例如，小果庄村距离石家庄正定国际机场不到5公里，而首例确诊病例和之后被检测到的病例基本都分布在小果庄村和其附近。此次疫情引发了舆论对于聚集性风险、农村防疫、"就地过年"等话题的讨论。

舆论关注点一：人员聚集导致疫情大规模扩散

关于本轮疫情快速扩散蔓延的原因，有专家指出，此次石家庄藁城疫情有两个特点：一是集中度高。检测发现的阳性人员，分布在石家庄市12个县市区，但主要集中在藁城区。二是关联性极强。除行唐（县）的1例阳性病例外，其他10县阳性人员均与藁城区有关。

《中国新闻周刊》引用一位小果庄村村民的说法称，小果庄村每月农历初八、十三、十八，就会举行一次集市，周边村民都会赶来。从2020年12月到2021年1月初，周边地区到小果庄村赶集的确诊病例共达21人次，有村民在赶集前已经出现鼻塞、咳嗽、乏力、厌食等症状。除了赶集，另一项聚集活动是婚宴。此次河北疫情首例确诊病例2020年12月28日与近250人一起参加了位于机场附近的欧景生态苑的一场婚礼。最终，这场婚礼中有20多人确诊。另外两场婚礼分别于2020年12月30日和2021年1月1日在南桥寨村的好运来饭店举行，参与这两场婚礼的确诊人数分别为9人和26人。如果以"婚宴""婚礼"为关键词检索流调信息，2020年末到2021年初，石家庄确诊病例参与婚宴达124人次，小果庄村一名44岁的女性从2020年12月30日到2021年1月2日的短短四天里，参加了三场婚宴。宗教活动也是容易导致疫情范围扩大的因素。石家庄相关负责人在新闻发布会上表示，小果庄村有信教群众122人，疫情突发前，一些信教群众曾在该村一户人家里有过聚集活动，同其他聚集活动一样，容易造成疫情扩散，但尚无证据表明疫情源头同宗教聚集有直接关系。对此，舆论纷纷呼吁疫情期间减少人员聚集，严防疫情扩散风险。

舆论关注点二：农村地区疫情防控漏洞亟待弥补

此次疫情还提示了我国疫情防控的一个重要环节——农村地区疫情防控。农村因医疗条件相对较差，宣传覆盖面较窄，居民也以老人和儿童居多，因此更容易受到病毒的"威胁"，成为防疫"洼地"。

此次河北疫情的确诊病例中有不少都是60岁以上的老年人，且多为重症。在流调结果中，出现的高频词汇是"自行服药""村诊所"。《健康时报》称，河北省石家庄多地疫情蔓延，其中一个很重要的原因是没有第一时间发现疫情。早期出现症状的患者仅仅是自己通过简单服用退烧药、止咳药缓解症状，导致后续又密接多人，造成他人感染，进一步扩大了疫情。石家庄2020年12月20日出现症状的患者到1月3日确诊，中间耽搁了14天。如果能在出现症状的第一时间就诊进行核酸检测，或许能大大降低疫情扩散。微信公众号"中国新闻周刊"称，多位小果庄村民都表示，自2020年夏天，国内疫情基本控制住以后，大家进一步放松了警惕，聚会活动有所增加，天气变热后也不爱戴口罩，咳嗽头痛当作小病，可能都不去医院看，就更不会被发现了。

对于农村疫情防控工作中存在的薄弱环节，专家纷纷建言献策。国家卫生健康委员会疾病预防控制咨询委员会专家吴浩表示，人们往往认为城市的**病毒传播风险大，而忽略了农村。病毒在农村传播**，等发现时它可能已经开始了二代或三代传播。农村的医疗卫生条件、医疗机构能力可能比较薄弱，管控起来难度更大。因此要发挥基层乡镇卫生院、村卫生室、个体诊所的哨点作用，发挥监测排查作用，发现问题要及时上报。国家卫健委救治专家童朝晖受访表示，城市小区防控可以做到比较具体、精准，而在农村，封闭了一个村，但大家都在里头，还是有接触的机会，有串门，甚至有聚会。农村防疫要精准到每个家庭，挨家挨户地做工作。舆论认为农村地区极易成为我国疫情防控的"洼地"，呼吁政府部门完善农村卫生防疫机制，加强全国农村地区科学防疫科普，筑牢农村防疫堡垒，防止疫情在农村地区大规模扩散。

舆论关注点三："就地过年"话题引热议

由于1月各地疫情呈散发多发态势，北京、上海、河北、安徽等20余个省（市）相继发出"就地过年"的建议，提出春节非必要不返乡，鼓励弹性休假。"就地过年"相关话题引发广泛讨论，"回家过年"还是"就地过年"，成为摆在每名民众特别是外地务工人员面前的一道选择题。

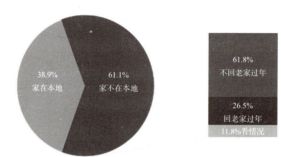

图2-3 "今年春节回老家过年情况"调查结果

（来源：民生智库联合《半月谈》杂志社"这个春节，你怎么过"的问卷调查）

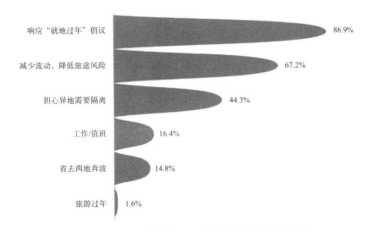

图2-4　"2021年春节不回家过年原因"调查结果

（来源：民生智库联合《半月谈》杂志社"这个春节，你怎么过"的问卷调查）

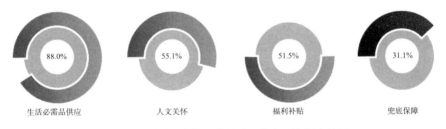

图2-5　"就地过年"民众关注哪些方面"调查结果

（来源：民生智库联合《半月谈》杂志社"这个春节，你怎么过"的问卷调查）

　　民生智库曾联合《半月谈》杂志社开展"这个春节，你怎么过"问卷调查。家不在本地的人群中，有超过半数积极配合整体防控需要，响应各地政府倡议，选择"不回家过年"；对于"就地过年"，超过80%的民众关注生活必需品供应，这也是受访民众最关心的方面；超50%的民众表示希望政府部门给予"就地过年"群体人文关怀和福利补贴，期盼异地过年能有更多温度；另有超过30%的受访民众对兜底保障表达了关注。

　　为了让群众能安心"就地过年"，中央与一些地方陆续发文，出台了不少"暖心政策"。比如，很多地方有针对性地派送春节礼包、留岗红包，明确强调要让"就地过年"者在打工地过好年、过出年味。舆论呼吁各地政府切实保证"就地过年"人群的过年体验，希望给予"就地过年"群体人文关怀和福利补贴，"让异乡过年也有年味""要切实做好保障，不要伤了就地过年人的心"等呼声不断。《光明日报》等媒体称，各地倡议就地过年的同时，还应及时做好整个春节前后的物资保障工作。以往各地都未曾有过保障大量外来人员在当地过年的经验，尤其是一些外来人员聚集的一线城市，一到春节期间，城市形如"空城"。因此，提前储备物资、确保春节期间物价平稳、供应充足的问题，引起了大家的重视，这也是响应就地过年倡议的应有之举。

在各地倡议就地过年这一问题上，"倡议"始终是重要原则，既要"非必要不返乡"，也要"必要能返乡"。而在此问题上，有部分地区出现了"返乡政策一刀切""过度防疫"的现象：如山西多地对所有河北车辆一律劝返，甘肃要求所有来返人员须提供72小时内核酸检测阴性证明等。

2021年1月27日，国家发改委相关负责人在国务院联防联控机制新闻发布会上明确："就地过年"政策是分级分类的，各地在政策执行时不能擅自加码，更不能层层加码；目前有的地方采取的"一刀切"措施是坚决不允许的，不能阻断人员出行、返乡。舆论普遍认为，这一明确表态，具有非常强的现实针对性，及时回应了社会关切；"就地过年"的前提是群众自愿选择，而不是靠随意"硬核"加码甚至一律劝返，呼吁对"擅自层层加码"的有关方面严肃问责。有网民称，"绝对不能一刀切！过年是中国人最重视的节日。""从低风险到低风险，为什么不能回家？""别让游子难以回家。"微信公众号"新华每日电讯"发表评论称，地方防疫政策层层加码，归根结底在于部分领导干部缺少担当。相较于劳神费力地管控流动人员，把群众限制在家里或"一刀切"禁止返乡，显然要省心得多。但是，部分领导干部不担当，不仅会增加基层防疫成本，也会给返乡人员制造麻烦，增加社会矛盾。要真正防范地方层层加码，也必须防范"问责层层加码"，问责要精准、稳慎，让领导干部敢于担当、敢于落实精准防疫政策。

2011年7月至8月

进入2021年7月，除了云南边境出现疫情外，其他地区疫情形势比较平稳。但7月下旬，南京突然出现阳性病例搅动了舆论场。

疫情回顾：7月20日上午，南京禄口国际机场在机场人员定期核酸检测样品中发现9例呈阳性，涉及地服、保洁等岗位，当日250多架次航班受影响。之后，南京疫情发展迅猛，8天之内确诊病例破百，且外溢至多个省市，安徽马鞍山、广东中山、辽宁沈阳等均出现关联病例。一位公共卫生专家表示，此轮南京疫情扩散的城市已经比较多，而且南京禄口机场直到26日才正式关闭，传染源难以阻断，没能从其他城市总结新的经验。继南京疫情后，扬州成为第二疫情暴风眼。8月8日，江苏新增本土确诊病例38例，均为扬州市报告。7月20日以来，江苏累计报告本土确诊病例592例，其中扬州市有346例，占全省总数的近60%。南京、扬州等地疫情引发舆论关注交通枢纽、娱乐场所疫情防控难题。此外，南京疫情中出现重症病例，以及老年人科学防疫问题也成为舆论焦点。

舆论关注点一：机场等交通枢纽频频失守

南京机场"失守"的背后，是机场等交通枢纽的疫情防控问题。机场作为一个接触境外的"高暴露""高流量"的国际交通枢纽，防疫工作难度可想而知。其实，南京禄口机场"破防"并非首例机场相关疫情传播事件。据"界面新闻"梳理：2020年11月9日，上海浦东机场一位货运人员被确诊感染新冠肺炎，之后14天里浦东机场西货运区累计确诊8例关联病例。2021年1月，河北石家庄出现疫情，首例确诊病例的居住地紧邻石家庄正定国际机场和高铁正定机场站。2021年6月，深圳宝安机场海关工作人员和机场餐厅服务员感染德尔塔毒株……

南京禄口机场外包业务管理混乱，为此次疫情蔓延提供了温床。有媒体报道，机场漏洞之一是"保洁公司是外包作业，机场认为是外包公司管理，外包公司以为是机场管理，结果两边都不管，出了大问题；同一个公司既负责国内航班也负责国外航班，导致了交叉感染"。"界面新闻"称，国内某机场负责外包管理的人员表示，其实全国机场单位的保洁业务基本都采取外包模式。其称，疫情之后，他所在的机场集团和新老供应商均签署了专门的补充合同或者主合同附件，对防疫要求做出详细规定，包括具体执行操作规定以及考核监管方法等，例如员工不能离开当地、工作住所两点一线，并通过详细的花名册加以统计记录。一旦违反相关规定，可能做罚款处理，甚至与对方公司终止合同关系。舆论呼吁各地吸取禄口机场的教训，加大机场、港口等区域的工作人员管理，严格将境外、境内工作人员区分开来。

舆论关注点二："棋牌室"成扬州疫情关键词，谨防娱乐场所成为疫情"放大器"

扬州此轮疫情开始时间为7月28日，源头是一位64岁的老人。7月21日，64岁的毛某擅自离开南京禄口，前往扬州，且到扬州后未上报南京旅居史，频繁活动于人员密集场所。到扬州的第一天下午，毛某就去四季园小区秋南苑内一棋牌室打了四个多小时的麻将。接下来的三天，毛某每天都去同一棋牌室打牌，每次至少三小时。三天后，毛某因发热前往医院就诊，核酸检测结果初筛为可疑阳性，后被诊断为新冠肺炎确诊病例。此后，陆续有15个去过秋南苑棋牌室打牌或看牌的老人确诊。

"棋牌室"从而成为本轮疫情的关键词。在8月3日举行的新闻发布会上，江苏省卫生健康委副主任周明浩表示，扬州本次疫情突发围绕着棋牌室，该场所空间相对密闭、通风条件差、人群聚集、人流量大，很容易造成病毒传播，参与打麻将的人同时在至少3家麻将馆之间流动，导致短期内出现多个突发源头，疫情迅速扩散。舆论认为，棋牌室里人员密集、空间密闭造成空气不流通、部分人防护意识相对薄弱等，都将处在该场所的人员暴露在风险之中，呼吁娱乐场所严格执行防疫政策，将防疫工作做实做细。

舆论关注点三：重型确诊病例的出现引关注

此次南京疫情中，有确诊病例转重型话题引发了舆论热议。7月26日，南京市召开第六场新闻发布会。南京市卫健委副主任杨大锁通报，截至7月25日24时，全市累计报告本土确诊病例75例，其中2例为重型。对此，国务院联防联控机制综合组江苏工作组医疗救治组专家邱海波表示，导致重型病患出现主要有两方面原因：一方面源于德尔塔毒株的特性，另一方面，病患自身的身体条件也可能导致转为重型。重症的出现，也在网上引发了部分有关国产新冠疫苗效果的质疑声音，有网民追问"转重型的病例打过疫苗吗"等问题。

舆论关注点四：老年人科学防疫值得关注

本次扬州疫情有众多老年人"中招"。在8月9日晚扬州公布的346例病例中，60岁以上老年人共有170余人，占比超过一半；此外，重症、危重症也多为60岁以上的老年人。江苏省卫健委副主任周明浩介绍，扬州疫情中，老年人占比较大，最大年龄91岁。老年人基础性疾病较多，比如高血压、糖尿病、慢阻肺等，给救治带来了严峻挑战。

这次扬州疫情也将老年人防疫问题放在了聚光灯下。有观点认为：一方面，老年人免疫力比较低，对病毒的抵抗力弱；另一方面，老年人对防控细则的依从度也整体较低，这些因素均加剧了该群体的感染风险。有媒体报道，在扬州开展的多轮核酸检测中，仍有老人未正确佩戴口罩，有的老人采样后擅自进入封闭区域，有的老年人节省惯了，不勤换口罩，不用流水洗手，不用肥皂消毒，等等。在2021年初吉林出现的新冠"超级传播"现象中，也呈现出超60%的感染者为老年人的特征。更重要的是，由于老年人中患基础性疾病的比例较高，外加老年人接种疫苗率偏低，一旦感染病毒，容易发展为重症。对此，钟南山等专家纷纷呼吁老年人积极接种疫苗，做好佩戴口罩等个人防护措施，等等。

此外，**疫情发生以来，健康码、大数据行程卡成为人们出行的标配，老年人"数字鸿沟"问题逐渐凸显**。对此，各地纷纷出招——提供刷身份证核验健康码服务、组织社会力量为老年人提供智能手机学习培训和帮办服务等。多措并举下，老年人"数字鸿沟"得到一定弥补。有媒体呼吁抗疫举措亟须适老化升级。《北京晚报》称，在人口老龄化程度进一步加深的当下，在疫情防控被当作头等大事的关口，如何精准有效地实施针对老年人的疫情防控，是一道大题难题，也是必须答好的题，这不仅关系老年人的生命健康、晚年平安，也影响抗疫的总体战果和社会的稳定发展。从防到控的各个环节，为老年人开辟绿色通道，应是抗疫举措适老化的基本要求。

2011年10月中旬至11月中旬

10月至11月，西安、内蒙古、甘肃、黑龙江、江西、四川、辽宁等多地曾发生新冠肺炎疫情。其中，涉陕西、内蒙古、甘肃、宁夏等地的"旅游团疫情"成为舆论关注重点。

疫情回顾：10月17日，西安发现2名外省游客核酸检测初筛阳性。10月18日，陕西省卫健委通报，10月17日0时至10月18日7时，新增报告6例本土确诊病例、1例本土无症状感染者，7人来自同一旅行团。据介绍，7人为结伴旅游，10月9日从上海出发，途经甘肃张掖市、甘肃嘉峪关市、内蒙古额济纳旗，于10月15日到达陕西西安。之后，随着大规模排查的展开，与这起旅行团相关的疫情已波及包括宁夏、甘肃、内蒙古、陕西等十余省。

　　几位确诊患者的长途旅行，从上海开始，途经甘肃、内蒙古、陕西等多地，让此次疫情的源头显得格外扑朔迷离。10月24日，国务院联防联控机制召开新闻发布会，国家卫生健康委疾控局副局长吴良有表示，根据现有流调和病毒测序结果，病例的病毒全基因组序列与国内此前疫情的同源性低，提示本次疫情是由一起新的境外输入源头引起。吴良有还介绍，本起疫情的病毒为德尔塔毒株，部分病例的呼吸道样本病毒核酸载量高，提示病例排毒量大，传播力强，在暴露人群中引起续发传播的风险较高。相关消息引发舆论关注边境疫情防控、疫情防控联动机制、冬季疫情防控工作等话题。

舆论关注点一：边境疫情防控形势严峻

　　此次疫情的重灾区之一是内蒙古额济纳旗。汕头大学病毒学专家常荣山认为，额济纳旗可以算作是一个"隐形疫区"，病毒传播风险一直存在。这里有中蒙边境策克口岸，是全国第四大、内蒙古第三大陆路口岸。蒙古国疫情形势严峻，边境口岸疫情输入风险的压力不言而喻。

　　值得注意的是，西北边境在10月报告多起散发疫情。10月3日，中哈边境口岸城市新疆伊犁州霍尔果斯市报告2人核酸检测结果呈阳性。此2人无14天中高风险区旅居史，也无确诊病例、无症状感染者、疑似病例接触史，无医院就诊或探视病人经历，也无明确进口冷链物品接触经历，疫情的源头仍然是谜。10月13日，中蒙边境口岸城市内蒙古二连浩特又通报1例本地阳性病例，为物流园区闭环管理人员。10月15日，乌鲁木齐经济技术开发区（头屯河区）报告1例无症状感染者，同样在物流园从事货物装卸搬运工作。边境口岸地区一直是防控中的薄弱区域，其中，霍尔果斯、二连浩特都是疫情境外输入的高风险口岸。舆论认为西北边境输入人员更分散、难追溯，控制疫情往境内其他地方传播存在难度。

舆论关注点二：两地流调说法"打架"，疫情防控联动机制有待完善

本次"旅行团疫情"最初是由于一对夫妻的核酸检测报告呈阳性而发现的。根据西安方面的通报，这对夫妻10月9日上海出发到陕西西安转机前往甘肃，在甘肃省、内蒙古自治区自驾旅游，然后15日又从甘肃乘机回到西安。**10月15日是二人行程时间线的一个关键时间。按照西安的通报，**他们于15日9时在甘肃嘉峪关做核酸检测，然后没等到结果出来，就在13时乘机前往西安，等到18时多混检结果异常的情况出现，二人已经到了西安。在核酸结果未出的情况下自行离开，无疑给相关的疫情防控带来巨大隐患。这样的流调报告公布后，当事二人自然地遭到了舆论讨伐。但《人民日报》的调查随后伪证了"自行离开"的通报内容。按照甘肃省卫健委工作人员的说法，二人在甘肃乘机时，持有内蒙古的核酸检测报告，且该报告仍在48小时有效期，结果为阴性，甘肃嘉峪关机场放行当然符合规定；15日的检测，是二人考虑到后面在西安出游需要，所以在甘肃乘机前做了，岂料这一次混检出现异常。两地围绕"自行离开"的说法争议引发网民质疑其背后是否有变相减轻自身防控责任的考虑。

光明网对此发表评论称，如果确实为"自行离开"，那么甘肃嘉峪关方面则存在着防控失职，没有采取相应的留置举措，让检测异常人员继续流动，前往外省；如果并非"自行离开"，那么嘉峪关方面符合规定放人，而西安方面对于15日核酸异常结果出炉的二人，到16日的17时才采取隔离留观措施，则存在着应对迟缓的问题。抛开是否"自行离开"的争议点不谈，如果异常结果出炉后，嘉峪关方面第一时间向西安方面发布协查通报，或者异常结果能反映到健康码上，而西安方面立即行动，采取进一步的检测确认和隔离措施，那么完全可以避免二人行程轨迹增加带来的后续防疫成本。舆论认为此事件暴露了疫情防控的联动机制尚存漏洞，呼吁地区之间加强协作，及时打通涉疫信息壁垒，相互配合做好防疫工作。

舆论关注点三：冬季来临加大防疫压力

国家卫健委新闻发言人2021年11月6日在国务院联防联控机制新闻发布会上表示，当前，我国多地报告输入性本土疫情，涉及多个口岸，发现多条传播链条。截至11月5日24时，疫情已波及20个省份，由于本轮疫情中感染者大多有跨地区旅行活动，叠加季节因素，防控形势严峻复杂。

央视新闻2021年11月2日曾报道，11月1日是世界流感日。国家卫健委表示，经专家研判，我国2021年冬和2022年春可能存在流感流行风险，也可能存在流感和新冠叠加流行的风险，给疫情防控带来影响。中国科学院院士、中国疾控中心主任高福认为，鉴于目前流感流行与新冠肺炎共流行的复杂现状，我们更应该对季节性流感和禽流感提高警惕。国家卫健委疾控局副局长吴良有表示，我国大部分地区进入秋冬季后，新冠肺炎和流感等呼吸道传染病出现叠加流行的风险依然存在，防控工作的复杂性和难度有所增加，要从细化外防输入的各项措施、从严落实监测预警措施等方面加强防控工作。舆论认为冬季是呼吸道病毒感染与传播的高发季节，且流感与新冠肺炎疫情病症存在相似之处，担忧加大疫情防控难度，呼吁做好个人防护。

第二节　抗疫策略：千磨万击还坚劲

疫情就像一面镜子，反映出一个国家的治理能力。2021年，我国抗疫再次交出令世界瞩目的答卷。这背后，有"动态清零"总方针，有疫苗接种"加速度"，有疫苗和药物研发再突破……此外，我国坚持向国际社会提供抗疫援助，也为国际援助树立了标杆。

我国抗疫措施取得切实成效

1. "发现一起、扑灭一起",坚持"动态清零"政策不放松

新冠肺炎疫情发生以来,我国迅速扑灭数十起局部散发病例和聚集性疫情,有效减少了死亡病例。这背后,离不开我国始终坚持的"动态清零"防控策略。通过"动态清零"策略,我国高效处置散发病例和聚集性疫情,以最小社会成本获得了最大防控成效。

2021年12月11日,国务院联防联控机制新闻发布会上,国家卫健委疫情应对处置工作领导小组专家组组长梁万年介绍,"动态清零",是当前我国新冠肺炎疫情防控的总方针。它是指在现在情况下,当出现本土病例的时候,我国所采取的综合防控措施的一种集成,以快速扑灭疫情。这是中国疫情防控经验的总结和提炼,也是现阶段我国疫情防控的一个最佳选择和总方针。2022年3月22日,在国务院联防联控机制召开新闻发布会上,梁万年再次对于为何还要继续坚持"动态清零"政策作出回应称,一是新冠肺炎疫情仍处在大流行期,仍是构成全球关注的突发公共卫生事件,尤其是我国周边的一些国家和地区,疫情还在上升阶段,外防输入的压力依然存在;当前国内本土已经呈现了点多、面广、频发的疫情态势,内防扩散也是一个重要任务。二是从奥密克戎变异毒株与德尔塔毒株相比,致病率尤其是致重症率和致死率有所降低,但是传播力很强,这种强大的传播力使感染人数基数很大,一个大的感染人数乘上它的致病率或者致死率,就会形成一个绝对数大的重症的群体,甚至是死亡的群体。三是我国具备"动态清零"的基础和条件,更具备能力。而且几年来的防控已经证明,实行"动态清零"是我国的一个有效做法,一个经验,也是符合中国实际的。

在坚持"动态清零"的同时,有舆论呼吁也要兼顾民众正常生活需求。如微信公众号"半月谈"发文称,民生无小事,枝叶总关情,疫情防控越严

格，民生保障就要越细致。"科学精准"不仅要体现在疫情防控上，也要体现在民生保障上。疫情防控为了人民，更要以人为本，如何解决好群众的"急难愁盼"问题，考验着基层的治理能力。央广网称，我国要坚持"外防输入、内防反弹"总策略、"动态清零"总方针毫不动摇，把保障民生所需放在至关重要的位置，牢牢守住生活生产物资供应和医疗保障的底线。

对于我国坚持"动态清零"政策，西方国家一直频频抹黑攻击。他们的论调之一是中国的做法"拖累"了本国乃至世界经济。但事实一次次令西方国家"打脸"，自顾自的说辞越发站不住脚。美国彭博社援引澳新银行（ANZ）2月15日发布的最新研究报告显示，中国的"清零"政策，对于经济的影响是有限的。这归功于高度本地化、十分精准的防控措施。由澳新银行大中华区首席经济学家杨宇霆牵头撰写的报告称，目前，中国仅有占GDP2.6%的经济受到"动态清零"的影响。如果影响持续一个季度，也只占年化GDP的0.6%。美国彭博社网站曾刊登题为"为何全世界需要中国的清零政策"的文章提到，如果消费者和企业想继续购买中国制造的商品，而不必忍受供应短缺和价格进一步上涨，那就应该希望中国继续执行"动态清零"政策。中国坚持这一政策的时间越长，给世界其他地区带来的收益就越大。

2."一刻不停筑牢免疫屏障"，新冠疫苗研发和接种稳步推进

疫苗是战胜疫情的有力武器。中国疾控中心流行病学首席专家吴尊友曾表示，人类最终战胜新型冠状病毒，只能靠疫苗。

新冠肺炎疫情发生以来，党中央、国务院对疫苗研发攻关高度重视，疫苗研发进入了"战时节奏"。2021年3月19日，国务院联防联控机制召开新闻发布会。科研攻关组疫苗研发专班工作组组长、国家卫健委科技发展中心主任郑忠伟介绍，目前，我国部署的新冠疫苗研发5条技术路线的所有疫苗实现了临床试验的全覆盖，包括了灭活疫苗、腺病毒载体疫苗、重组蛋白疫苗、

减毒流感病毒载体疫苗和核酸疫苗。针对不断变异的新型冠状病毒，我国关于加强免疫的研究也不曾落下。2021年8月2日，国务院联防联控机制科研攻关组疫苗研发专班组织专家论证会，在听取国药中生、北京科兴中维两家公司汇报了灭活疫苗两剂次免疫后6个月加强免疫的安全性和免疫原性数据后，专家组基于以上的科学数据作出了针对重点人群进行原灭活疫苗加强免疫的建议。2021年10月起，全国多个地区启动了加强针接种工作，进一步筑牢群体免疫屏障。

2022年初，我国启动新冠疫苗序贯加强免疫接种。国家卫健委疾控局副局长吴良有在2月19日召开的国务院联防联控机制新闻发布会上表示，根据新冠疫苗研发使用进展情况，经国务院联防联控机制批准，国家卫生健康委已经开始部署序贯加强免疫接种。中国疾控中心免疫规划首席专家王华庆介绍，序贯免疫是采用不同技术路线的疫苗，通俗说是不同类型的疫苗，按照一定的时间间隔和一定的剂次，为了预防效果的提高或者进一步降低严重的不良反应风险，所采取的一种接种策略。对于目标人群来说，同源加强免疫接种和序贯加强免疫接种，选择其中一种就可以。研究数据表明，同源加强免疫和序贯加强免疫，都能够进一步提高免疫效果。对于序贯加强免疫，有网民反映不理解其内容，部分网民与"疫苗混打"混淆。对此，有专家作出解答。黑龙江省疾控中心免疫规划所副所长高士锐解释称，提到"序贯免疫"，很多人都将其与"疫苗混打"混为一谈，实际上，两者的含义截然不同。普通民众说的"疫苗混打"，只是厂家不同，都属于相同技术路线的疫苗，不属于"序贯免疫"。

筑牢免疫屏障方面，有媒体指出，目前我国免疫屏障尚存"一老一小"两个短板。一财网称，从数据来看，截至2022年3月17日，中国还有5,200万60岁以上的老年人没有完成全程接种，其中占比最大的是80岁以上人群，加强免疫比例仅为19.7%。老年人提高疫苗接种率的重要性引发舆论热议。香港大学生物医学学院教授、病毒学专家金冬雁以2022年2月香港疫情为例给出警示："香港这波疫情中，绝大多数是轻症无症的，但非常不幸的是，多家养老院发生聚集性感染，大批不打疫苗的老人死亡。"金冬雁一再强调，香港此轮疫情中，不打疫苗老人的死亡是一个悲剧。美国《纽约时报》网站也刊登了相似的观点。报道称，科学家表示，需要从香港近期突发的这波新冠肺炎疫情中吸取几个重要的教训。他们表示，在奥密克戎变异毒株及其更具传染性的BA.2亚型流行之际，大范围接种疫苗仍非常重要，而为尽可能多的老年人接种疫苗无疑是重中之重。

除了老人，免疫屏障的另外一个短板，是儿童和青少年。一财网称，中国已经启动了3岁以上儿童的新冠疫苗接种，不过，并没有启动加强接种。同时，3岁以下儿童尚未接种。这两个因素将加大儿童人群的感染风险。因为奥密克戎变异毒株的隐匿传播，学校一旦感染，将成为一个放大器。舆论呼吁尽快弥补"一老一小"疫苗接种短板，加强两个群体对新冠病毒的抵抗力，筑牢全民免疫屏障。

3. "特效药为疫情防控再添利器"，新型冠状病毒药物频传捷报

针对新型冠状病毒有效的治疗药物研发也非常重要，全世界的科学家都在努力研发防止新冠发病感染的一系列药物，我国也不例外。2021年12月8日，新冠单克隆中和抗体安巴韦单抗/罗米司韦单抗联合疗法（此前称BRII-196/BRII-198联合疗法）获得国家药品监督管理局的应急批准上市，用于治疗新冠肺炎。这是国内首个获监管机构批准上市的单抗药物，也是中国首个全自主研发的抗新型冠状病毒特效药，由清华大学与深圳市第三人民医院及腾盛博药合作研发而成。此次获批是基于美国国立卫生研究院支持的ACTIV-2的三期临床试验，包括847例入组患者的积极中期及最终结果。结果显示，安巴韦单抗/罗米司韦单抗联合疗法使临床进展高风险的新冠门诊患

者住院和死亡风险降低80%（中期结果为78%）。2022年2月，科兴制药与安泰维合作开发抗新冠病毒小分子口服药备受关注。2022年2月20日，科兴生物制药股份有限公司公告披露，其全资子公司深圳科兴药业有限公司于2022年2月18日与深圳安泰维生物医药有限公司签署《SHEN26项目合作协议》，双方将合作开发抗新冠病毒小分子口服药。公告称，在全球范围内，安泰维将其取得的或持有的SHEN26知识产权独占许可给深圳科兴，将产品后续研发权利、商业化权益转让给深圳科兴。据介绍，SHEN26是一款新型冠状病毒聚合酶抑制剂，可以通过抑制病毒核酸合成达到抗病毒效果，目前已完成实验室开发，正在进行临床前药学和工艺开发，并提交了相关专利申请。舆论期待科兴等药企共同研发的新冠口服药能够早日取得阶段性突破，"继续走出中国速度"。

4."用实际行动践行'人类命运共同体'"，中国助力世界抗疫

疫苗被认为是全球控制疫情发展的关键。世卫组织官员曾多次警告称，当务之急是提高全球新冠疫苗接种率，保障疫苗供应充足、分配公平。仅2021年，中国就向120多个国家和国际组织提供超过20亿剂新冠疫苗，成为对外提供疫苗最多的国家。印度尼西亚智库亚洲创新研究中心主席班邦·苏尔约诺说，中国通过提供抗疫物资、派遣医疗队和援建病毒检测实验室等方式协助亚太多国抗疫，为亚太国家控制疫情和经济复苏做出贡献，展现大国担当。坦桑尼亚达累斯萨拉姆大学中国研究中心主任汉弗莱·莫西表示，中国始终积极参与并推动国际抗疫合作，向多个国家援助医疗设备和新冠疫苗，是多边主义与经济全球化的倡导者与支持者。

值得一提的是，随着使用中国新冠疫苗的国家越来越多，中国疫苗的安全性得到了多国认可。在斯里兰卡，斯里贾亚瓦德纳普拉大学7月20日发布研究报告显示，95%的人群在接种两剂中国国药疫苗后可产生抗体，81.25%的人群可诱导产生中和抗体，国药疫苗对变异毒株德尔塔株非常有效；在多

米尼加，中国科兴新冠疫苗被证实能够减少20%~100%的住院情况，接种后感染率仅为0.004%；在印尼，接种中国新冠疫苗的医务工作者96%免于住院，94%免于感染；巴西与智利对中国新冠疫苗表示认可，认为中国疫苗的副作用更低，保护效力更强。此外，塞舌尔、土耳其、塞尔维亚等多国首脑也亲自发声，表达对中国新冠疫苗的充分信任。除疫苗外，中国还向多国捐赠了大量的医疗物资、派遣抗疫医疗团队，尽己所能为各国提供支持和帮助。

美西方国家疫情仍未得到有效控制

与我国形成强烈对比的是，以美国为首的西方国家疫情仍未得到有效控制。美国当地时间2022年2月7日晚间，位于美国首都华盛顿的美国国家大教堂敲响900次钟声，以悼念死于新冠肺炎疫情的90万美国人。美国国家大教堂院长兰迪·霍尔瑞斯说，从未想过美国会有90万人死于疫情，"这是一个我无法理解的数字"。

这些数字背后，过快解除防疫措施、个人主义泛滥等都是西方国家疫情肆虐的原因。

以美国为例，地方政府在看到疫情暂时好转后，不顾美医疗机构的警告，过快解除防疫措施，并在解除后造成了严重的后果。如在2020年5月和2021年6月，由于当时的疫情数据出现好转迹象，美国多州甚至联邦政府都放松了疫情管控措施，但疫情很快在当年7月和9月出现反复，导致各级政府不得不再度收紧有关措施。正因如此，两年多来美国抗疫工作始终跌跌撞撞，疫情曲线一波未平一波又起，最终在2021年底至2022年初奥密克戎变异毒株肆虐之际，出现了一波令人震惊的疫情高潮。据美媒报道，当地时间2021年12月20日，美国疾病控制与预防中心公布的数据显示，奥密克戎变异毒株近期在美国迅速传播，最近一周，新增病例的73%都由该变种引起。2022年初，由于处于新年假期，美国疾病控制和预防中心和一些州2022年1月1日至3日停止通报确诊和死亡病例数据。不过，美国彭博社称，根据有通报病例的州的数据，1月1日美国7天滚动平均单日新增确诊数近40万例，是自疫情突发以来最高的数字。《纽约时报》2022年1月2日称，美国东部地区的确诊病例呈爆炸式增长：纽约市近两周内单日新增确诊病例增加了600%，华盛顿特区则增加了约8倍。

此外，美国等西方国家推崇"个人利益高于社会利益"，许多西方民众认为种种限制性举措（如居家隔离、戴口罩、保持社交距离）是对个人权利的限制乃至侵犯，因此，即使在疫情最严重时期，西方民众经常公然违抗政府禁令，在不戴口罩的情况下举行抗议、集体聚会。2022年1月，美国确诊病例已突破7,000万。疫情趋紧，美国却爆发大规模抗议游行。当地时间1月23日，来自多个州的数千美国民众在首都华盛顿游行，反对新冠疫苗强制令等多种防疫措施。这种极端个人主义无疑加重了疫情蔓延态势。

图2-6　西方国家爆发反疫情限制措施游行

美国非但放任国内疫情严峻形势于不顾，还屡屡将新型冠状病毒起源这一科学议题政治化，借此抹黑攻击中国。2021年1月14日，世卫组织派出的国际专家组抵达武汉，与中国专家组成联合专家组，并分为流行病学、分子溯源、动物与环境三个小组，共同开展全球溯源中国部分工作。联合专家组共同研究了大量的疫情相关数据资料，现场考察了包括金银潭医院、华南海鲜市场、中科院武汉病毒所在内的9家单位，与医务人员、实验室人员、科研人员、市场管理人员及商户、社区工作者、康复患者、牺牲医务人员家属、居民等进行广泛交流。2月9日下午，中国-世界卫生组织新型冠状病毒溯源研究联合专家组在武汉召开新闻发布会指出，认为新型冠状病毒"比较可能"是经中间宿主引入人群，也"可能"是直接传播或者通过冷链食品引入人群，"极不可能"是通过实验室引入人群。2021年3月，世界卫生组织发布了全球新型冠状病毒溯源调查的中国部分，即1月14日至2月10日中国-世界卫生组织新型冠状病毒溯源研究联合专家组在武汉进行的溯源调查报告。报告再次强调，联合专家组认为武汉华南海鲜市场不是疫情的最初来源，新型冠状病毒通过实验室引入人类"极不可能"，调查其他国家的潜在早期传播"是重要的"。然而，美西方国家无视这一报告结论，不遗余力地继续渲染新型冠状病毒"实验室起源论"，将舆论矛头对准中国。5月底，美国总统拜登要求美国情报机构独立调查新型冠状病毒起源并在90天内得出结论。6月，在G7首脑峰会上，美国纠合其盟友对中国发起攻讦，要求查明病毒源头，妄图组建新冠溯源"国际联盟"。此外，美媒连续刊发所谓"爆料""调查结果"，鼓噪"实验室泄漏论"。8月27日，美国国家情报总监办公室发布"新型冠状病毒溯源调查报告"要点，认为目前新型冠状病毒源自自然界和实验室泄漏的两种可能性都不能排除。此外，西方国家和部分外媒还将矛头对准中国产新冠疫苗，炒作质疑我国产疫苗安全性、诬称我国向他国推行"疫苗外交"等。

在新型冠状病毒起源的问题上，有媒体指出，美国自身其实与之有着难以解释清楚的关系。微信公众号"中国日报"称，2019年11月，中国武汉华南海鲜市场的郑老板收到了他网购的美国冰鲜大龙虾。他将货物的一小部分分销给了华南海鲜市场内的另一家商户。一个月后，该商户的3名员工陆续出现了新冠肺炎感染症状，郑老板周围13家商店的工作人员在用龙虾包装袋装了东西之后，也成了最早一批感染者，而与他有货物交易的两个商户，恰好位于疫情核心区。这批龙虾来自美国缅因州。2019年9月，美国缅因州暴发"电子烟肺炎"疫情。虽然至今电子烟销售量在美国本地仍然持续呈现增长态势，关于"电子烟肺炎"的报告却只持续到2019年12月。2020年2月，美国疾控中心官网不再更新该肺炎的相关情况，对于相关病例的数据收集与分析也停止了。2019年12月，美国"电子烟肺炎"神秘消失，中国武汉华南海鲜市场新冠肺炎疫情突发。基于以上"巧合"，媒体最后发问——哪里才是新冠肺炎疫情的源头？

第三节　疫情发展：云开雾散终有时

自疫情发生以来，有关"疫情将如何发展"以及"疫情会何时结束"的讨论从未终止。2021年，奥密克戎变异毒株的出现，全球新冠疫苗分配呈两极化导致各国疫苗接种率不均，以及部分西方国家过早解除防疫措施，为这个问题增加了不确定性。

"疫情是否即将结束"话题引热议

2022年，新冠肺炎疫情已在人间肆虐两年多。关于疫情是否会结束、何时结束的讨论从未终止过。2022年初，这个问题再度回到舆论聚光灯下。

在2022年3月22日举行的国务院联防联控机制新闻发布会上，国家卫健委疫情应对处置工作领导小组专家组组长梁万年表示：从理论上来说，疫情结束有几个方面，包括病毒变异变得越来越弱了；疫苗更加有效，不仅能预防重症和死亡，也可以防止感染，预防重症和死亡率的能力更高了；有特效药，除了现有的有效药物，出现更有效的药物，甚至是特效药，早期就可以把病情阻断；国际上其他国家的疫情也在减轻，外防输入的压力变小；等等。梁万年表示，要看病毒本身，看它的危害度，看我们所具备的武器和手段，这些综合起来才能讨论我们什么时候可以回归正常的生活。

　　国际方面，2022年1月19日，《柳叶刀》杂志线上发表了几篇关于奥密克戎变异毒株的文章，其中最令人关注的是华盛顿大学健康指标与评估研究所主任默里撰写的评论。该研究所自疫情以来，以对病死率的预测准确而著称。在撰写的评论中，默里基于其研究所的模型提出了几个预测，其中包括：到今年3月，全球半数以上人感染，通过接触病毒加上疫苗接种，全球免疫将处在高水平；未来新型冠状病毒还会卷土重来，但不再是大流行状态。这种传染病将更加可控。1月23日，世界卫生组织欧洲区域办事处主任克鲁格接受法新社访问时表示，到3月可能有60%的欧洲人都已感染奥密克戎变种毒株，"本区域的疫情有可能正在走向结束"。美国前疾病控制与预防中心主任汤姆·弗里登则表示，"如果应对得当，我们将会有一个新冠肺炎疫情不再那么主宰我们生活的2022年"。

　　但也有专家认为新冠肺炎疫情结束时间尚难预测。例如，中国疾控中心流行病学首席专家吴尊友认为"3月成为新冠肺炎疫情世界大流行结束的关键时间点"的科学依据并不充分。吴尊友表示，论文基于流感的逻辑展开分析，但流感和新冠肺炎有很多不同。首先，感染流感后免疫力维持时间通常能达到一年，而感染新冠肺炎后免疫力维持时间一般在3~6个月。其次，新型冠状病毒的变异很快，而流感病毒的变异是有规律性的，且变异周期通常为一年一变或几年一变，病毒变异若仅在"亚型"内，不会影响交叉保护。美国加州大学旧金山分校的流行病学家乔治·卢瑟福指出，病毒可能像早期变种一样慢慢变异，也可能像德尔塔和奥密克戎一样出现"大跳跃"，现在预测"下一个变种是什么？都是瞎说"。克里斯托弗·莫瑞教授及其团队一直在为白宫提供新冠肺炎疫情建模，准确预测疫情。莫瑞认为，新的变种一定会出现，其中一些可能会比奥密克戎造成的症状更严重。

　　此外，新冠肺炎疫情大流行是否会演变成"地方病"是另一种较为普遍的猜测。大流行指疾病蔓延到多个大洲或国家并感染大量人群，地方病则指具有地区性发病特点的一类疾病。英国伦敦大学卫生和热带医学院传染病流行病学教授戴维·海曼认为，新冠肺炎正在成为"地方病"，就像其他冠状病毒一样——"有四种冠状病毒已发展为'地方病'"。英国伦敦大学卫生和热带医学院新发传染病教授安妮莉斯·怀尔特-史密斯则指出，现在说新冠肺炎是"地方病"为时过早。世卫组织卫生紧急项目执行主任迈克尔·瑞安认为，"地方病"并不意味着变得更好，只是意味着它将长期在一个地方出现。

变异病毒接连出现为疫情防控增添压力

新冠肺炎疫情突发以来，先后出现的阿尔法、贝塔、德尔塔、奥密克戎等多个变异毒株让人类措手不及。2021年以来，德尔塔毒株、奥密克戎变异毒株曾先后成为在全球流行的毒株，给疫情防控再次增加了难度。

2021年4月16日，世卫组织卫生紧急项目技术主管玛丽亚·范·科霍夫表示，德尔塔毒株携带E484Q和L452R突变。这种特性使得德尔塔变异毒株具有传播力强、潜伏期短、病毒载量高、病情发展快、重症比例高等特点。世卫组织总干事谭德塞7月称，德尔塔毒株以极快的速度席卷全球，导致新冠确诊病例和死亡病例激增。2021年，我国也曾出现多轮德尔塔毒株引发的疫情。

奥密克戎变异毒株则是最早于2021年11月在南非发现，并用一个半月时间就已蔓延至110个国家和地区。2022年2月15日，世卫组织在新冠肺炎每周流行病学报告中指出，早期研究数据表明，奥密克戎毒株已取代德尔塔成为全球范围内的主要流行毒株，各地近期上报的新型冠状病毒基因序列中，98.3%为奥密克戎毒株。

对于是否还会出现更多变异毒株，世卫组织曾在2022年1月表示，新的变异毒株有可能会出现。美国国家过敏症和传染病研究所所长安东尼·福奇在2022年世界经济论坛视频会议上指出，新的变异毒株随时可能出现，未来变数仍很大。莫德纳总裁班塞尔认为未来新型冠状病毒出现更危险变种的概率为20%。班塞尔在接受电视访问时指出，未来最可能出现的情况是老年人和免疫功能受损者等脆弱群体，每年都需要额外接种新冠疫苗加强针，以预防毒性与奥密克戎变异毒株类似的新变种毒株。

各国疫苗接种率不均、医疗资源不平衡、部分西方国家"宣布解封"等因素为疫情发展形势带来不确定性

除了变异毒株，世界各国疫苗接种率不均、医疗资源不平衡等问题也为新冠肺炎疫情结束增添了变数。联合国秘书长古特雷斯2021年年初指出，疫苗公平是人类社会当前面临的最大道德考验。英国牛津大学"用数据看世界"网站数据显示，截至2021年12月20日，全球累计接种新冠疫苗87亿剂次，全球有56.8%的人口至少接种了一剂疫苗，而低收入国家这一比例仅为7.6%。一些发达国家奉行"疫苗民族主义"，不仅囤积过剩疫苗，而且连承诺的疫苗援助也未完全兑现。截至2021年11月25日，美国仅交付了其向国际社会承诺提供疫苗剂量的25%。世界卫生组织总干事谭德赛曾在2021年年底呼吁发达国家的领导人和制造商吸取德尔塔、奥密克戎等变异毒株的教训，摒弃短期民族主义，改变全球疫苗分配不均的状况，在2022年7月前在所有国家实现70%的疫苗覆盖率。

此外，在疫情尚未终结之时，欧洲多国早早宣布疫情结束。自英国首相宣布取消英格兰与新型冠状病毒有关的一些限制后，芬兰总理马林也宣布于2022年2月中旬取消所有新冠肺炎疫情限制措施。"取消全面防疫"的国家不在少数，如美国、英国、挪威以及法国、丹麦等欧盟国家。世界卫生组织呼吁那些已开始解除新冠肺炎疫情期间防疫限制措施的国家，应采取稳步、缓慢的方式逐渐"解封"。舆论担忧西方国家自顾自"解封""躺平"会令病毒再度变异，呼吁各国在疫情前齐心协力、团结协作，用科学有效的手段打赢这场持久战。

第三章　经济：奋楫笃行启新局

2021年，我们隆重庆祝中国共产党成立100周年，实现了第一个百年奋斗目标，开启了全面建设社会主义现代化国家、向第二个百年奋斗目标进军新征程。以习近平同志为核心的党中央统揽全局，沉着应对，全国上下勠力同心，攻坚克难。经济社会发展主要预期目标全面实现，构建新发展格局迈出新步伐，高质量发展取得新成效，实现了"十四五"良好开局。这一年，共同富裕、"双碳"战略等高质量发展理念备受关注，促进产业升级和区域均衡发展相关政策举措引专家关注，经济领域的反垄断重拳广受网民好评，经济发展和疫情防控保持领先，获得了国际舆论点赞。

第一节　稳健开局：攻坚克难续写新时代篇章

2021年，中国经济面临诸多困难和挑战。梳理国内专家、新闻媒体、财经自媒体的评述，相关困难主要集中在以下几方面：一是外部环境存在不确定性，二是全球流动性泛滥带来溢出效应，三是金融领域风险加大，四是地方政府债务风险升高，五是就业敏感群体受冲击依然较大，六是微观主体积极性和活跃程度不高，七是大宗商品涨价预期形成，八是宏观政策面临"两难"境地。各地区各部门认真贯彻落实党中央决策部署，通过统筹疫情防控和经济社会发展，扎实做好"六稳""六保"工作，不断扩大对外开放，加强与其他国家合作共赢，全面完成了主要预期目标和重点任务，经济增长对世界经济增长的贡献率预计将达到25%左右，是引领世界经济恢复的重要力量。

供应链稳定性受冲击

2021年，在新冠肺炎疫情持续冲击下，全球企业面临供应链中断难题，原材料短缺、价格飙涨、人力不足、生产中断、货物运送延迟等问题给企业带来了极大的困扰。疫情引发的供应链冲击和互不信任，将各国推向自给自足的道路。舆论高度关注芯片等高科技产品，能源和大宗商品涨价和供应不足对各行业造成的影响。

2021年9月以来，供应短缺导致全球天然气、煤炭和原油价格飞涨，引发多个国家和地区供电紧张，能源危机在全球近30个国家和地区蔓延。在新加坡，从10月到12月，家庭电费环比平均上调3.2%，达到近年来的最高水平。而原油价格强劲回弹到疫情前的水平，油价也应声上涨，美国、欧洲舆论直呼"加不起油了"。美国作为"车轮上的国家"，其不少网民吐槽油价上涨对生活造成影响。据媒体报道，由于电力和燃气价格大幅上涨，英国多次爆发反政府抗议活动。不少法国民众走上街头抗议不断飙升的物价。

疫情冲击导致芯片供应紧张情况最为明显，影响多达169个行业的生产，包括手机、汽车以及家电、个人电脑等，也影响芯片代工工厂的产能和扩厂计划。以汽车行业为例，由于芯片短缺，2021年全球汽车产量减少770万辆，制造商的损失达2,100亿美元。无论是日本、德国还是美国汽车制造商，都没能幸免，并已导致一些汽车生产线关闭。

2021年3月，"长赐号"（Ever Given）货轮在苏伊士运河搁浅，造成这一全球最重要的航运通道堵塞长达6天，全球供应链混乱，影响一直持续到第二季度。这也成为航运业全年最大的"黑天鹅"事件。在堵塞发生三天后的3月26日，等待通过苏伊士运河的船舶数量已经达到169艘，其中散货船和集装箱船受到的影响最大。等到3月29日"长赐号"重新浮起时，等待船舶的数量已超过300艘，比2020年平均每天等待通过苏伊士运河的船舶数量，增加了30,253%。苏伊士运河长达一周的堵塞，使部分船舶不得不选择替代路线，改道好望角，为此花费了巨大的额外时间和成本，大型集装箱船的航程平均增加了8天。尽管如此，仍有许多船舶继续驶向堵塞的航道，增加了后续疏通运河所需的时间。苏伊士运河疏通两天后，在运河周边拥堵的船舶，已经减少了超过50%，但连锁效应也开始显现，拥堵从运河传导到了西北欧的鹿特丹等目的港，加剧了欧洲港口的拥堵。对于"长赐号"货轮搁浅的原因，各方众说纷纭。船东方表示极端天气导致事件发生；埃及苏伊士运河管理局则称，天气仅是事故的多重复杂原因之一，货船航行时也存在着技术或机械问题。据此，运河管理局在事故发生后向货轮船东方提出总计9.16亿美元的赔偿要求，但"长赐"号船东未予接受，港口管理局随后将货轮扣押在苏伊士运河的大苦湖水域。经过数轮协商，双方最终在7月7日签署赔偿金额保密的和解协议，滞留三个多月的"长赐号"当天获准离开运河，重新前往其目的地。

全球港口拥堵的重灾区是美国西海岸，特别是在加利福尼亚州洛杉矶港、长滩港等待卸货的集装箱船数量，持续大幅增长。《纽约时报》等报道，2021年11月在这两个港口外等待靠泊的集装箱船数量和平均等待时间，分别为83艘和近17天，均创下近期新高。实际上，2021年7月之后的几个月内，美国西海岸港口的拥堵程度持续攀升。这直接导致全球范围内集装箱船运力不足，租船价格持续高涨。10月，超巴拿马型集装箱船的日租金，已达到惊人的13万美元，比2020年同期增长了300%以上。

中国"火车头"带动全球经济在疫情中前行

据中国海关总署发布的数据，2021年，以美元计价，中国货物贸易进出口规模首次突破6万亿美元，达到6.05万亿美元，创下历史新高。数据显示，在2013年首次达到4万亿美元后，中国外贸在2021年内连续跨过5万亿、6万亿美元两大台阶。在新冠肺炎疫情延宕反复、世界经济复苏面临诸多风险的背景下，中国外贸连创佳绩，极大提振了全球信心。

妥善处理防疫与经济活动关系。2021年，中国经济内循环流畅得益于政府很好地平衡了防疫与经济活动的关系。彭博社指出，从电子产品到庭院家具，货运数据证明去年全年全球市场对全品类的中国产品都保持了"强劲需求"。值得一提的是，中国医药材及药品出口增长101.2%，有力地支持了全球抗疫。法新社评论说，过去两年，中国经济在疫情大流行中迅速反弹，工厂得以运营，满足全球对电子和医疗用品的需求，这使得中国出口大幅增长。德国《商报》称，中国成为出口"世界冠军"，这主要得益于中国较快走出了疫情负面影响——通过大规模检测、接触者追踪及隔离举措，中国成功控制了疫情，这对经济复苏和国外订单都产生了积极影响。在日本经济学家金坚敏看来，中国没有依靠大规模财政扩张及宽松货币政策，不仅实现了经济高速增长，而且妥善处理了疫情防控、维持经济社会活动、适度使用财政货币政策工具三者之间的关系。中国商品出口对稳定全球供应链、抑制全球通胀也起到了良好效果。

证明中国产业链供应链韧性。"中国方面表示，2021年稳外贸效果好于预期。"《华尔街日报》称。以美元计，中国2021年出口同比增长29.9%，进口同比增长30.1%。新冠肺炎疫情突发两年来，作为不断创造惊喜的"优等生"，中国外贸成为中国经济平稳运行的重要担当。这些数据充分证明了中国经济及中国产业链供应链的韧性。出口被视为拉动经济增长的"三驾马车"

之一，美国彭博新闻社称，2021年中国创纪录的出口强劲势头延续到12月，为经济提供支持。美国消费者新闻与商业频道网站称，作为世界第二大经济体，中国经济将在新的一年继续展现复苏态势，强劲的贸易表现将提供助力。**外媒关注到，中国高技术、高附加值产品出口快速增长，机电产品出口增长20.4%，新能源汽车出口量增长了3倍。**美国《外交官》杂志称，中国是航运设备制造大国，生产了全球96%的海运集装箱、全球80%的船对岸起重机，并获得了近一半的造船订单。彭博社认为，中国出口技术水平显著提高。中国进口数据同样亮眼。菲律宾《马尼拉公报》网站称，中国进入了消费持续增长的新发展阶段，进口增长潜力将继续增加。此外，中国重视扩大进口，追求贸易的平衡发展。未来，中国的产品和服务进口额还将进一步增长，这为希望进入中国市场的菲律宾企业提供了机会。塞内加尔经济学家萨姆巴表示，中国既是出口大国，也是消费大国。立足超大规模市场优势，中国持续深化改革开放，积极畅通经济内外循环，这不仅是中国成就，也是世界之福。韩国现代经济研究院新兴市场部部长韩载振说，2021年，中国内需消费和出口得到较大提振，今年内需潜力将得到进一步挖掘，预计将实现经济稳中有进。

为地区和世界经济注入新动能。2021年，中国和主要贸易伙伴进出口均实现稳定增长。其中，对以发展中国家为主的"一带一路"沿线国家进出口增速更快，达到23.6%，比整体增速高2.2个百分点。国际社会普遍认为，疫情之下，中国外贸活力十足、韧劲十足，对全球产业链和供应链的重要性进一步凸显，将有效推动全球经济向着更均衡、更健康、更可持续的方向复苏。加拿大投资银行道明证券近日预计，在进出口的强力支持之下，中国外贸将保持强劲势头。《华尔街日报》称，中国积极谋求扩大市场，对外贸形势仍踌躇满志。《菲律宾星报》专栏作家李天荣认为，2021年中国外贸数据尤为亮眼，凸显中国经济发展的韧性和活力。作为亚太地区许多国家的最大贸易伙伴，中国经济持续稳定恢复将为地区和世界经济注入新动能。泰国开泰银行高级副总裁蔡伟才表示，中国2021年的外贸数据再次显示中国开放市场、与各国分享经济繁荣成果的努力；中国是世界经济复苏的火车头，在全球供应链中扮演着至关重要的角色。德国新闻电视台评论说，中国在2021年发挥了很大作用，让全球供应链基本畅通；如果没有中国加大出口，许多国家将面临商品、原材料等短缺，通货膨胀问题会更突出。

主要预期目标全面实现

各地区各部门扎实做好"六稳""六保"工作，注重宏观政策跨周期调节，我国经济持续恢复发展，2021年初提出的主要预期目标和重点任务全面完成，实现了较高增长、较多就业、较低物价的优化组合。

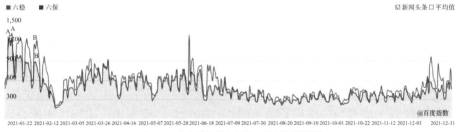

图3-1　"六稳""六保"网民检索指数

消费价格温和上涨。2021年，居民消费价格比上年上涨0.9%，涨幅比上年回落1.6个百分点，低于3%左右的预期目标。2021年国内关于物价的舆情整体平稳。

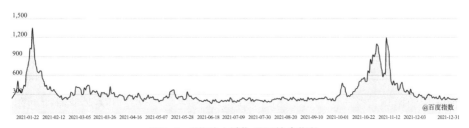

图3-2　"物价上涨"网民检索指数

就业总体稳定。2021年，城镇新增就业1,269万人，实现了1,100万人以上的预期目标；全国城镇调查失业率平均为5.1%，低于5.5%左右的预期目标。中国宏观经济论坛发布主报告称，得益于"六稳""六保"等一系列促就业政策、人口结构变化及新就业模式的发展，从长期来看，疫情下我国就业形势整体处于稳定向上趋势。中国人民大学副校长刘元春表示，2022年经济下行压力很大，特别是还要面对大量的不确定性，主基调是"以稳为主"。一个核心抓手就是就业，需要根据稳定就业的目标，匹配相关的政策、战略。

国际收支基本平衡。2021年，我国货物进出口顺差43,687亿元，比上年扩大20.2%，达到进出口量稳质升的要求；年末外汇储备余额为32,502亿美元，连续8个月保持在3.2万亿美元以上。《中国金融》称，2021年中国国际收支总体上维持着"一顺一逆"格局，国际收支基本平衡，国际投资头寸稳步增加，新冠肺炎疫情需求错位下贸易盈余扩增。中银证券全球首席经济学家管涛在其微信公众号"凭澜观涛"上称，2021年，出口高增长带动货物贸易顺差扩大，而服务逆差继续收窄，二者共同推动经常项目在上年高顺差基础上继续增加，占名义GDP比重仍然位于均衡合理区间。

居民收入增长与经济增长基本同步。2021年，全国居民人均可支配收入35128元，比上年实际增长8.1%，两年平均增长5.1%，与经济增长基本同步，达到了居民收入稳步增长的要求。舆论认为中国在疫情中录得如此数据，实属不易。全国政协常委、经济委员会副主任，原中央财经领导小组办公室副主任杨伟民称，2021年，中国人均GDP已超过1.2万美元，离高收入国家的"门槛"只差约150美元。2022年我国人均GDP大概率将达到高收入国家水平。在全球疫情的外在冲击下，中国经济能够取得这样的成就是非常了不起的。也有舆论关注受疫情影响，部分行业收入承压这一问题。每经网称，由于疫情防控的影响，交通运输、住宿、餐饮、批发零售等这些相关产业有所回落。2021年第三季度以来，这些产业增速就明显回落，第四季度进一步回落。

单位GDP能耗下降。初步核算，2021年单位GDP能耗比上年降低2.7%，接近降低3%左右的预期目标；主要污染物排放量继续下降的要求已达到。舆论关注各行业、各省的单位GDP能耗情况，建议推广综合能源服务并提出"GDP增速含绿量"等新概念。《中国电力报》称，这说明，我国以显著降低的能源消耗支持了经济增长，既节约了大量宝贵的能源，也相当于减少了大量的污染物排放和二氧化碳排放，有力证明我国经济持续转向并进入高质量发展。《中国电力报》并将这一态势总结为"能源经济新亮点"。

粮食产量再创新高。2021年，粮食总产量13,657亿斤，比上年增产267亿斤，增长2.0%，实现了1.3万亿斤以上的预期目标。央广网称，2021年，全国粮食再获丰收，为确保国家粮食安全、应对复杂多变的国内外形势、克服各种风险挑战提供了有力支撑，为"十四五"开好局、起好步，推动经济社会高质量发展，构建新发展格局奠定了坚实基础。《环球时报》称，在国际粮价上涨、国际供应紧张等复杂局势之下，2021年粮食再获丰收，为国家粮食安全、应对突发事件提供了坚实保障。

对外开放不断扩大，合作共赢取得实效

我国对外开放范围、领域和层次持续拓展，外贸方式不断创新，外资市场准入条件进一步放宽，高水平开放型经济格局加快形成。

贸易结构继续改善。2021年，一般贸易进出口额占进出口总额的61.6%，机电产品出口额占出口总额的59.0%，结构优化增强了对外贸易后劲；跨境电商进出口额达1.98万亿元，比上年增长15.0%，海外仓数量超过2,000个，新模式日益成为外贸发展的重要支撑。引资规模再创新高。2021年，我国实际使用外资11,494亿元，创历史新高，比上年增长14.9%，中国继续成为引进外资的热土；其中，高技术产业、服务业实际使用外资分别增长17.1%、16.7%。

境外投资稳定增长。2021年，我国全行业对外直接投资9,367亿元，比上年增长2.2%。共建"一带一路"走深走实。截至2022年1月，我国已与147个国家、32个国际组织签署了200多份共建"一带一路"合作文件。2021年，我国对"一带一路"沿线国家进出口额比上年增长23.6%，对"一带一路"沿线国家投资增长7.9%；中欧班列开行量超过1.5万列，增长22.0%。对外经贸合作开拓新局。2021年，中国等10个国家完成了《区域全面经济伙伴关系协定》（RCEP）核准。2022年1月1日，RCEP正式生效，15个签署协定国家总人口、经济体量、贸易总额均占全球总量约30%，形成全球最大的自由贸易区。中国日报网称，"一带一路"倡议提出至今，赢得越来越多各国人民的支持和赞许。它实现了发达国家再现代化与发展中国家现代化的联通，实现了中国扩大对外开放与世界开放发展的联通，实现了文明互鉴与交流的联通，实现了世界各国各自发展战略的联通。

2021年，美国《国家利益》、TechCrunch、《外交学者》等多个媒体杂志，美国对外关系委员会、欧洲外交关系委员会、澳大利亚战略政策研究所等多个智库，刊文或发布报告跟踪、研究我国"一带一路"动向。美国《财富》杂志网站刊文《美国别老盼着中国"一带一路"倡议失败 中国领导人十分重视"一带一路"》称，这是一个庞大的计划，意在通过对外投资和合作"重拾"中国失去的伟大。特朗普的四年总统任内一直抹黑"一带一路"，称其为"掠夺性的"，宣扬不实说法，称其是"债务陷阱外交"，还向盟友和伙伴施压，要求其不要加入。这种策略失败了，因为"债务陷阱外交"之说与大多数中国投资的实际情况不符。如果"一带一路"真的那么危险和具有掠夺性，为什么这么多国家愿意与中国合作？美国要停止批评。

2019年至2021年，舆论对"中欧班列"的关注程度逐年上升，关注重点为与"一带一路"相关的经济合作事项和国际物流通道/节点。波兰瑞亚物流公司总经理莫伟杰称："波兰正在投资改造和兴建相关基础设施，巩固和发展其在中欧铁路运输中的关键角色。"匈牙利MAV-REC铁路工程有限公司总经理乔莫什·诺贝特称："2017年7月，来自中国的第一列集装箱班列抵达扎霍尼。与2017年仅处理50个集装箱相比，2021年我们成功处理了7,000个集装箱的转运。"

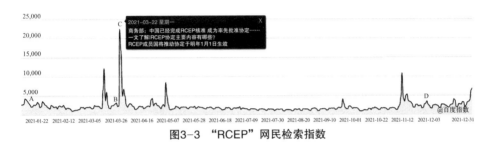

图3-3　"RCEP"网民检索指数

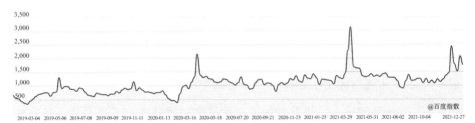

图3-4　"中欧班列"网民检索指数

第二节　砥砺前行：蹄疾步稳推动高质量发展

2021年是我国现代化建设进程中具有重要历史意义的一年：以习近平同志为核心的党中央高瞻远瞩、运筹帷幄，团结带领全国人民奋力拼搏，继续踏上全面建设社会主义现代化国家新征程。"绿色发展扎实推进""'双碳'战略扬帆起航"等高质量发展议题广受舆论关注。新华网等称："'中国号'巨轮沿着高质量发展的方向破浪前行，在加快构建新发展格局中不断迈出新步伐、取得新成效。"

绿色发展扎实推进

我国生态文明建设深入推进，环境保护继续加强，保障和改善民生力度不断加大，居民收入和消费持续增长，人民群众幸福感、获得感、安全感进一步增强。"十四五"时期，我国生态文明建设进入了以降碳为重点战略方向、推动减污降碳协同增效、促进经济社会发展全面绿色转型、实现生态环境质量改善由量变到质变的关键时期。随着生态文明建设的深入推进，更多网民建言献策。有网民在人民网留言板建言："'乡村振兴'要与'生态文明'深度融合发展。这是在新的发展阶段农业和农村高质量发展的必然要求。实践中，具体要求我们坚持'人与自然和谐共生'的重要原则，切实科学处理和解决好'五个方面'的关系：一是要从根本上解决好'产业兴旺'与'绿色发展'的关系；二是要从生态系统保护完好的前提条件下打造'生态宜居'；三是要从建立健全生态环境监管机制中促进'乡风文明'；四是要从切实解决突出环境问题入手提升乡村治理水平和治理效能；五是要从人与自然和谐发展格局中彰显乡村居民'生活富裕'。总而言之，我们要始终坚持生态文明发展方向，锚定农业农村现代化的目标，站在新发展阶段，贯彻新的发展理念，构建新发展格局，踔厉奋发，笃行不怠，农业强、农村美、农民富的宏伟目标，一定全面实现！"

绿色低碳转型加快推进，清洁能源消费占比上升。2021年，天然气、水电、核电、风电、太阳能发电等清洁能源消费占能源消费总量比重比上年提高了1.0个百分点，煤炭消费占比下降了0.8个百分点。绿色产品产量快速增长。2021年，新能源汽车、太阳能电池产量分别比上年增长145.6%、42.1%。舆论感叹中国的绿色低碳转型"蹄疾而步稳"，专家就安全降碳提出建议。中国工程院院士、新能源电力系统国家重点实验室主任刘吉臻称，化石能源清洁化、清洁能源规模化、多种能源综合化都是实现低碳目标的可行性策略，其中综合化的切入点就是融合，是新旧能源此消彼长，逐步实现新能源取代化石能源主体地位的过程。中国电力企业联合会党委委员王志轩说，要"构建现代能源体系，实现碳达峰、碳中和目标；要坚定不移贯彻新发展理念，坚持系统观念，处理好发展和减排、整体和局部、短期和中长期的关系；要强化风险防控，确保安全降碳"。

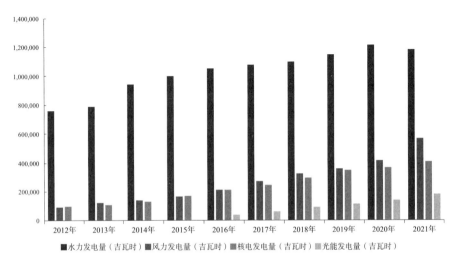

图3-5　2012—2021年清洁能源发电量

（数据来源：国家统计局）

　　环境质量持续好转。2021年，在全国339个地级及以上城市平均空气质量优良天数比例为87.5%，比上年提高0.5个百分点；在3,641个国家地表水考核断面中，水质优良断面比例为84.9%，上升1.9个百分点，蓝天碧水保卫战成果继续巩固。《新京报》报道，据北京市生态环境局介绍，2021年，北京空气中细颗粒物（PM2.5）年均浓度为33微克/立方米，较2013年下降了63.1%；Ⅰ－Ⅲ类水质断面占总断面的75%以上，无劣Ⅴ类水质断面；土壤环境质量保持良好，土壤环境风险得到了有效管控；生态环境状况总体良好，生态环境质量指数（EI）连续七年持续改善。

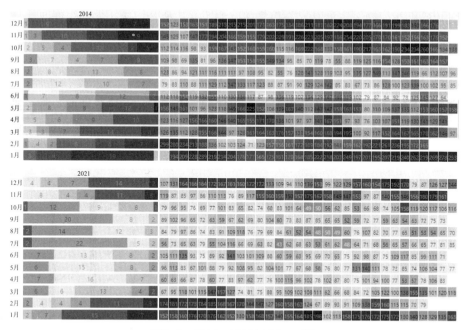

图3-6　2014、2021年PM2.5对比

（数据来源：waqi.info）

共同富裕

共同富裕是社会主义的本质要求，是中国式现代化的重要特征。"富裕"反映的是经济社会发展水平，体现着物质丰富、精神富足和生活宽裕程度；"共同"体现的是坚持以人民为中心的发展思想，让改革发展成果更多更公平地惠及全体人民。实现共同富裕，是一个循序渐进发展的过程。

推动共同富裕节奏加快。2021年8月，中央财经委员会第十次会议明确了共同富裕总思路，引起社会更广泛讨论。11月8日至11日举行的党的十九届六中全会，提到了"促进共同富裕"。在11月12日召开的新闻发布会上，中央财经委员会办公室分管日常工作的副主任韩文秀阐述了推动共同富裕的"三个需要"，分别是：实现高质量发展，构建体现效率、促进公平的收入分配体系，以及企业"办好自己的事"。他还表示，共同富裕没有捷径，不是变戏法，必须靠14亿多中国人民艰苦奋斗来实现。党的十九届六中全会公报指出，要立足新发展阶段，贯彻新发展理念，构建新发展格局，推动高质量发展，全面深化改革开放，促进共同富裕，坚持在发展中保障和改善民生，协同推进人民富裕、国家强盛、中国美丽。舆论热议共同富裕的发展历程。在国盛宏观首席分析师熊园看来，历史演进中，我国对效率和公平各有侧重，当前共同富裕将更注重公平和分配，重心是解决"三大差距"，即收入差距、地区差距、城乡差距。《华夏时报》报道，"共同富裕"并非全新提法。2012年党的十八大已经提出，中国要坚持走"共同富裕道路"，这是"中国特色社会主义的根本原则"。这意味着，较此前多年政府主要倡导的"让一部分人、一部分地区先富起来"，政策方向出现了一定调整。2013年，中共十八届三中全会通过了《关于全面深化改革若干重大问题的决定》（以下简称《决定》），这一改革蓝图明确了要实现共同富裕的路径，其中包括：提高劳动报酬，促进基本公共服务均等化，通过税制改革优化收入分配结构，完善社会保障体系，加大转移支付，扩大中等收入群体，缩小地区、城乡和行业之间的收入差距。《决定》还要求通过多渠道增加居民财产性收入，并鼓励慈善捐赠发挥重要作用。2016年的"十三五"规划落实了一些具体措施来推进共同富裕这一目标，包括减贫、扩大基本养老保险和医疗保险覆盖面、推进个人所得税和消费税改革等。但其重要性在"十四五"规划出台之后明显提升。"十九大"提出了中国在"全面建成小康社会"后到2050年要建成现代化强国的长远发展规划。在2035年全体人民共同富裕迈出"坚实步伐"，在2050年全体人民共同富裕"基本实现"，这意味着随着国

图3-7 "共同富裕"相关舆情热词

家越发富强，要求社会更加平等、社会福利更为完善。在网民情绪分布上，从评论的情感看，网民对共同富裕的认可度很高。从相关评论的发布地区和提及地区来看，东部特别是沿海地区更加关注"共同富裕"的话题。

全面建成小康社会。2021年7月1日上午，在庆祝中国共产党成立100周年大会上，中共中央总书记、国家主席、中央军委主席习近平庄严宣告：经过全党全国各族人民持续奋斗，我们实现了第一个百年奋斗目标，在中华大地上全面建成了小康社会，历史性地解决了绝对贫困问题，中国正在意气风发向着全面建成社会主义现代化强国的第二个百年奋斗目标迈进。新华社客户端称，从全面建成小康社会到全面建设社会主义现代化国家，向第二个百年奋斗目标进军的新征程已开启。"中国号"巨轮必将穿越惊涛骇浪，不断开辟发展新境界。《经济日报》称，广大干部群众要不断开辟当代中国马克思主义、21世纪马克思主义新境界，解放思想，团结一致，扎实推进共同富裕。

《中国的全面小康》白皮书。国务院新闻办公室2021年9月28日发表《中国的全面小康》白皮书，对中国全面建成小康社会的非凡历程和伟大成就做了详细介绍。在"两个一百年"奋斗目标的交汇点上，这部白皮书既是对过去发展的审视和评价，也是对未来发展的展望和鞭策，具有非常重要的历史和现实意义。光明网解读称，白皮书的主题为"中国的全面小康"，其中"全面"二字有着多层含义：一是发展维度的全面，强调全面小康社会不仅指经济层面的小康，还包括政治、文化、社会和生态"五位一体"全面进步的小康；二是受益群体的全面，强调不是一部分人或大多数人的小康，而是所有中国人共同奋斗并共同分享发展盛果，"一个都不能少"全面惠及的小康；三是城乡区域的全面，强调不是城乡分割式和区域分化式的小康，而是城乡区域全面覆盖共同发展的小康；四是个体权利的全面，强调人民的经济权利、政治权利、民主权利、发展权利等各项权利得到全面保障的小康。

第三次分配。8月17日，国家主席习近平主持召开中央财经委员会第十次会议，研究扎实促进共同富裕问题。会议指出，要坚持以人民为中心的发展思想，在高质量发展中促进共同富裕，正确处理效率和公平的关系，构建初次分配、再分配、三次分配协调配套的基础性制度安排，加大税收、社保、转移支付等调节力度并提高精准性，扩大中等收入群体比重，增加低收入群体收入，合理调节高收入，取缔非法收入，形成中间大、两头小的橄榄型分配结构，促进社会公平正义，促进人的全面发展，使全体人民朝着共同富裕目标扎实迈进。[①]舆论持续关注该话题，侧重对"第三次分配"及其与共同富裕的关系的研究和解读。浙江大学文科资深教授、北京师范大学中国收入分配研究院执行院长李实表示："第三次分配在以前的政府文件中也提到过，这次会议和以往有所不同，放在一个重要的位置上，分量更重。"中泰证券首席经济学家李迅雷表示，这对全社会释放了更加明确的信号，意味着"十四五"期间我国在缩小收入差距、推进共同富裕方面要有一定的进展。李迅雷分析，党的十九届四中全会明确提出"重视发挥第三次分配作用，发展慈善等社会公益事业"，表明第三次分配将成为我国收入分配改革的一种新的补充形式。而党的十九届五中全会也强调收入分配问题，确定下一个十五年，改革的重心是要缩小收入差距。

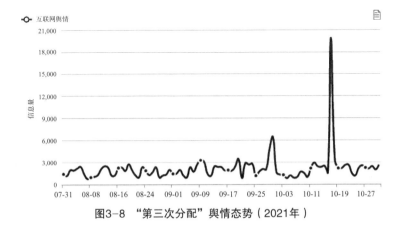

图3-8　"第三次分配"舆情态势（2021年）

---

① 习近平：在中央财经委员会第十次会议上的讲话，新华网，2021-08-17。

共同富裕不搞杀富济贫。8月26日，中央财办分管日常工作的副主任韩文秀表示，共同富裕要靠共同奋斗，这是根本途径。要鼓励勤劳致富、创新致富，鼓励辛勤劳动、合法经营、敢于创业的致富带头人，允许一部分人先富起来，先富带后富、帮后富，不搞"杀富济贫"。11月24日，《人民日报》第六版刊发**中共中央政治局委员、国务院副总理刘鹤的署名文章《必须实现高质量发展》**。文章称，我们必须坚持通过推动高质量发展、通过共同艰苦奋斗促进共同富裕，必须最为广泛有效调动全社会积极性和能动性，提升全社会人力资本质量和专业技能，扩大中等收入群体，不搞平均主义，不搞杀富济贫、杀富致贫，避免掉入福利主义陷阱，通过14亿多人共同努力，一起迈入现代化。类似专家、媒体的观点还有——国民经济研究所副所长王小鲁："共同富裕不是杀富济贫，不是平均主义。"中国人民大学经济学教授、博士生导师李义平："共同富裕不是'杀富济贫'。"《南方杂志》："共同富裕绝不是也绝不能搞'杀富济贫'。"

北京一处级干部当外卖小哥。4月，北京市人社局劳动关系处副处长王林体验了一天做外卖小哥的感觉。12小时送单只赚了41元，其中一单跑了近一个小时只挣了6.6元，体验结束后他累瘫在马路牙子上感叹："太委屈了，这个钱太不好挣了。"网友感叹："挺心酸也挺真实，只有体验过，才知道不容易，才懂得委屈。"还有不少网友表示："这样的体验很好，应当鼓励和肯定！"也有网民认为外卖员其实是有门槛的，需要经验的积累："太多人以为这职业没有门槛。如何规划一天的送餐时间，如何在片区找到休息的地方，如何熟悉线路记住每个小区每栋楼的分布，以及如何接到几个单后合理规划自己的送餐路线，这些都是要动脑的。"

教育"双减"与教培行业规范

2021年7月24日，中共中央办公厅、国务院办公厅印发《关于进一步减轻义务教育阶段学生作业负担和校外培训负担的意见》，要求各地区各部门结合实际认真贯彻落实。10月，全国人大表示：双减拟明确入法，避免加重义务教育阶段学生负担。11月3日，市场监管总局等八部门发布《关于做好校外培训广告管控的通知》，坚决杜绝地铁、公交站台等所属广告牌、广告位刊发校外培训广告。政策的相关内容成为舆论关注核心，有关"双减政策""双减意见""双减文件"等成为热门词汇。随着政策发布，有关"校外培训""线上教育"等词汇的热度也随之高涨。另外，"新东方""好未来"等企业对此政策做出的相关回应也引发了舆论关注。此外，还有部分舆论对现阶段的教育环境发表了相关看法，"鸡娃""内卷""教育焦虑"等关联词汇也成为舆论讨论焦点。从情感分布来看，有关"双减政策正式落地"的社会情绪主要以正面和中性为主，占比83.8%，相关内容多为舆论对政策的支持和期待，如"人民网"文章《人民来论："双减"让教育"返璞归真"》等。焦虑情绪占比16.2%，多为部分家长及教培行业从业者的担忧和焦虑情绪。

图3-9 "双减"相关舆情热词

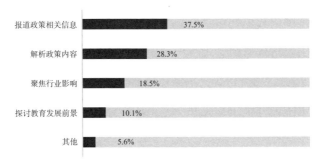

图3-10 "双减"相关舆情媒体关注重点

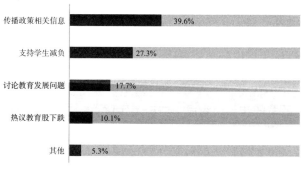

图3-11 "双减"相关舆情网民关注重点

反垄断

2021年2月7日，国务院反垄断委员会发布《关于平台经济领域的反垄断指南》，着重强调我国《中华人民共和国反垄断法》和配套的法规、规章、指南也适用于平台经济领域所有市场主体，要着力预防和制止平台经济领域市场主体的垄断行为，促进平台经济领域公平竞争并实现有序健康创新发展。3月15日，习近平总书记在主持中央财经委员会第九次会议时强调，我国平台经济发展正处在关键时期，要着眼长远、兼顾当前、补齐短板、强化弱项，营造创新环境，解决突出矛盾和问题，推动平台经济规范健康持续发展。[①]这为我国平台经济健康发展提供了方向指南与根本遵循。自2019年至今，中央推出系列重要举措，目的是加快推动反垄断进程，促进平台经济健康高效发展。上半年，国内数家知名平台企业先后因涉嫌滥用市场支配地位、实行垄断行为，被国家市场监督管理机构立案调查和处罚，其中一起案件的处罚金额高达182.28亿元。8月17日，国家市场监督管理总局发布《禁止网络不正当竞争行为规定（公开征求意见稿）》。8月30日，中央全面深化改革委员会第

---

① 习近平：在中央财经委员会第九次会议上的讲话，新华网，2021-03-15。

二十一次会议审议通过了《关于强化反垄断深入推进公平竞争政策实施的意见》。会议指出，要加快健全市场准入制度、公平竞争审查机制、数字经济公平竞争监管制度、预防和制止滥用行政权力排除限制竞争制度等。

反垄断局官网公告显示，截至11月20日，涉及垄断协议、滥用市场支配地位以及经营者集中等相关的行政处罚案件为118件，较上年有非常明显的上升。2020年相关处罚案件仅为30件。在罚款金额（不包括没收金额）上，上述相关行政处罚金额，2020年约为5,000万元，而2021年则已经超过220亿元。罚款金额大幅度上升与阿里巴巴及美团滥用市场支配地位有关，两家企业因此分别被处罚182.3亿元和34.4亿元。

在舆情中，国内外企业涉及反垄断或被处罚的关注度最高，涉及阿里巴巴、谷歌、腾讯等企业；而在第四季度，国家反垄断局的成立成为最受关注的事件。反垄断局的成立是2021年我国进行反垄断与反不正当竞争的一个代表性事件。《城市金融报》《新京报》等预测了未来的反垄断发展趋势，称："鉴于2022年的经济重心在于稳增长，相关领域的反垄断在经历一系列的规范化之后，预计2022年会进入一个新的发展阶段。也就是在对平台经济已经形成系统化、常态化的反垄断监管，为平台企业明确相关规则与底线之后，未来将进入规范与发展并重，以促进行业的健康、可持续发展，在实现经济发展与社会利益之间保持一个更好的平衡，确保2022年经济实现稳定发展。"

"双碳"战略

2021年是国家实施"双碳"战略元年，也是"十四五"规划开局之年。10月26日，国务院印发《2030年前碳达峰行动方案》。11月8日，人民银行推出碳减排支持工具。12月28日，生态环境部印发《"十四五"生态环境监测规划》。

伴随着新能源与互联网日新月异的发展，新的能源形态已经显现。"光伏、风电+农业""光伏、风电+渔业""光伏、风电+建筑""光伏+汽车"等"新能源+"模式方兴未艾，实现了应用场景的有效融合和资源的多维开发。这也带动了舆论对新能源、环保产业更加全面深入的参与和关注。

"双碳"战略和相关举措彰显中国担当。中共中央、国务院2021年9月22日发布《关于完整准确全面贯彻新发展理念做好碳达峰碳中和工作的意见》，提出到2025年、2030年、2060年3组主要目标。10月24日，国务院印发《2030年前碳达峰行动方案》，制定了2025年减排目标和2030年碳达峰目标。10月出台的《全国煤电机组改造升级实施方案》明确提出：加快淘汰煤电落后产能。相关制度层面的重大举措引发国内外一致好评。斯洛文尼亚前总统、全球领袖联盟主席达尼洛·图尔克表示，全球变暖问题影响全球人民。在此背景下，中国做出将在最短时间内达到碳中和目标的承诺，是非常值得敬佩的。美国亚洲协会主席、澳大利亚前总理陆克文肯定了中国在应对气候变化和解决气候危机问题上所采取的坚定态度和实际行动。他表示，应对气候变化和解决气候危机离不开中国，中国对全球气候行动的贡献是新时代中国发挥全球领导力的重要机会。对于这件有利于全人类的大事，相信中国会尽最大努力。

产业布局大调整。为实现碳中和，化石能源占比将逐渐减少，清洁能源将逐步成为能源主力。基于此，以光伏、风电、新能源汽车为主的新能源板块迅速成为市场的"香饽饽"，大量资金涌向新能源企业。双碳风口下，新能源产业迎来"抢滩登陆战"，各领域玩家动作不断，以求抢占先机。光伏产业链方面：微信公众号"新工业洞察"称，相关资料显示，目前已有包括格力、TCL、创维、海尔、康佳等行业老牌巨头先后布局光伏赛道，而其切入光伏赛道的方式也不尽相同。格力将前进方向聚焦在太阳能发电、储能与空调的联动上，从本质来看，格力的发展目光集中在家电产业与产品的变革上，为家电产品附着了"光伏"的属性，同时通过产品进入光伏领域。如果说格力侧重产品侧，那么创维则是看中了背后的光伏业务。2020年初，创维成立深圳创维光伏科技有限公司，进军光伏行业，据了解，创维将以户用光伏开端，并逐步开拓工商业光伏、用电侧综合智慧能源管理等业务。TCL和康佳将目光放在了光伏产业链上。2020年，TCL科技收购中环集团。目前，中环旗下的硅片及组件生产等业务已经跃升为TCL科技的主业之一。据李东生透露，接下来TCL还将加大光伏领域的投资；康佳则在2021年初通过其控股子公司江西康佳新材料投资20亿元，进军新能源光伏玻璃项目，资料显示，其一期项目已投产。储能产业链方面：36kr称，储能是众多上市公司青睐的布局方向。多家上市公司公布了布局计划。永泰能源发布公告称，与长江电力、三峡集团等签署合作协议，拟共同出资在河南全省投资建设储能项目及其他新能源项目。欣旺达也公告称，公司子公司拟在什邡市投资80亿元，计划建设20Gwh动力电池及储能电池生产基地。同力日升公告，公司拟通过支付现金的方式以2.4亿元收购天启鸿源33.76%的股权，并对天启鸿源增资2.5亿元。此次股权转让及增资完成后，公司将在新能源电站及储能领域实现快速拓展。据高工产业研究院统计，2021年国内储能电池出货量48Gwh，同比增长2.6倍。从国内主要企业的出货情况来看，宁德时代、比亚迪、中天储能、南都电源占据前四。其中，储能锂电池两大厂商宁德时代和比亚迪在2021年均实现相关业务的高速增长。除上述企业外，亿纬锂能、科士达、国轩高科等企业也纷纷加大储能赛道的投入。腾讯网称，当减碳排成为大多数国家举国之力都积极推进的重要事务，它不仅为能源行业带来巨大的发展空间与产业价值，也为生态环境的改善做出贡献。随着资金密集涌入新能源投资领域，新能源领域眼下正发生一系列变化。不论是全球气候变暖对大环境带来的影响，还是新能源的发展开始摆脱十年前单纯靠补贴模式来获得市场回报的方式，抑或是新能源的买方市场逐步从政府拓展到企业和家庭，这些都在不断加速推进行业的发展进程。

新能源汽车产业快步前行。近期，调研机构Jato Dynamics发布了一组2021年的全球汽车销量数据。在代表未来的新能源领域，中国市场增幅高达135%，比美国、英国、德国等国家高出了一大截。在全球EV销量排行中，中国品牌4车入围，创造了新历史。统计数据显示，截至2021年12月31日，比亚迪以7,805.36亿元人民币的市值荣登中国车企市值榜榜首，总市值同比增长47.25%，比位于第二、第三位的长城和蔚来总和还要多。随着比亚迪新能源车型的热销，以及凭借DM-i超级混动技术、刀片电池等核心技术，比亚迪成为国内车企市值冠军也在情理之中。第二名为长城汽车，总市值同比2020年增长29.21%，达到4,482.90亿元。蔚来以3,212.67亿元的市值，排在了第三名，但总市值相比于2020年却是降低了33.82%；小鹏、上汽、理想、吉利、广汽、长安等紧随其后。对此，在抖音、快手等短视频平台上，网民极度看好中国企业在新能源汽车领域的发展潜力。

重大科研突破振奋人心

2021年是科技界屡创新高、收获满仓的一年。量子计算获得重大进展，使我国成为唯一在两个物理体系中实现量子计算优越性的国家；"中国天眼"正式向全世界开放，尽显大国风度；成功实现二氧化碳人工合成淀粉，为人类未来提供了全新的可能……这一年，是科技工作者步履不停的一年，他们在追寻科学真理的道路上百折不挠，不断刷新着人类所能达到的新高度。

"华龙一号"核电机组商业运行。1月30日，"华龙一号"全球首堆——中核集团福建福清核电5号机组——投入商业运行。"华龙一号"是我国研发设计的具有完全自主知识产权的三代核电技术。每台"华龙一号"机组装机容量116万千瓦，年发电量可达近100亿千瓦时，能够满足中等发达国家100

万人口的年度生产和生活用电需求，相当于每年减少标准煤消耗312万吨、减少二氧化碳排放816万吨。"华龙一号"投入商业运营，不仅标志着我国核电创新取得了重大战略性硕果，而且有助于推动我国实现碳达峰、碳中和目标，以及由核电大国向核电强国的跨越。新华网点评道，这标志着我国在三代核电技术领域跻身世界前列。中国成为继美国、法国、俄罗斯等国家之后真正掌握自主三代核电技术的国家。"华龙一号"全球首堆的商运，对优化中国能源结构、推动绿色低碳发展，助力碳达峰、实现碳中和目标具有重要意义。

中国天眼向全世界发出邀约。被誉为"中国天眼"的国家重大科技基础设施500米口径球面射电望远镜（FAST）于北京时间2021年3月31日0时起向全世界天文学家发出邀约，各国科学家均可提出申请，经审核后使用"中国天眼"开展观测和研究。星空浩瀚无比，探索永无止境，"中国天眼"变身"世界巨眼"，正式向全世界开放，这是中国作为一个负责任大国对世界的承诺，也是以实际行动构建人类命运共同体的生动体现。"DeepTech深科技"评价称，FAST是目前全球最大单口径、灵敏度最高、综合性能最强的射电望远镜，没有之一。FAST之所以能稳坐全球射电望远镜"头把交椅"，主要归功于其搭载的具有自主知识产权的核心技术。

"天问一号"探测器成功着陆火星。历经9个多月的长途跋涉，经历惊心动魄的"9分钟"，中国火星探测器"天问一号"于北京时间2021年5月15日成功着陆在火星北半球乌托邦平原南部预选区，在成功率不到一半的人类航天器火星着陆任务中写下中国奇迹。人民网称，"天问一号"探测器成功着陆火星，是我国首次实现地外行星着陆，使我国成为第二个成功着陆火星的国家。北京日报客户端称，与月球探测任务相比，火星探测不仅要面临最远4亿公里的遥远距离，而且火星环境与地球环境也有较大差异。火星大气稀薄，受季节、夜昼、火星风暴等影响非常不稳定；火星表面地形复杂，遍布岩石、斜坡、沟壑等障碍物；火星尘暴较地球更为严重。这些因素都给探测器着陆火星带来了极大困难，安全着陆风险非常高。

人造太阳创造新世界纪录。2021年5月28日，中科院合肥物质科学研究院有"人造太阳"之称的全超导托卡马克核聚变实验装置（EAST）创造新的世界纪录，成功实现了可重复的1.2亿摄氏度101秒和1.6亿摄氏度20秒等离子体运行。这一次，新纪录将1亿摄氏度20秒的原纪录延长了5倍，进一步证明了核聚变能源的可行性，也为迈向商用奠定了物理和工程基础。本次实现1.2亿摄氏度101秒等离子体运行，是中国首次在国际上采用全金属主动冰冷第一壁、高性能钨偏滤器等关键技术。腾讯网称，人造太阳或将成为第五张国家经济名片。人造太阳项目不会因温室气体排放而造成污染，也不会产生放射性废物，甚至连海水也可用作燃料。这标志着中国的研究机构正式跨入国际可控核聚变研究前列，将进一步加快人类探索未来能源的步伐。

首次实现二氧化碳人工合成淀粉。2021年9月，中国科学院天津工业生物技术研究所在淀粉人工合成方面取得重大原创性突破，按照工程化原理，利用生物计算技术，设计构建了非自然的二氧化碳固定还原与淀粉合成新路径，国际上首次在实验室实现了二氧化碳到淀粉的从头合成，使淀粉生产的单一传统农业种植模式向工业车间生产模式转变成为可能。相关成果于北京时间9月24日在国际知名学术期刊《科学》在线发表。舆论认为，这项从0到1的原创性突破，将对下一代生物制造和农业发展带来变革性影响。《农民日报》报道，该研究成果将可能为我们未来通过工业生物制造生产淀粉这种全球性重要物质提供新的技术路线，不仅对未来的农业生产特别是粮食生产具有革命性的影响，而且对全球生物制造产业的发展具有里程碑式的意义，将在下一代生物制造和农业生产中带来变革性影响。

"祖冲之二号"超导量子计算原型机问世。2021年10月，中国科学技术大学宣布，该校潘建伟、朱晓波、彭承志等组成的研究团队与中国科学院上海技术物理研究所合作，构建了66比特可编程超导量子计算原型机"祖冲之二号"，实现了对"量子随机线路取样"任务的快速求解，计算复杂度比谷歌公开报道的53比特超导量子计算原型机"悬铃木"提高了6个数量级。舆论认为，"祖冲之二号"的成功，使中国成了目前世界上唯一在光量子和超导量子比特体系这两条技术路线上同时达到"量子优越性"里程碑的国家。《武汉晚报》称，"祖冲之二号"的并行高保真度量子门操控能力和完全可编程能力，有望找到有实用价值的应用，预期包括量子机器学习、量子化学等。

杂交水稻双季亩产创新高。2021年10月17日，在湖南衡南县第三代杂交水稻试验示范基地，由"杂交水稻之父"袁隆平团队研发的杂交水稻双季测产为1,603.9公斤，成功突破亩产1,500公斤目标并创造了新的纪录。同一生态区内，连续两年双季亩产超过1,500公斤，意味着袁隆平院士生前提出的攻关目标已经实现。部分媒体分析了该突破的重大带动作用。《经济日报》报道，受新冠肺炎疫情等因素影响，全球粮食供应陷入危机。在这样的背景下，国家高度重视扩大双季稻种植面积。双季亩产达到1.5吨是首次实现，因此这次测产结果对于粮食安全具有重要意义。

第三节　长风万里：顺势而为构建新发展格局

2021年，我国发布《国民经济和社会发展第十四个五年规划和2035年远景目标纲要》为经济发展指明方向，设立北京证券交易所为经济发展提档升级提供融资支持，共建"一带一路"促进高质量国际发展与合作，举行首届中国国际消费品博览会实践国内国际双循环，设立浙江高质量发展建设共同富裕示范区等推动区域联动和机制创新，加快构建新发展格局。

新目标指引新方向

2021年，新的机遇主要来自我国向高质量发展的转变，在"社会制度、治理效能、物质基础、人力资源、市场空间"等方面相比于世界其他主要经济体展现出一定优势；新的挑战主要与当今世界正经历的"百年未有之大变局"有关，国际环境错综复杂；同时，我国发展不平衡不充分问题仍然突出，涉及改革、创新、农业基础、城乡区域发展、收入分配、生态环保、民生保障、社会治理等。宏观上"十四五"规划和2035年远景目标全面阐释国民经济和社会发展新方向，微观上北交所的设立指明了产业资源优化和融资政策调整的新方向。

"十四五"规划和2035年远景目标全面阐释国民经济和社会发展新方向。2021年3月12日，《中华人民共和国国民经济和社会发展第十四个五年规划和2035年远景目标纲要》（以下简称《纲要》）对外公布。纲要共分为19篇："开启全面建设社会主义现代化国家新征程""坚持创新驱动发展 全面塑造发展新优势""加快发展现代产业体系 巩固壮大实体经济根基""形成强大国内市场 构建新发展格局""加快数字化发展 建设数字中国""全面深化改革 构建高水平社会主义市场经济体制""坚持农业农村优先发展 全面推进乡村振兴""完善新型城镇化战略 提升城镇化发展质量""优化区域经济布局 促进区域协调发展""发展社会主义先进文化 提升国家文化软实力""推动绿色发展 促进人与自然和谐共生""实行高水平对外开放 开拓合作共赢新局面""提升国民素质 促进人的全面发展""增进民生福祉 提升共建共治共享水平""统筹发展和安全 建设更高水平的平安中国""加快国防和军队现代化 实现富国和强军相统一""加强社会主义民主法治建设 健全党和国家监督制度""坚持'一国两制'推进祖国统一""加强规划实施保障"。舆论关注"十四五"规划和"2035年远景目标"对中国经济的指引作用。求是网从三个方面看

"十四五"规划的重大意义：《纲要》是党的主张转化为国家意志的重要途径，是新发展阶段政府更好履职尽责的重要依据，是全国各族人民奋进新征程的共同行动纲领。全国政协经济委员会副主任杨伟民解读"十四五"规划中蕴含的里程碑意义："十四五"规划是全面建成小康社会后开启全面建设现代化国家新征程的规划；"十四五"规划是应对世界百年未有之大变局和百年全球公共卫生事件风险挑战的规划；"十四五"规划是加快构建国内大循环为主体，国际国内双循环相互促进新发展格局的规划。新华网等媒体就"十四五"规划对"构建新发展格局"的作用进行了进一步点评：构建新发展格局，是"十四五"规划最大的亮点。如果说实现第一个百年目标，我国积极参与国际大循环发挥了重要作用的话，那么构建新发展格局，将对实现第二个百年奋斗目标发挥决定性的作用。

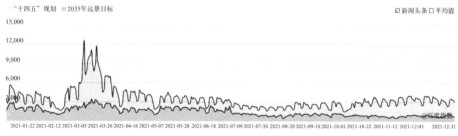

图3-12　"十四五"规划"2035年远景目标"网民检索指数

北京证券交易所为经济发展提档升级提供融资支持。2021年9月2日晚，习近平主席在2021年中国国际服务贸易交易会全球服务贸易峰会致辞中宣布，要继续支持中小企业创新发展，深化新三板改革，设立北京证券交易所，打造服务创新型中小企业主阵地。[①]9月3日，证监会就北京证券交易所有关基础制度安排向社会公开征求意见。9月3日，北京证券交易所有限责任公司成立，

---

① 习近平：在2021年中国国际服务贸易交易会全球服务贸易峰会上的视频致辞，新华网，2021-09-02。

徐明任董事长。9月10日，北京证券交易所官方网站上线试运行。11月15日，北京证券交易所在北京市西城区金融街金阳大厦正式开市。11月19日，发售的8只北交所主题基金全部售罄，完成了"开市首秀"。北交所指引规范提出，发行人不得属于从事学前教育、学科类培训等业务的企业。舆论高度关注北交所设立的重大意义。金融界网称，北交所的设立是中国多层次资本市场的一次重大改革，标志着中国资本市场改革发展又迈出关键一步，具有深远的意义。北交所的设立有望极大地提升新三板市场的服务功能，更高效地支持创新型中小企业的发展，促进科技与资本融合，为中小企业、"专精特新"企业的长远发展提供重大支持。《中国基金报》称，北交所定位于服务"专精特新"中小企业，精选新三板中质地最佳、流动性最充裕的优质企业。随着它的设立，专精特新培育支持力度有望得到进一步提升，有望更高效地支持创新型中小企业的发展，促进科技与资本融合，带来整体"小巨人"企业的质量大幅提升，投资机遇也随之凸显。网民方面，公众期待较高，学习、打卡、签到等热词反映出了民众关注。

图3-13 "北交所"网民检索指数

图3-14 "北交所"相关舆情热词

完善运行体系提升发展质量

2021年，政府深入推动科研经费"放管服"改革，助力科技创新发展；综合部署为新阶段继续推动共建"一带一路"高质量发展提供根本遵循；在浙江、浦东新区等地建设高质量发展示范区，在科研、对外投资、区域发展多个方面完善运行体系，提升发展质量。

深入推动科研经费"放管服"改革，助力科技创新发展。8月，国务院办公厅印发《关于改革完善中央财政科研经费管理的若干意见》。文件指出，要加大科研人员激励力度，要减轻科研人员事务性负担，要扩大科研经费管理自主权，简化预算编制，按设备费、业务费、劳务费三大类编制直接费用预算，将设备费预算调剂权全部下放给项目承担单位，其他费用调剂权全部下放给项目负责人，扩大经费包干制实施范围，在人才类和基础研究类科研项目中推行经费包干制。要完善科研项目经费拨付机制，合理确定经费拨付计划，加快经费拨付进度。项目任务书签订后30日内，项目管理部门要将经费拨付至项目承担单位。项目完成后，结余资金留归承担单位使用，用于科研活动直接支出。专家对亮点进行了解读。中科院大气物理研究所副所长周天军称，简化预算、不得将预算编制细致程度作为评审预算的因素，这大大减轻了科研人员的工作量，也有利于预算的顺利执行。

2021年8月2日，国务院发布《关于完善科技成果评价机制的指导意见》。专家和媒体认为，《关于完善科技成果评价机制的指导意见》明确提出从"评什么""谁来评""怎么评""怎么用"四个方面发力，完善了科技成果评价机制，促进了高质量成果产出与应用。如何正确认识这四个着力点的内在含义是完善科技成果评价机制的关键。"评什么"处理好了形式与本质的关系；"谁来评"共同发挥了政府与市场的作用；"怎么评"考虑了方法的局限性与成果的复杂性；"怎么用"认识了评价工具性与功能性的关系。舆论关注完善科技成果评价机制的重要意义。光明网称，科技成果评价是科技评价的根本所在。完善科技成果评价机制，具有牵一发而动全身的作用，是科技评价自身演化的大势所趋、国际科技评价发展的焦点所在，更是我国实现高水平科技自立自强的发展所需。**部分舆论关注政产学研将如何协作，将政策红利最大化。**《科技日报》称，落实《关于完善科技成果评价机制的指导意见》的要求，将完善科技成果评价机制的"蓝图"转化为"施工图"，还需要细化实化相关任务，压实各方主体责任，需要政府、科技界、产业界等各方共同努力，充分发挥好评价指挥棒作用，坚持以科技创新质量、绩效、贡献为核心的评价导向，带动科技评价乃至科技体制改革不断深入，促进高质量科技成果不断涌现，为高质量发展和高水平科技自立自强提供有力支撑。

共建"一带一路"促进高质量国际发展与合作。2021年11月19日，习近平总书记出席第三次"一带一路"建设座谈会并发表重要讲话。对这一重大国际合作倡议，总书记深谋远虑，提出以高标准、可持续、惠民生为目标，不仅明确方向，更谋划路线。在这场重要座谈会上，总书记作出了一系列契合实际、面向未来的具体部署，为新阶段继续推动共建"一带一路"高质量发展提供了根本遵循。对此，官方媒体、业界媒体予以关注和解读。《人民日报》称，数字是最好的证明：截至2021年11月，我国已与140个国家、32个国际组织签署了200多份共建"一带一路"合作文件；截至2020年，我国与"一带一路"沿线国家贸易额累计超过9.2万亿美元。8年来，从夯基垒台、立柱架梁到落地生根、持久发展，"一带一路"向质量要效益，以质量谋发展，取得了实打实、沉甸甸的成就。事实证明："一带一路"不是中国一家的独奏，而是沿线国家的合唱；不是债务的"陷阱"，而是惠民的"馅饼"；不是地缘政治工具，而是共同发展机遇。"一带一路"正在成为沿线国家的合作之路、希望之路、共赢之路。国外人士纷纷点赞"一带一路"高质量发展为国际社会提供共享发展的新机遇。埃及亚洲问题专家艾哈迈德·塔拉比克认为，高质量共建"一带一路"取得一系列新进展、不断收获新成果，为全球共同抗击疫情、保障民生注入了新动能，也为各方加强合作、复苏经济提供了新支撑，给沿线国家和地区带来了更多发展新机遇和实实在在的利益。约旦塔格集团创始人兼董事长塔拉勒·贾扎莱表示："共建'一带一路'顺应了经济全球化潮流和全球治理体系变革大势，在高质量发展中不断走深走实、行稳致远，为各方实现共同发展繁荣开辟了广阔前景。"波兰阿格罗斯托普公司总裁兹季斯瓦夫·安德罗休克表示，近年来，通过中欧班列往返于中国和欧洲多国的货物不断增多，"事实证明，中国发展了，我们也会发展，共建'一带一路'让大家共同受益"。

浙江高质量发展建设共同富裕示范区先行探路，做好引领。2021年5月20日，党中央、国务院印发《关于支持浙江高质量发展建设共同富裕示范区的意见》（以下简称《意见》），这是以习近平同志为核心的党中央作出的一项重大决策。6月10日至11日，浙江省委第十四届九次全体（扩大）会议在杭州举行，系统研究部署高质量发展建设共同富裕示范区。会议审议并原则通过《浙江高质量发展建设共同富裕示范区实施方案（2021—2025年）》，强调要坚决扛起政治责任，为全国实现共同富裕先行探路。部分舆论点评了《意见》的历史性意义。《人民日报》称，高质量发展建设共同富裕示范区是以习近平同志为核心的党中央赋予浙江的光荣使命，有助于推动"发展型"制度政策加快向"共富型"跃升转变。部分舆论关注了浙江将如何高质量建设共同富裕区。《浙江日报》称，浙江将全面推进经济高质量发展、收入分配制度改革、公共服务优质共享、城乡区域协调发展、社会主义先进文化、生态文明建设、社会治理7个先行示范，努力探索一批共同富裕的机制性创新模式。

浦东新区探索以高水平开放促进深层次改革、推动高质量发展。2021年7月15日，中共中央国务院发布《关于支持浦东新区高水平改革开放打造社会主义现代化建设引领区的意见》（以下简称《意见》），从总体要求、科技创新、集成改革等9个方面，提出27条建设意见和目标要求。《意见》强调，要推动浦东高水平改革开放，为更好利用国内国际两个市场两种资源提供重要通道，构建国内大循环的中心节点和国内国际双循环的战略链接，在长三角一体化发展中更好发挥龙头辐射作用，打造全面建设社会主义现代化国家窗口。《意见》明确了支持浦东新区高水平改革开放、打造社会主义现代化建设引领区的战略定位，即更高水平改革开放的开路先锋、自主创新发展的时代标杆、全球资源配置的功能高地、扩大国内需求的典范引领、现代城市治理的示范样板。根据《意见》，到2035年，浦东现代化经济体系全面构建，现代化城区全面建成，现代化治理全面实现，城市发展能级和国际竞争力跃居世界前列。到2050年，浦东将建设成为在全球具有强大吸引力、创造力、竞争力、影响力的城市重要承载区，城市治理能力和治理成效的全球典范，社会主义现代化强国的璀璨明珠。《意见》提出了7方面重大举措，包括：全力做强创新引擎，打造自主创新新高地；加强改革系统集成，激活高质量发展新动力；深入推进高水平制度型开放，增创国际合作和竞争新优势；增强全球资源配置能力，服务构建新发展格局；提高城市治理现代化水平，开创人民城市建设新局面；提高供给质量，依托强大国内市场优势促进内需提质扩容；树牢风险防范意识，统筹发展和安全。部分舆论点评了浦东打造社会主义现代化建设引领区的重要意义。光明网称，《意见》的引领作用至少体现在以下四方面：一是推动形成高质量发展的动力源，二是促进实现高水平自立自强和经济循环畅通，提供高水平制度供给，更好践行以人民为中心的发展思想。部分舆论关注了《意见》具体执行方案。《中国新闻周刊》等媒体就"浦东如何打造高水平改革开放引领区"进行了评述：一是要加快现代化交通及其他新基建项目建设，大幅度提高区域内部生产要素流通速度和效率，构建与上海及长三角其他地区无缝连接的地面、地下和空中立体交通、通信、能源供应及安全体系；二要从长远视角，规划本地区长期发展的产业体系，聚焦若干个对长三角、全国及全球具有持续强大影响力的高端制造及服务领域，包括智能制造、计算机软件和大数据、新能源、现代医药和健康、新材料、集成电路、国际金融、国际物流等；三要在人才培育和集聚方面，闯出一条符合国情并具有全球竞争力的人才制度，构建一个全球领先的外商投资生态环境及境外高端人才的宜居和工作环境；四要构建与上海及长三角其他地区融合发展、互联互通、优势互补的产业、生产要素及社会服务体系，充分发挥浦东新区的"虹吸-溢出"均衡发力的引擎辐射作用；五要借鉴新加坡和中国香港、美国旧金山、美国纽约以及英国伦敦等国际大都市的发展经验，基于中国特色社会主义制度优势及特点，打造比这些城市更具有吸引力和发展韧劲的现代化国际都市区。

创新举措增强第三产业活力

　　2021年，首届"中国国际消费品博览会"吸引了全球关注。服务业扩大开放综合试点扩容助力第三产业健康稳定运行。全面深化前海深港现代服务业合作区改革开放方案为湾区建设注入了新动能。通过一系列、多层级的创新举措，增强服务、消费第三产业活力，释放内循环动能，带动外循环健康运行。

　　首届"中国国际消费品博览会"吸引全球关注。5月6日，首届"中国国际消费品博览会"在海南海口开幕。中共中央政治局委员、国务院副总理胡春华出席开幕式，宣读习近平主席的贺信并致辞。胡春华表示，习近平主席专门发来贺信，深刻阐述了举办中国国际消费品博览会的重要意义，向国际社会发出了深化交流、共谋合作的倡议，明确中国愿发挥海南自由贸易港优势，促进生产要素自由便利流动，深化双边、多边、区域合作，同各方携手共创更加美好的未来。习近平主席的贺信必将对各国凝聚合作共识、促进互利共赢产生重大影响。[①]随着居民收入水平日益提高、新一轮科技创新和技术

---

① 胡春华：在首届中国国际消费品博览会上的讲话，新华网，2021-05-06。

变革深入推进，中国消费发展呈现新的趋势性特点，商品消费规模扩大、结构优化，新型消费迅猛发展、线上线下融合加快，进口渠道不断拓宽、消费品进口持续增加，农村消费活力显著增强，将为经济增长提供重要支撑，也将为各国企业提供巨大商机。5月1日至5月12日，消博会总声量为387,907，主要声量来自开展期间，5月7日至10日，开展当天声量最高，而开展第三天声量最低。微博方面，以"消博会"为关键词，截止到5月12日13点整，共产生158条微博话题，其中阅读过亿的话题有4条，分别为#薇娅云逛消博会#、#中国消博会#、#薇娅在消博会设直播间#、#宝藏消博会#。媒体方面，消博会主要活跃媒体如下：新浪微博为最活跃的媒体平台，占比达37.29%；其次是微信平台，达到12.85%；其他媒体平台占比不高。网民关注的行业中，汽车行业占比最多，其次是电商品牌和奢侈品品牌。

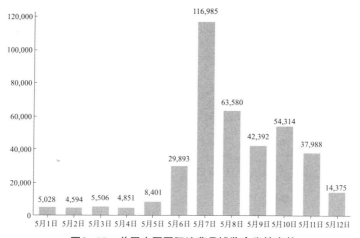

图3-15　首届中国国际消费品博览会舆情态势

服务业扩大开放综合试点扩容助力第三产业健康稳定运行。2021年4月20日，《国务院关于同意在天津、上海、海南、重庆开展服务业扩大开放综合试点的批复》对外发布。文件指出，同意在天津市、上海市、海南省、重庆市开展服务业扩大开放综合试点，试点期为自批复之日起三年。原则同意四省市服务业扩大开放综合试点总体方案。部分舆论关注了试点扩容的意义。商务部研究院国际市场研究所副所长白明表示，此前，服务业扩大开放综合试点只有北京一地入围，是因为北京一向在服务贸易领域走在全国前列。北京带头开展试点，符合城市定位。《每日经济新闻》指出，在现阶段，扩大服务业对外开放，仅靠北京一个城市的试点是不够的，需要在不同的地方进行全面探索，这样也更有推广复制的价值。国务院发展研究中心市场经济研究所研究员刘涛此前也分析称，新增试点将综合考虑三方面的条件：一是服务业和服务贸易发展基础，二是制度创新和治理能力，三是示范和带动作用。符合这三方面条件的一些重要城市群核心城市，将会承担试点的重任。专家和网民对四省市的特点进行了分析：上海的目标是建设国际经济、金融、贸易、航运中心；天津是北方的产业中心；海南正在探索建设自由贸易港；而重庆是中西部省份的重要代表。在这些地方推进服务业扩大开放综合试点，其能够发展的服务贸易种类将比北京更加全面。

全面深化前海深港现代服务业合作区改革开放方案为湾区建设注入了新动能。2021年9月6日，中共中央、国务院印发《全面深化前海深港现代服务业合作区改革开放方案》，前海合作区将打造粤港澳大湾区全面深化改革创新试验平台，建设高水平对外开放门户枢纽。中国（深圳）综合开发研究院等专业智库点赞并对方案进行了解读。9月30日，其官方微信公众号刊文《前海高质量发展的战略引擎——〈全面深化前海深港现代服务业合作区改革开放方案〉解读》，认为方案旨在推动前海深港现代服务业合作区"依托香港创造更大发展空间""服务内地发挥枢纽节点作用""面向世界打造一流营商环境"并围绕这三点进一步提出具体步骤及相关建议，《经济日报》等媒体进行了转载。网民方面，主要关注方案对前海深港地区房价的影响以及对相关上市公司长期业绩的影响。

开放合作促进国内国际双循环

2021年，新版负面清单推动了经济进一步开放。《关于支持北京城市副中心高质量发展的意见》设立远期目标，推动了京津冀城市群融合发展。横琴粤澳深度合作区建设总体方案释放粤港澳大湾区建设制度红利。《关于新时代推动中部地区高质量发展的意见》为全国均衡锚定新区域、新目标。成渝地区双城经济圈建设规划纲要联合实施方案助推成渝都市圈成为西部引擎。以上举措对外扩大开放，对内加强区域合作、区域间联动，共同促进了国内国际双循环。

新版负面清单推动了经济进一步开放。2021年12月27日，国家发展改革委、商务部发布《外商投资准入特别管理措施（负面清单）（2021年版）》和《自由贸易试验区外商投资准入特别管理措施（负面清单）（2021年版）》，并将于2022年1月1日起施行。"2021年版全国和自贸试验区外资准入负面清单进一步缩减至31条、27条，压减比例分别为6.1%、10%。"国内舆论纷纷点赞。《经济日报》报道，在新冠肺炎疫情对各国经济造成严重冲击的背景下，我国统筹推进疫情常态化防控和经济社会发展，坚持在扩大开放中推进复工复产，对内外资企业统一适用各项支持政策，为外商投资提供更加开放的投资环境，用实际行动践行了对外开放承诺。专家表示，路遥知马力，日久见人心。经过疫情的考验，各国的投资者会更加深刻地体会到，中国推动更高水平开放的脚步不会放缓，中国利用外资的政策不会变，中国为各国企业在华投资兴业提供更好服务的方向不会变。人民网称，这是中国同世界分享发展机遇，推动经济全球化朝着更加开放、包容、普惠、平衡、共赢方向发展的实际行动。一些媒体关注了2020年版与2021年版负面清单的区别。中国发展网等称，与2020年版相比，2021年版负面清单主要有四方面变化：一是进一步深化制造业开放；二是自贸试验区探索放宽服务业准入；三是提高外资准入负面清单精准度；四是优化外资准入负面清单管理。外媒对"取消乘用车制造外资股比限制"议题特别关注。《日本经济新闻》等表示，随着中国放宽限制，电动汽车巨头美国特斯拉公司设立了全资子公司，并于2019年开始在中国进行生产。德国大众也在2020年针对与中国企业合作成立的纯电动汽车合资企业中，把出资比例从50%提高到了75%。

《关于支持北京城市副中心高质量发展的意见》设立远期目标。2021年11月26日，国务院印发《关于支持北京城市副中心高质量发展的意见》（以下简称《意见》），明确了支持北京城市副中心高质量发展的指导思想、基本原则、主要目标，提出了到2025年副中心承接北京非首都功能疏解和人口转移取得显著成效、到2035年现代化城市副中心基本建成等重点任务安排和组织实施要求。舆论关注了《意见》对京津冀协同发展的带动作用。小康网称，在京津冀协同发展加速推进的大背景下，北京城市副中心以其连接京津冀三地的独特区位优势，成了协同发展的桥头堡。北三县（河北省廊坊市的三河、大厂、香河）也积极主动对标副中心、融入副中心，共享协同发展红利，成为副中心重要战略腹地。新浪财经称，《意见》提出了一系列具有针对性和可操作性的政策举措，支持北京城市副中心高质量发展，通州区与北三县一体化高质量发展制度体系基本建立。未来，北京城市副中心将在首都都市圈建设中发挥引领带动和支撑作用，同时，围绕实现"统一规划、统一政策、统一标准、统一管控"一体化发展目标，协同联动，带动北三县发展。

横琴粤澳深度合作区建设总体方案释放粤港澳大湾区建设制度红利。2021年9月5日，中共中央、国务院印发《横琴粤澳深度合作区建设总体方案》（以下简称《总体方案》），为横琴粤澳深度合作区建设勾勒蓝图。《总体方案》明确，横琴粤澳深度合作区的战略定位是促进澳门经济适度多元发展的新平台，便利澳门居民生活就业的新空间，丰富"一国两制"实践的新示范，推动粤港澳大湾区建设的新高地。根据《总体方案》，到2035年，"一国两制"强大生命力和优越性全面彰显，合作区经济实力和科技竞争力大幅提升，公共服务和社会保障体系高效运转，琴澳一体化发展体制机制更加完善，促进澳门经济适度多元发展的目标基本实现。横琴粤澳深度合作区实施范围为横琴岛"一线"和"二线"之间的海关监管区域，总面积约106平方公里。其中，横琴与澳门特别行政区之间设为"一线"；横琴与中华人民共和国关境内其他地区之间设为"二线"。舆论关注了《总体方案》的重大意义和所蕴含的制度红利。中国青年网认为，《总体方案》明确了合作区"一条主线""三个发展目标""四个战略定位""四项主要任务"，横琴开发进入了粤澳全面合作共商共建共管共享的新阶段。一些专家认为，《总体方案》代表着改革开放"再出发"。横琴咨询委员会委员、深度参与合作区基础方案前期研究的中国国际经济交流中心区域和产业经济研究部部长王福强表示，《总体方案》为横琴、为澳门、为广东，甚至为全国的高水平开放指明了方向。"如果说过去改革开放的40年要看珠江东岸、以深圳为代表的经济特区发展的话，那么未来的改革开放再出发，我觉得就要看珠江西岸以横琴为牵引带动的珠海及周边广大区域的发展"。

《关于新时代推动中部地区高质量发展的意见》为区域均衡发展出谋划策。2021年7月22日，中共中央、国务院发布《关于新时代推动中部地区高质量发展的意见》（以下简称《意见》），为顺应新时代新要求，推动中部地区高质量发展勾勒蓝图。随后，长三角与长江经济带发展研究院、江西省地产协会、农业智库"中农富通"等各地、各行各业的媒体结合产业发展对《意见》进行了解读并提出建议。新华社认为，中部六省与多个国家区域重大战略联动，在全面深化改革开放中，不断被赋予新动能。专家点评了《意见》的重要作用。中国宏观经济研究院副院长吴晓华说，充分发挥中部地区的产业基础、市场优势、科教资源条件和人力资源优势，对于缩小区域发展差距、加快产业转移、推动动能转换、形成强大国内市场，进而加快构建新发展格局意义重大。网民侧重于讨论区域发展均衡等议题，部分点评该文件对其所在的省市房价的潜在影响，部分期盼中部地区和东部沿海地区能够均衡发展。

第四章　住房：虚火退去方致远

　　2021年是"十四五"开局之年，面对不断变化的国内外经济及疫情形势，各地持续巩固"房住不炒"定位，因城施策，积极促进房地产市场平稳健康发展。回望过去一年，伴随着年初"三道红线""双集中"等一系列政策的发布，到多地提出"二手房参考价"、严查经营贷流入楼市，央地联动"出拳"，供需两端同时发力，推动房地产市场"良性循环"。而每次调整，同时牵动着社会舆论的敏感神经，楼市相关话题也成为全年热议焦点。

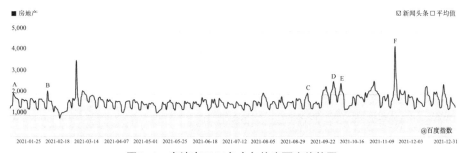

图4-1　房地产2021年全年热度百度趋势图

第一节　乱象频发：监管出手稳预期

　　2021年伊始，以北上广深为代表的热点城市持续出现楼市"火热"现象。"打新热""万人摇""疯狂学区房"等场面轮番登场。在此背景下，从中央到地方密集发布新调控政策，从加码限购、限售，到严打资金来源违规……各种调控手段对楼市乱象进行精准打击。全年楼市可谓经历了"冰火两重天"。

"打新热"："热闹"背后存隐忧

2021年，在一二手房价格倒挂，"买到即赚到"的心理预期下，上海、深圳、杭州等地楼市"打新"盛行，网民纷纷吐槽"买房好似打新股""一号难求"。

年初，一位"4次参与摇号失败、买不到房"的徐博士给上海市委领导的实名投诉信引发了网民广泛热议。信中坦言，有部分热门楼盘认筹率高达10∶1，包括经营贷入市、假借离婚买房等问题频发。一时间，博士、人才引进、网红盘，成了事件的焦点，有舆论甚至质疑"炒房客"钻了人才落户政策的漏洞。2021年1月21日，即在徐博士写信的一个月后，上海楼市调控新政"沪十条"应声出台，"离婚三年内套数按离婚前计算""优先无房家庭"等规定，与徐博士的诉求不谋而合。有网友戏称，"徐博士以一己之力改变了上海滩的购房规则"。

随后，2021年2月6日，上海新房摇号积分制正式落地实施，即购房人在认购后，将综合家庭、户籍、拥有的住房状况、五年内在沪购房记录以及在沪缴社保五大因素，拥有一个分数。再按照摇号人数比房源多30%的原则，按计分高低排序，选取进入公证摇号选房的人员名单。新政在一定程度上改变了此前政策"一刀切"的做法，进一步扩大了入围人数，体现了公平。不过仍有不少购房者抱怨"买房难，难于上青天"，新房市场持续涌现"打新潮"和"高积分"的特征。

据每经网等媒体报道，2021年12月8日开盘的上海楼盘项目"九庐"，新房均价为13.5万元/平方米，而在安居客网站，其二手房12月的挂牌均价为

18.5元/平方米，新房和二手房之间的价差超过5万元/平方米，令网民不禁调侃"不想买房的人都想来抢一套"。在如此大的价差诱导下，上海某些楼盘甚至出现了"挑客"的情况。据知情人士透露，南山虹桥项目曾有银行工作人员以"只能贷款30%"为由，劝退具备首套资格的购房人认筹。上海中原地产市场分析师卢文曦等认为，越靠近市中心，越具备"开发区、金融区"等概念属性的房子，仍然令"打新人"们乐此不疲、趋之若鹜。

在杭州，则流传着"打新到一套杭州壹号院330平方米大平层，相当于'赚'到2,000万；4,300多套亚运村房源，无论摇中哪一套，都能'赚'个三五百万"的"神话"。上半年，"社保巨子盘""全城冻资""造富运动"等字眼诉诸报端，无不折射出杭州新房市场的火爆，有购房者戏称"样板间都没得看，一切都在线上进行，坐在家里就把1,000万花出去了，还特别高兴"。

在深圳，还出现了"众筹打新""借票代持"等传闻。新华社发表时评文章《抑制楼市"打新热"需要"硬核"举措》，直指深圳豪宅华润城润玺一期。据悉，华润城润府的二手房已高达18万元/平方米，而润玺一期均价13万元，以最小面积100平方米计算，5万元的单价差意味着"打到就至少赚500万"。业内人士认为，所谓"刚需"大部分都是投资客，"购房名额要么是亲戚之间套用名额，要么就是买名额代持"。更有甚者，离开盘还有数月时间，"打新攻略"已在网络流传，营造出一种"全民打新"的焦虑感，加剧了抢房现象。

令人记忆犹新的是，这一年，深圳"深房理"被曝光在大众的视野之下。2021年4月，网民公开举报"深房理"违法违规炒房，引发社会广泛关注。第一财经在《集资、代持、套取贷款，102份举报材料下的深圳经营贷炒房脸谱》的独家报道中写道，深房理在新浪微博上认证为"房产专家"，其微博账号关注量达146万人，会员逾3,000人。"深房理"公开宣扬"上班无用论""人人皆可买房，直到财务自由"等吸引吸纳会员，向会员承诺房产升值收益，重点炒作深圳市部分热点楼盘。

经查实，"深房理"涉嫌房产众筹和代持、违规套取信贷资金进入房地产市场、虚假广告宣传、隐瞒收入偷逃税款、伪造国家机关公文、非法集资等多项违法违规问题。此外，还有部分中介涉嫌为"深房理"违法违规炒房提供便利。在官方的通报内容中，最让人瞠目结舌的是这一条："深房理"涉及住房按揭贷款、经营贷和消费贷等不同类别，问题贷款金额合计10.64亿元，其中，涉及经营贷3.80亿元。这还只是"深房理"一家的数据，官方查明，已发现的违规流入房地产领域的经营贷金额共达21.55亿元。此外，"深房理"案件还牵出了一整条令人触目惊心的炒房产业链。媒体评论称，立案调查"深房理"案件，一方面向全社会再次传递了落实"房住不炒"、强监管严问责的高压态势不可能放松、涉房贷款实质性审查责任将进一步压实的强烈信号，另一方面也让炒房者丢掉幻想，莫存侥幸，须知违法违规操作必将面临严厉惩罚，失信联合惩戒机制将让违法违规者寸步难行。

此外，在厦门、合肥、南京等热门城市也出现了不同程度打新热度。纵使多数沦为"陪跑者"的情况下，也未能阻挡购房者"打新"的热情——"摇上一套新房，账面浮盈就是几百万元""有机会当然要试试"。舆论质疑，"打新热"背后的买房牟利现象与"房住不炒"理念背道而驰。

"万人摇"：新房"一房难求"

2020年夏天，西安迎来第一个"万人摇"，而2021年的"万人摇"则来得更早。据界面新闻报道，2月23日，位于西安航天基地的山水美树楼盘开放登记。当天下午3点多，意向登记家庭数超过1万个，但可售房源仅有424套。截至登记结束，最终通过审核的家庭高达18,596个，成为西安楼市2021年开年第一个意向登记破万的项目。安居客西安统计数据显示，仅2021年，西安就发生了13次"万人摇"，中海曲江大城项目更是成为西安第一个单盘3次万人摇楼盘，中签率最低为0.86%。

过去一年，西安楼市相关话题一度登上热搜，动辄"万人摇"，甚至"2万人摇""3万人摇"的场景刺激着舆论的敏感神经。据"领导留言板"消息，有网民留言表示，"建议采用多元、积分等模式，将大龄单身人群纳为刚需，以缓解矛盾尖锐的选房购房市场"。克而瑞指出，"热点城市项目'万人摇'的核心动因在于一二手房价仍存在较大价差"。

在亚运之城杭州，数据显示，2021年，杭州新房市场共推出13.9万套房源，涌现出一批红盘、热盘，参与摇号的总人数达71万人，平均中签率为5.1%。"万人抢房""中签率个位数""满格社保""限售"成为舆论场话题的热度标签。2月初，界面新闻以一篇《杭州再现万人摇号》的文章报道了年初杭州"世纪大摇号"的"盛况"。报道称，2月6日，18个红盘和热盘摇号结束，其中12个项目的中签率在20%以下。建发金辉紫璋台1,224套房源，吸引了10,795户家庭登记；滨江君品名邸416套房源吸引了9,747户家庭登记。这一轮摇号吸引了7万户家庭入场，冻结资金近900亿。网民吐槽"买一套新房堪比买彩票"。对此，有房地产行业人士表示"僧多粥少的局面吸引更多人拥向新盘摇号，加上众多房产营销类自媒体的推波助澜，楼市怎么会不火？"

另外，在此轮红盘摇号登记的最后一天，杭州楼市"代冻资"的事情引发了舆论高度关注。2月3日，有购房者发现，贷款中介可以直接代替买房人冻资，但名字和身份信息却是买房人的。不少网民对此表达不满，谴责"这是当前杭州楼市中签率高居不下的原因"。在舆论满城声讨中，杭州房管局当天紧急发声，如发现存在不规范冻资行为的，企业将取消其摇号资格。2月4日，中梁沐宸院发布《变更登记说明》，有11户因存在不规范冻资行为被取消摇号资格。至此，这11户也成了杭州首批因"代冻资"取消摇号资格的购房者。

无独有偶，在紫璋台项目中，有购房者发现，登记资料中38户家庭的查档编号为2020年开头，甚至有一户是2010年开头，一户是2012年开头。按照购房摇号规则，查档资料的有效期为一个月，从2月1日登记开始计算，最早的查档资料有效期为2021年1月2日。

"闹剧"频出下，热点城市市场热情高涨，楼市仍然有持续大量现金流涌入，网民戏称"魔幻的楼市行情"。《21世纪经济报道》等媒体分析称，最近几年来，部分城市为了城市发展吸引人才，不断推出人才引进政策，人才的大量拥入助推了楼市上涨。

"学区房"：教育均衡"持久战"

2021年初，一线城市的学区房一度成为舆论的焦点。市场再度出现炒作"学区房"的氛围，出现了非理性升温、"虚火"现象。2021年1月1日，一篇《"出来一套卖一套"，一夜上涨40万元！这里的学区房火了》的微信公众号文章引发了舆论广泛热议。文章指出，在往年成交淡季的岁末，北京市海淀区中关村一小、二小等优质学校周边的房子成交速度却在加快。从2020年11月底开始，海淀学区房挂出来的房子只要价格合适、业主诚心出售，很快就会卖出去。中介称"一套40多平方米的一居室刚挂出来，就有十几组客户要看房，家长都盯着呢""几百万上千万元的房子，挂出一套卖一套，就跟抢一样"，甚至有房子一夜间上涨40万元也有家长前赴后继愿意为其买单。

还有媒体报道"北京家长花千万买下48平方米小开间"。西城区的房屋中介也表示，开年来，西城区德胜、金融街等学区的"老破小"甚至卖到了每平方米24万元。其中，一居室的公房尤其受家长追捧。"如果能签约的话，基本在刚挂牌的一小时内，就有几十个客户报备。"中介坦言，"看房客户在门口聚集堪比结婚接新娘。"

深圳福田区，一套44平方米的学区房成交价高达1,420万元，约合单价32.27万元／平方米，被网民称为学区房中的"爱马仕"。据了解，该楼盘为国城花园，地处深圳有名的学区房片区——百花，且有双名校学区"傍身"，即便楼龄已超25年、楼道昏暗，也阻挡不了该楼盘一房难求，频出天价成交。

另据《21世纪经济报道》称，在上海，2020年1月的学区房小区成交套数明显上涨，业主跳价严重。如果一个小区进入无房源阶段，只要有一套房子出来，业主一晚上跳价200万的案例也曾出现。以徐汇区著名学区房小区东方曼哈顿为例，该小区2020年8月一套194平方米的房源以总价1,880万售出，但在2021年1月初，同一户型的房源带车位以总价2,700万售出；另一套位于顶楼的407平方米的户型，总价5,000万，也在两周内迅速成交。据不完全统计，当时上海学区房最贵已经超过20万元/平方米。

另外，伴随着学区房的各路传言刺激着购房者的神经，甚至有业主为提高小区学区房竞争力，不惜组队成立"鸡娃"队。学历高的业主负责为小区孩子补课，并设立各种奖励机制等花式奇招，为小区房价"保驾护航"。

中原地产首席分析师张大伟分析称，学区房需求的明显抬升，是本轮一线城市二手房价格上涨的重要原因之一。疫情影响下，2020年信贷政策较为宽松，叠加大量出国读书人群回流，给北上广深带来了大量的学区房需求。与此同时，以北京为例，2021年北京市入学适龄儿童数量的增多，也进一步加大了学区房的需求。据统计，自2013年"二胎"政策放开，2014年北京市新生儿出生率比上一年增加了10%以上，而2021年正好是这波新生儿的入学年份。

2020年3月以来，浙江、江苏、北京、上海等地陆续发布义务教育阶段招生入学新规，明确规定：民办学校与公办学校同步招生；民办学校报名人数超过招生计划数的，所有报名人员全部实行电脑随机派位录取。媒体称，类似上海等城市作为典型的小学初中阶段民办强公办弱的城市，在政策改革中，初中和小学的格局"发生了天翻地覆的变化"。部分家长担忧，进入民办学校的不确定性增加，且不再具备备选以及优质生源的机会，因此陷入"挤进好民办学校还是买学区房"的焦虑中。加之公立教育资源的学区房相对稀缺，学区房市场一度出现"暴力"拉涨，甚至上演现实版"72小时"。

此外，2021年上半年，部分城市楼市过热，多城为减少投机购房需求，纷纷上调房贷利率，部分城市的二手房房贷利率超过了6%。贝壳研究院对全国72个城市房贷业务进行统计显示，2020年6月，首套、二套房房贷利率指数均已连续7个月上升，累计升幅约4%。深圳、上海、杭州等热点城市均出现了二手房贷额度不足的情况，且银行放款时间大大拉长了。贝壳研究院数据显示，6月，全国72个重点城市中，有46个城市的房贷放款周期延长，占比超过60%。其中，广州较5月延长14天，至98天；佛山、东莞、中山、惠州等城市放款周期均在100天以上。同时，市场上还传出了"二手房停贷"的消息。有舆论反映"房贷利率、放贷审核和放贷时间方面过紧，刚需族被'误伤'"。

"打补丁"："有形之手"稳预期

在各地楼市火热之时，监管机构的"紧箍咒"相继而至，以推动楼市"降温""退烧"。据中原地产统计，仅2021年上半年，全国房地产调控次数高达286次，从土地、二手房、学区房、租赁用房、贷款等多维度查缺补漏，稳房价、稳地价、稳预期，推动房地产市场健康平稳发展。

资金、供地政策组合拳落地。一方面，从2021年1月1日起，房地产行业"三道红线"新规开始正式实施。这是针对所有开发商划出的三个标准，分别是：1.剔除预收款后的资产负债率大于70%；2.净负债率大于100%；3.现金短债比小于1。如果有房企全部踩中了这"三道红线"，那将被归为红色档，其后果就是有息负债规模不得增加。如果只踩中"两道红线"，则将被归为橙色档，有息负债规模年增速不得超过5%。如果只踩中"一道红线"，那就被归为黄色档，有息债务规模年增速将扩宽至10%。对于一道都没踩中的房企，则被归为绿色档，有息债务规模年增速可放宽至15%。有网民调侃称："简单来说就是央行爸爸对开发商说，'你们这群人欠我的钱和滚雪球一样难还清，再想借钱，得按我的规矩来'。"

按照监管要求，从2021年1月1日起，房企正式进入降杠杆测试期。到2023年6月底，12家试点房企的"三道红线"指标必须全部达标，2023年底所有房企实现达标。据克而瑞不完全统计，2021年上半年100家典型房企的融资额为6,090亿元，同比下降34%，环比下降29%，是2018年以来的最低水平。

此外，央行、银保监的房贷管理"两道红线"政策持续发力，为各大银行发放房地产贷款规模及占比设置了"安全阀门。"澎湃新闻网等评论称，监管部门为房地产企业财务指标划定"三道红线"，严格落实"房住不炒"，意在通过管控房企有息负债增长情况，管控房地产行业杠杆水平，筑牢房企安全底线。同时，"两道红线"对房地产贷款集中管理，控制了信贷资金流向房地产领域，推动房地产、金融同实体经济均衡发展。

另一方面，"供地两集中"土拍新政从投资端口调控土地溢价。2021年2月18日，自然资源部发布住宅用地分类调控文件，要求包括北上广深等一线城市以及天津、重庆、南京、杭州等二线城市在内的共计22个重点城市住宅用地实现"两集中"——集中挂牌，集中出让，一年内发布住宅用地公告不能超过三次，给土地市场带来了重大变革。一名头部房企相关负责人认为，该政策出台意味着头部企业无法再垄断优质地块，可以在一定程度上降低土地市场热度。但也有市场人士担忧，集中拿地，再加上开发建设进度类似，很可能导致房地产项目集中入市，如中小房企地块较差，更缺乏对购房者的吸引力，生存状况会更加艰难。总体来看，舆论普遍认为这将有利于市场主体形成稳定的政策预期，有利于房地产市场平稳健康可持续发展，以更好地贯彻"房住不炒"的总体目标。

二手房指导价合理引导价格预期。在房地产市场，二手房的交易情况一直被视为反映市场真实情况的风向标。但近年来，**多城楼市"虚火"蔓延，二手房市场挂牌价格混乱、业主"抱团涨价"等乱象常见于报端**。2021年年初，深圳市二手房房价涨幅居前。根据国家统计局公布的70大中城市住宅价格指数的数据，深圳二手房价格指数较上年上涨14.1%，远高于其他一线城市6%~7%以及全国平均2.1%的涨幅，位居70城首位。同时，深圳市一二手房价格倒挂现象严重，其他一线城市新房均价均高于二手房，但深圳二手房均价较新房均价存在较大的倒挂价差。于是，2021年2月8日，深圳建立二手住房成交参考价格发布机制，共有3,595个小区被逐一"标价"。由此，深圳也成为首个提出二手房成交参考价格发布机制的城市。据贝壳研究院统计，无锡、成都、西安、上海、绍兴、衢州等城市随即陆续跟进。

具体来看，一方面，商业银行将其作为商业贷款发放依据，若成交价格高于参考价格，商业银行仅按照参考价予以放贷，高于参考价部分须由购房者自行解决，变相提高首付比例。同时，二手房参考价格机制出台后，地产经纪App、官网上架房源挂牌价格均改为参考价，而不再由业主随意提高，降低了房价上涨预期的自我强化，缓解了购房者对于房价上升的焦虑。在调控的持续加码的情况下，效果也十分显著，热点楼市都得到了降温。中指研究院评价称，该政策的实施是为了打击房地产市场出现的投机炒房乱象，对过热城市和地区房价的稳定起到了举足轻重的作用。同时，该政策的出台也填补了二手房调控的空白，给调控增加了抓手。

表4-1　2021年15城落地二手房成交参考价

城市	日期	主要政策内容
深圳	2月8日	以二手住房网签价格为基础，参考周边一手住房价格，综合形成全市住宅小区二手住房成交参考价；引导房地产经纪机构合理发布挂牌价格，引导商业银行合理发放二手住房贷款；覆盖全市3,595个住宅小区
宁波	4月16日	以网签成交价为基础，形成二手房参考价，引导银行将热点学区二手房参考价作为授信依据
	5月10日	发布9个点学区范围的112个小区二手房参考价
成都	5月28日	参考网签价、评估价、新房价形成二手房参考价；引导房地产经纪机构合理发布挂牌价格，引导商业银行合理发放二手住房贷款；首批涉及201个小区
	7月8日	发布第二批286个住宅小区二手房成交参考价
	8月4日	发布第三批258个住宅小区二手房成交参考价
西安	7月8日	参考网签价、评估价制定二手房参考价，要求房地产经纪机构下架虚高房源，要求商业银行参照参考价发放二手住房贷款
	7月9日	发布首批102个住宅小区二手房成交参考价
	10月13日	发布第二批103个住宅小区二手房成交参考价
上海	7月9日	以真实价格对每套房源进行核验，未通过核验禁止挂牌；对诱导虚高挂牌、借机炒作的暂停网签
	8月6日	以"三价就低"为原则，即银行将根据合同网签价、涉税评估价、银行评估价三个价格中，相对最低的价格审批二手房贷款额度
绍兴	7月23日	参考网签价、评估价制定二手房参考价；规范二手房房源挂牌行为，要求商业银行按照参考价发放贷款
	8月4日	发布第一批23个住宅小区二手房成交参考价
无锡	7月26日	以网签价格为基础制定参考价；引导中介机构合理挂牌，引导商业银行合理发放贷款；公布首批100个住宅小区二手成交参考价
东莞	8月2日	在前期发布成交活跃二手楼盘网签交易价格的基础上，建立二手住房成交指导价发布机制，引导商业银行合理发放二手住房贷款，加大对虚高挂牌房源整治
	10月8日	发布首批218个小区二手房成交参考价
金华	8月2日	加强二手房挂牌价监测，及时下架价格明显异常房源；开展热点区域参考价格发布试点，并适时推广，落实参考价格在金融信贷等方面的应用
衢州	8月7日	在市区热点区域试点建立二手住房成交参考价格发布机制，银行按照发布交易参考价为上限发放二手住房按揭贷款，二手住房房源挂牌信息中不得出现"学区"等相关概念

续表

城市	日期	主要政策内容
温州	8 月 23 日	建立二手房交易参考价发布机制，重点对热点小区进行监测，加强二手房价格信息公开，落实交易参考价格在金融信贷等应用，严格打击操纵市场价格、挂牌价虚高、抱团涨价等行为
合肥	8 月 24 日	建立热点学区二手住房交易指导价发布机制，参照近两年实际成交均价，综合评定交易指导价；首批实施范围共 16 个双学区
广州	8 月 31 日	成交活跃的热点区域建立二手住房交易参考价发布机制；房地产经纪机构等不得发布价格虚高的二手住房房源；交易涉及的相关机构应将二手住房交易参考价格作为开展业务的参考依据之一；公布首批 96 个住宅小区二手房参考价格
北京	9 月 29 日	针对海淀 29 个重点小区分户型（60 平方米以下，60—90 平方米和 90 平方米以上）发布指导价，超过指导价 1% 不允许任何中介挂牌
三亚	11 月 22 日	发布首批 30 个小区二手房参考价

（数据来源：克而瑞研究中心）

至此，各地的二手房成交参考价机制在全国范围内形成了连锁效应，炒房空间被进一步压缩。按照贝壳研究院后台数据，深圳二手房在指导价出台后的几个月成交量保持低位，房价停止了上涨。成都、宁波等地的二手房也出现成交量下降、房价涨幅收窄的走势。市场预期，在政策的引导效应下，未来或将全面普及，房地产市场会回归稳定和理性。

在严控二手房的同时，"学区房"也再次成为调控的焦点。作为房地产行业的一种"独特"现象，学区房能够成为政策的关注点，主要是因为学区与房产的挂钩程度较高，有学区加持和没有学区的房产在价格上有明显的差异，一些开发商和中介常常在对外宣传上以学区为噱头，存在虚假宣传的问题。而很多人高价买学区房实际上并不是为了得到房子，而是为了买一个入学资格，所以市场上才会出现含学位的老破小、地下室都能卖到20多万元一平方米的现象。学区房价格则早已超出房屋本身价值。

2021年，北京、上海、深圳、成都等城市进行学区改革，施行多校划片、分配名额、教师轮岗等促进基础教育公平的措施，可以说是对学区房的"釜底抽薪"。当"买房"不再与"得学位"画等号，学区房的概念被瓦解，学区房走下"神坛"成了必然趋势。

在2021年上半年的调控中，从中央层面出发，"防范以学区房等名义炒作房价"首次成为中央政治局议题。到地方上，多个城市也在市场整顿中重点关注学区房现象。从一线、二线热点城市到一些三线城市，全国各地都掀起了一场扑灭学区房"虚火"的运动。一财网称，2021年，至少有北京、上海、广州、深圳、重庆、西安、厦门、成都、大连、南京、合肥、太原、温州、天津、芜湖、沈阳、西宁共17个城市出手整顿学区房炒作乱象。其中，一线城市和热点城市占据了大部分。

一线城市中，北京、上海、深圳打出了政策"组合拳"。上海方面，在此前"沪十条"和严查经营贷入市的基础上，3月中旬又发布了"316教改"方案，自2022年起，上海委属、区属的实验性示范性高中招生计划的50%~65%将被分配到区、到校，各区小学和初中的升学、入学情况将会更加均衡。2021年4月底上海发布的2020年工作总结和2021年工作计划，强调将严格执行住房限购和差别化住房信贷政策。北京方面，在春节前开始严查经营贷政策后，4月16日西城区房管局等部门针对中介是否存在虚假宣传、是否公示收费标准，对西城区部分区域房产经纪机构开展了联合执法检查。4月22日，北京市住建委发布了"房地产整治12条"，目标是对机构炒作学区房、经营贷违规进入楼市、群租房治理等问题依法从严惩处，形成高压态势。深圳从2020年下半年出台"715新政"、制定二手房参考价、严查各类违规炒房等调控政策后，4月2日又发布了四项监管措施，严厉打击"学位房"等虚假违法广告。

一些热点二线城市也出台了学区房政策。3月30日，重庆市市场监督管理局发布《商品房销售不得与入学资格挂钩宣传提示》，直接对学区炒作进行管控；4月6日，合肥公布8条房地产新政，明确要限学区、限购：暂停市区范围内拥有2套及以上住房的合肥户籍居民家庭在部分学区范围内购买二手住房；

实行同一套住房，六年内只能享有学区内小学一个学位，三年内只能享有学区内初中一个学位；4月16日，刚被住建部约谈的宁波市发布楼市新政，其中提出要建立热点学区二手住房交易参考价格发布机制。同一日，厦门发布整治二手房市场专项行动工作方案，对包括炒作学区在内的10种二手房炒房方式进行为期9个月的监管。

除此之外，部分三线城市也加入了管控学区房的行列。长三角地区，无锡和金华3月初都在调控政策中要求对炒作"学区房"行为按相关法律法规严肃处理。铜陵则在4月13日公布了学位管理新政，实行学区内同一套住宅小学六年内、初中三年内只为产权所有人一户家庭适龄儿童少年提供学位的政策。

学区房调控成效也持续引发舆论关注。媒体纷纷以"最狠学区房政策""学区房凉了""学区房降温""退烧""神话破灭"等为题跟进报道。新华社旗下《半月谈》评论文章指出，高价学区房问题是当前百姓重要焦虑问题之一，解决这一问题，还是要回归义务教育的公益属性，义务教育阶段不能设置重点学校，教育资源要均衡发展。当前，有关部门和地方理应考虑继续加强推进校长教师交流轮岗，制定严密的工作方案，让优质教育资源顺畅流动起来。中指院数据显示，2021年3月北京十大学区板块二手房成交均价为12.09万元/平方米，成交约133套。而7月至10月成交均价则分别降至8.32万元/平方米、7.68万元/平方米、5.13万元/平方米和5.71万元/平方米，成交套数也在持续减少，分别为89套、90套、63套及62套。在精准调控下，学区房"降温"迅速。

总体来说，从政策总基调来看，中央仍然坚持"房住不炒"的定位，始终坚持房地产市场平稳有序发展。2021年3月5日，全国两会《政府工作报告》指出，要坚持房子是用来住的、不是用来炒的的定位，稳地价、稳房价、稳预期。从地方层面来看，因城施策向着更加精细化的管控方向发展，"谁热调谁"，调控范围逐渐从一二线热点城市下沉至三四线热点城市，调控重点从新房市场逐渐转向二手房市场。

同时，政策调控从市场参与的各大主体入手，"三道红线"从房企融资端抑制房企投资扩张，房贷集中管理政策从银行端控制资金流入房地产，集中供地则从供给端改变房企拿地节奏，房企端、银行端、土地端三大主体联合发力，多措并举，进一步落实稳地价、稳房价、稳预期的目标。

数据显示，截至2021年12月20日，73省市共249次政策加码，实属罕见。其中，深圳、广州政策加码多达20次。深圳重点强化信贷资金管控，并以"深房理"被查出作为政策加码的最高峰；广州分区域精准化调控，天河、黄埔、南沙等热点区域依据市场实际情况，针对性地调整政策措施；上海多管齐下严堵政策监管漏洞，政策加码同样达到13次。

此外，值得一提的是，2021年，房地产税被中央多次提及。10月16日出版的第20期《求是》杂志发表了习近平总书记的重要文章《扎实推动共同富裕》。文章提出，在依法保护合法收入的同时，要防止两极分化、消除分配不公。要积极稳妥推进房地产税立法和改革，做好试点工作。10月23日，第十三届全国人民代表大会常务委员会第三十一次会议作出决定，授权国务院在部分地区开展房地产税改革试点工作。12月27日，全国财政工作视频会议在北京召开，会上总结2021年财政工作时称，要做好房地产税试点准备工作。

一石激起千层浪，"房地产税"一时间迅速成为全社会热议的关键词。业界认为，中央为房地产税趋势作出了明确定论。积极推进立法与改革，积极设立试点城市，倡议许久的房地产税或即将进入落地阶段。在社会舆论层面，人们普遍点赞房地产税试点的出台把握住了循序渐进的节奏，彰显了推进深层改革的步骤和魄力坚定不移，将成为打击楼市"泡沫"的有效武器。而无论是为了落实"房住不炒"、加强楼市调控，还是为了调节收入分配、促进共同富裕，房地产税都被公众寄予了厚望。

第二节　冰火交织：市场踏入深水区

回顾2021年的房地产市场，以年中为界，上半年市场热情较高，随后监管部门约谈部分城市，加大调控力度，到下半年，市场情绪整体转冷，相关风险逐步暴露。

新房、二手房市场降温明显

国家统计局的数据显示，2021年9月新房成交单价为9,757元/平方米，77个月以来，新房价格首次出现下滑；10月新房成交单价为9,749元/平方米，房价回落到了2019年至2020年水平；11月全国70个中大型城市，新房回落城市有61个，二手房价格回落城市有67个，整个楼市呈现出"普降"。第一太平戴维斯华北区市场研究部负责人李想称，从7月起，调控不断加码，信贷持续收紧、房贷利率上浮、银行放款时间拉长等收紧政策频出，市场仿若"一日入冬"，"金九银十"也惨淡收场，至11月，楼市基本上已探至谷底。

表4-2　2021年全国一线城市二手房网签套数及同比

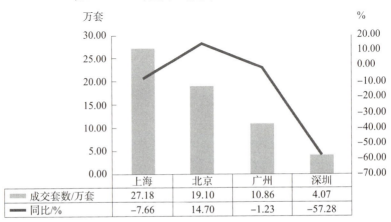

	上海	北京	广州	深圳
成交套数/万套	27.18	19.10	10.86	4.07
同比/%	-7.66	14.70	-1.23	-57.28

制图：智研咨询（www.chyxx.com）

（资料来源：58安居客房产研究院、智研咨询）

贝壳研究院发布的《2022年房地产市场展望报告》显示，2021年房地产市场的降温首先出现在二手房市场。3月至9月，二手房市场在半年之内从峰值跌到谷底，成交量萎缩超过60%。新房市场方面，上半年全国新建商品住宅销售面积保持增长，6月单月创2016年以来同期最高水平，但到了11月，新房销售面积已跌至2016年以来同期最低。

易居研究院报告显示，2021年8月，国家统计局公布的70城二手住宅价格自2015年4月以来首次转跌；9月，70城新建商品住宅价格自2015年5月以来也首次转跌，标志着70城房价正式进入下跌周期。

以上海为例，《证券日报》曾报道，"2021年上半年，上海楼市一度交易火爆，很多房产中介觉得'在屋里坐着，就能把房子卖掉'。下半年二手房的交易量和看房量直线下降。二手房交易市场，由之前的卖方市场转变为了买方市场"。

表4-3　2021年1—11月百城二手住宅价格累计跌幅TOP20城市

排序	城市	1—11月累计跌幅／%
1	唐山	5.97
2	北海	5.69
3	阜阳	3.85
4	石家庄	3.12
5	柳州	3.08
6	新乡	3.06
7	张家口	3.03
8	哈尔滨	2.98
9	肇庆	2.86
10	菏泽	2.81
11	太原	2.62
12	南通	2.14
13	秦皇岛	1.89
14	长春	1.86
15	贵阳	1.54
16	威海	1.41
17	宜昌	1.36
18	洛阳	1.05
19	常熟	1.02
20	天津	0.85

（数据来源：中指研究院）

土地市场遇冷

随着二手房、新房市场的降温，土地市场也经历了从抢地到史无前例的**大面积流拍**。诸葛找房数据研究中心报告显示，2021年初，受春节假期及疫情反复影响，土地市场热度表现一般，一季度土拍溢价率为15.8%，流拍率为11%。随后第一轮集中土拍开启，大量优质地块放出，房企拿地积极，土拍热度一路高涨，到4月溢价率达到全年峰值。再后，受到二轮集中土拍规则收紧、新房市场销售不景气以及房企资金链承压等影响，房企拿地态度转变，溢价率急转直下，第三季度溢价率降至8.4%，到第四季度延续低温态势，溢价率降至历史新低2.7%，土拍从热情高涨到回归理性。

从流拍率来看，上半年由于优质地块放出较多，加上房企手头资金较为充足，流拍现象偏少；进入下半年，在信贷环境趋紧等影响下，市场预期转变，流拍现象较多，即使是北上杭等城市也难逃高流拍的命运。三季度流拍率达16%，四季度流拍率继续升至16.5%，年底房企拿地热情不高。

回头看，出人意料的是，"集中供地"政策刚刚发布之时，一度被房地产行业视为重大利好政策，港股和A股板块股价暴涨，土地市场热度空前，大小房企纷纷摩拳擦掌，提前备好资金准备"大战一场"。例如，北京首轮集中出让30宗地块，吸引了超过200家房企角逐，最终10宗地块因触及地价全部上限转入竞高标准商品住宅建设方案投报程序。再如，热门城市杭州，首批集中供地57个地块全部出让，其中41宗地块进入"火拼"自持比例阶段。

值得一提的是，不少资金实力雄厚的房企为了"抢地"不惜"钻空子"，在深圳、广州等"突破溢价上线后摇号"的城市通过注册"小号"的方式来提高中签率，一时间"马甲遍地走"，最高者一宗地吸引320多个"马甲"，其中60个股权归属于同一家房企，以至于最终想要分辨出中签者是哪家房企还要花费不少工夫。

然而，土地市场的火热与房地产去金融化及"房住不炒"的总体战略南辕北辙。至第二批集中供地，各地纷纷"吸取教训"，密集对拍地规则进行查缺补漏，并加大对竞拍资金审核限制，多城为此几度推迟第二批次集中供地公告时间。叠加融资渠道收紧、预售金监管等调控政策影响，民营房企因流动性大幅减弱而"集体躺平"，红红火火的全国土拍市场骤然降温，终止出让、流拍、底价成交等成为这场集中供地的"主流"。

如北京43宗地块中仅17宗有房企报名，"弃牌率"超50%；杭州总计挂牌31宗地块，7宗地块终止出让、10宗地块流拍，最终成交地块数量较首次下降75%；广州48宗地块中25宗流拍……克而瑞数据显示，广州、郑州、长沙、苏州等二轮土拍的成交量降幅均在40%以上，半数城市成交金额较首轮腰斩，郑州、长沙、广州等成交金额跌幅超过70%。总体来看，第二批集中供地平均溢价率仅4.04%，较首批骤然减少10.7个百分点。

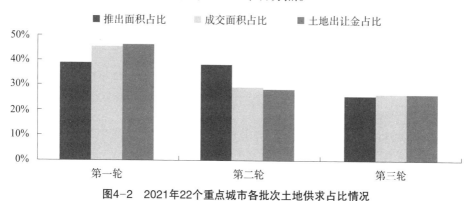

图4-2 2021年22个重点城市各批次土地供求占比情况

（资料来源：中指院、平安证券研究所）

房企暴雷：吹尽狂沙始到金

2021年，受融资环境紧张和房地产行业风险爆发的影响，叠加还款高峰期，房地产企业出现了普遍性"暴雷"现象，千亿房企轮番滑向违约"旋涡"。事实上，房企暴雷并不是2021年才有的现象，不同于以往涉及的都是中

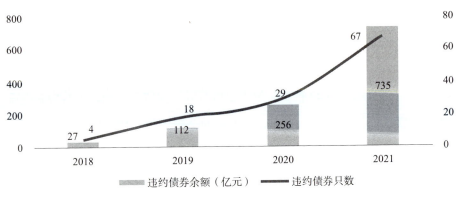

图4-3 2018—2021年房企境内债务违约情况

（资料来源：wind，贝壳研究院整理）

小房企或是微型房企，这一年有超过20家大型房企陷入了暴雷困境。

开年，龙头万科交出"史上最差"一季报，当期实现净利润12.92亿元，较上一年疫情同期仅增3.44%。同期，房地产开发业务毛利率低至16.1%，创历史新低；净利率方面更是低至4%。有关万科薄利的讨论甚嚣尘上，但几乎转瞬即逝。2020年的业绩会上，万科郁亮直言："行业的回报水平也会逐渐向社会平均水平靠拢，这意味着房企不能再靠囤积土地、赚土地升值的钱了；不能再靠加杠杆、赚金融杠杆的钱了。"

值得关注的是，恒大暴雷成为2021年房地产业的"灰犀牛"，给整个行业带来了一系列连环风险。事实上，恒大这场危机此前已有征兆。2020年9月，一份疑似恒大写给广东省政府的求助信在网上流传，信中请求政府支持完成重大资产重组，否则或将出现资金断链，引发系统性金融风险。虽然恒大方面及时辟谣，但信件内容依然引发高度关注。2021年以来，恒大的流动性危机不断加重。3月，恒大商票逾期消息被频繁爆出。在微博、抖音等自媒体平台，关于商票逾期的消息比比皆是，这些大都是持票人的发声，商票逾期这个潘多拉魔盒彻底被打开。负面舆论持续发酵。5月中下旬，在网上总能看到恒大商票逾期消息。除此以外，恒大5折卖房、银保监会调查恒大与盛京银行上千亿关联交易这两条消息也频繁出现在了互联网上。

　　6月，恒大在河南许昌的悦龙台项目停工，随后恒大出售嘉凯城29.9%的股权套现约25.08亿元，市场认为此举意在处理资产回笼资金。6月底，三棵树等供应商公告称恒大商票逾期，揭开了恒大庞大商票的一角。2021年7月19日上午10:27，彭博社首先发布了广发银行请求冻结恒大1.3亿元存款的信息，消息来源是7月13日江苏省无锡市中级人民法院的一则民事裁定书。9个小时之后，湖南省邵阳市住建局宣布暂停恒大两项目的网签交易，称其蓄意逃避监管。消息迅速引爆舆论，仅7月19日、20日两天，恒大在微博、抖音、今日头条、知乎、百度五大平台登上热搜榜或热议话题共计17次，累计在榜时长达118.5小时。此外，当月还传出恒大将旗下的部分资产摆上货架，然而地产项目变现并没有迎来实质进展，物业在接连辗转万科、碧桂园、合生创展后也未能达成出售意见，通过出售盛京银行股票，恒大回笼百亿资金，但这对于恒大的债务来说却是杯水车薪。

　　9月，恒大理财暴雷，其担保的未兑付理财产品规模达400亿元，而后恒大多地项目遭遇停工，销售进入停滞状态。有恒大内部员工透露称，其所就职的华南一房企，在11月被爆出理财难兑付，涉及投资人近千人，且近40%为内部员工及亲友推荐。12月，事件似乎迎来转机，恒大风险化解委员会成立，除恒大现任高管许家印和潘大年，其他委员均来自其他企业高管和专业人士，恒大称委员会正调动广泛资源，努力化解风险。

　　无独有偶，早在2021年5月，实地地产就因为连续两次商票逾期拒付，引发市场广泛关注。在此次的风波中，实地地产解释称，是因为收款方之一涉嫌诈骗，所以暂缓支付。但最终实地地产还是100%承兑，化解了风波，阻止了风险的扩散。根据当时的报道，实地于5月至7月还有若干笔票据到期，其中5月3笔、6月有1笔，7月则多达9笔。从到期商票票据看，这次再度违约暴雷其实早就可以预料了。据报道，不仅网上有很多人晒出了违约拒付的商票，线上讨钱，还有不少供应商和持票人，跑到实地地产的广州总部，穿着"实地还钱"的短袖衫线下维权，维权现场更是爆出激烈的肢体冲突。有消息称，"实地方面称要和持票人谈7折回收票据，打折清偿债务"。这样的解决方案，似乎**没有能够平息维权怒火，现场冲突多少能说明谈判的情况。值得注意的是，从网友晒出的商票看，此次违约所涉及的还包括不少小额商票，比如，微博网友**"ytmfwfnh"爆料称，其持有两张合计25万元的商票，实地直接拒绝兑付。

此外，7月蓝光发展债务违约，10月花样年债务违约，其以"躺平"的姿势，加剧了行业生态恶化。新力控股、当代置业、中国奥园、佳兆业，以及阳光100、阳光城先后遭遇暴雷困境。人民法院公告网公布信息显示，2021年全年，全国已有396家房企发布破产公告，陷入流动性危机的地方房企更是多如牛毛。

有业内人士指出，央行多次提及"恒大问题是少数""行业总体风险可控"，但这些房企自身员工就有数万名，涉及的投资人、购房者、供应商等相关利益群体更是数十万计，一旦暴雷，所引发的失业和财产损失问题的确不容小觑。而在流动性收紧之下，不少房企开始缩减人力开支，精简冗余人员，降薪、裁员现象在行业内大规模爆发。裁员早在年初便以"优化"的名义开始，下半年的"手段"更是花样百出，降薪、降职、调岗、测体能、加班……

12月27日，网络流传一份来自郑州本地房企碧源控股的内部公告称，受当前整体经营环境及形势的影响，员工从2022年1月1日至2022年4月30日放（休）假，共计4个月。放假期间，为员工发放2,000元的最低保障工资，五险一金个人承担部分将从保障工资中代缴代扣。此前，华南城也宣布给部分员工放假，时间为2021年11月26日至2022年3月31日，只给最低工资的60%以及五险一金。10月，恒大部分区域下发"停工留职通知书"，停工时间半年到一年不等，期间只发放保障工资，如果员工找到新工作，则视为自动离职。

虽然每年年底房企都有常规的优化动作，但2021年裁员范围之广、涉及人员之多远超过往，甚至有一家20强房企决定两年内不再拿地并计划通过三轮裁员减少50%人员。猎头圈形容"天空都飘着地产人的简历"，不少地产人转向其他行业，部分还开起了网约车。有房企员工直言："公司业务收缩，没那么多项目了，养不了也养不起那么多人。"在小红书等社交平台搜索"房地产年终奖"，有不少地产人发帖称，"没有年终奖""入职以来最低年终奖"。甚至还有网民表示，"临近拿年终奖的关头被裁员"。10月27日，《2021胡润百富榜》出炉，房地产行业第一次没有一位企业家进入前10。碧桂园40岁的杨惠妍和恒基兆业93岁的李兆基，分别以1,850亿元和1,700亿元位列榜单第11位和第15位。

与此同时，国际评级机构大规模下调房企信用等级。信用评级反映了房企在资本市场上的信用度，企业经营基本面等综合因素越好，则评级越高，融资的操作空间也就越大。整体而言，信用评级与房企融资情况息息相关。据不完全统计，穆迪、惠誉和标普2021年以来累计下调房企评级超过百次，为历年最高。其中包括绿地控股、阳光城、佳兆业、中国奥园、合生创展集团、富力地产等多家知名上市公司。10月18日，穆迪将绿地控股集团有限公司的企业家族评级由"Ba1"下调至"Ba2"；将绿地香港控股有限公司的企业家族评级由"Ba2"下调至"Ba3"；将相关评级列入评级下调观察名单。继穆迪之后，10月20日，惠誉将29家中国房地产开发商列入评级标准观察名单。10月至11月，中国奥园先后七次被机构下调评级，这导致其约6.512亿美元的融资被债权人要求偿还。也就是说，由于评级下调，中国奥园突增一笔超40亿人民币的临期债务，资金面极度承压。

2021年以来，多家房企出现到期债务违约的情形。比如，新力控股发布两笔债务违约（及可能违约）的公告。当代置业称，10月25日到期的2亿美元的债券余额延期兑付。广东省住房政策研究中心首席研究员李宇嘉指出，信用评级是由机构综合考虑资产变现能力、筹资能力、偿债能力、履约能力等，将企业评定为不同的等级。信用评级分为主体评级和产品评级，主体评级是对企业总体信用风险的评估，产品评级是对公开发行的某只债券到期履约能力的评估。下调评级，主要是对房企信用风险的担忧。标普全球也在一份研究中指出，中国房地产行业依旧充满机遇和发展潜力。虽然未来几年，行业将持续承受增速放缓的压力和更为严厉的监管，降杠杆势在必行，但优秀的房地产企业相信可以获得更为积极的竞争优势。未来经营效率和投资效益才是最终衡量"强者"的标准，而非靠加杠杆而扩大的规模。

第三节　暖风频吹：有形之手明方向

面对下半年持续降温的市场走势，房地产调控政策导向也有所调整，政策改善预期增强。从2021年9月底以来，楼市政策暖风频吹。9月下旬，央行货币政策委员会例会明确提出，"要维护房地产市场的健康发展，维护住房消费者的合法权益"[①]，释放了个人按揭贷款边际放松的积极信号。9月29日，人民银行、银保监会召开房地产金融座谈会，再次强调维护房地产市场的平稳健康发展，维护住房消费者合法权益。

9月底，央行提出"两个维护"后，中央已多次就房地产行业积极定调或发声，房地产市场"维稳"导向较为明确。在央行指导下，商业银行也加大了信贷投放力度，10月个人住房贷款新增3,481亿元，较9月多增1,013亿元，环比增长41%；11月个人住房贷款新增额环比再次增加，达到4,013亿元。

10月15日，在央行第三季度金融统计数据新闻发布会上，相关负责人表示，部分金融机构误解了银行不得新发放开发贷款，未来将保持房地产信贷平稳有序投放。此后，10月20日，中国人民银行负责人指出，在金融管理部门的预期引导下，对于房地产市场，"金融机构和金融市场风险偏好过度收缩

---

① 央行：维护房地产市场的健康发展，中国政府网，2021-09-27。

的行为逐步得以矫正"，融资行为和金融市场价格正逐步恢复正常。

12月6日，中共中央政治局召开会议，明确要推进保障性住房建设，支持商品房市场更好满足购房者的合理住房需求，促进房地产业健康发展和良性循环。①分析认为，此次针对房地产行业"良性循环"的表述是近年来首次提及，释放出很强的信号意义。过去几年，房地产政策面始终围绕"平稳健康发展"的目标实行，此次在健康发展的基础上提出"良性循环"，对重建行业信心，解决当前行业遇到的一些问题，都有至关重要的作用。

12月15日，央行正式下调金融机构存款准备金率0.5个百分点，下调后金融机构加权平均存款准备金率为8.4%，共计释放长期资金约1.2万亿元。12月20日，央行和银保监会联合出台通知，支持优质的房地产企业兼并收购出险和困难的大型房地产企业的优质项目，同时，加强并购贷款的风险控制和贷后管理，做好资金用途的监控。

表4-4　2021年9月底以来中央针对房地产的相关表述

日期	部门/会议	房地产方面核心表述
2021 年 9 月 27 日	央行货币政策委员会三季度例会	房地产行业两维护：维护房地产市场健康发展，维护住房消费者合法权益
2021 年 9 月 29 日	房地产金融工作座谈会	金融机构要按照法治化、市场化原则，配合相关部门和地方政府共同维护房地产市场的平稳健康发展，维护住房消费者合法权益
2021 年 10 月 15 日	三季度金融统计数据新闻发布会	已指导主要银行准确把握和执行好房地产金融审慎管理制度，保持房地产信贷平稳有序投放
2021 年 10 月 15 日	央行、银保监传达学习党的十九届六中全会精神	稳地价、稳房价、稳预期，遏制房地产金融化、泡沫化倾向，健全房地产调控长效机制，促进房地产业稳定健康发展
2021 年 11 月 12 日	中国银保监会新闻发言人答记者问	现阶段将重点满足首套房、改善型住房按揭需求，合理发放地产开发贷款、并购贷款，加大保障性租赁住房支持力度

---

① 中共中央政治局召开会议分析研究2022年经济工作等 习近平主持会议, 中国政府网, 2021-12-06。

续表

日期	部门/会议	房地产方面核心表述
2021年12月6日	中央政治局会议	推进保障性住房建设，支持商品房市场更好满足购房者的合理住房需求，促进房地产业健康发展和良性循环
2021年12月8日—12月10日	中央经济工作会议	要坚持房子是用来住的、不是用来炒的定位，加强预期引导，探索新的发展模式，坚持租购并举，加快发展长租房市场，推进保障性住房建设，支持商品房市场更好满足购房者的合理住房需求，因城施策促进房地产业良性循环和健康发展

（资料来源：中指研究院）

除了中央层面的不断发声，各地也因城施策"稳楼市"，"紧缩性"调控政策明显减少，"扶持性"政策明显增多，政策开启"双向"调节。

2021年以来，叠加经济下行压力增大、市场需求萎缩、人口流出等因素，一些经济、产业基础薄弱的三四线城市商品房市场供需明显失衡，市场降温，交易萎缩，价格下跌。据媒体报道，云南昆明某楼盘原价为1.6万元/平方米，开发商以特价房名义将售价调至1万元/平方米，降幅高达37.5%；辽宁沈阳某楼盘推出部分特价房源，原均价1.1万元/平方米的住宅项目，特价房源降至0.8万元/平方米；广东惠州多个楼盘出现零首付、首付分期等乱象。

部分三四线城市因房价下跌过快，祭出了限跌令。8月21日，湖南岳阳发文规定商品房销售的实际成交价格既不能高于备案价格，也不得低于备案价格的85%，成为第一个祭出"限跌令"的城市。受此影响，长春、昆明等19城落地"限跌令"，其中不乏唐山、惠州、徐州等此前的热点城市，市场预期发生根本性转折。如长春发文规范房地产市场秩序、稳定市场预期，严令房企不得低于9折销售。又如天津住建委约谈各大开发商，要求房价降幅达5%的楼盘上报区住建委，房价降幅达10%上报市住建委，房价降幅达15%禁止销售并关闭网签。

根据第一财经不完全统计，全国已经有21城发布了"限跌令"。其中有的城市是直接发布行政命令，有的则是通过约谈房企，限制恶意降价，否则就不给予网签的方式。这些城市包括沈阳、岳阳、昆明、唐山、江阴、鄂州、张家口、株洲、永州等。除了沈阳、昆明等个别城市，绝大多数都是三四五线城市。

58安居客房产研究院分院院长张波表示，由于市场分化，部分城市面临过快降温，甚至是房价快速下行压力。房企降负债压力不断增大，导致其在部分城市加快出货节奏，一旦引发降价潮会引发连锁反应，极大影响房地产市场有序发展，不利于楼市整体稳定，因此出台相应政策进行调节确有必要。在业内分析人士看来，"限跌令"防止房价出现大涨大跌，促进房地产市场的健康发展。当前楼市已进入双向调控时代，"稳房价、稳地价、稳预期"的基调下"稳"字当头，防止大涨和防止大跌并存。

2021年下半年，全国房地产市场持续转冷，市场形势愈加严峻。房企打折降价常态化，即便是原先的热点城市广州，过半楼盘降价促销，部分项目推出工抵房，降价幅度多达30%。各地的工抵房（工程抵押房）出现了井喷之势。在楼市下行压力较大的情况下，市场上"工抵房"打折甩卖的消息频出。不仅是在三四线城市，包括广州、厦门、成都、南京等一二线城市也出现了很多"工抵房"。比如，在一线城市广州，有媒体粗略统计，广州推出工抵房的楼盘数量达到十余个，项目既有位于增城、南沙、从化的郊区地段的，也有像荔湾这样在主城区的。价格方面，轻则优惠数十万元，多则上百万元。"工抵房房源……由于工程公司急需回笼资金，特批30套跳楼一口价370万/套起！"10月，雅居乐在荔湾白鹅潭新开盘不足一年的豪宅项目雅居乐天际715推出的工抵房广受关注。在厦门，10月海沧区某项目推出30套118平方米的工抵房，单价2.5万元/平方米起。这个项目此前的在售均价为3.3万元/平方米。

分析称，"工抵房"井喷主要有两个原因，一个是开发商现金流压力比较大，工程款的支付进度比较慢，有些工程款不能如期支付，这样一来，建设方就需要开发商提供一些房子作为相应抵押。这个现象在这两年较为常见，但建设方也不需要这么多房子，他们也需要变现获取现金。另外一种原因是，部分房企推出的产品本身并不一定是"工抵房"，而是普通的在售商品房，为了回笼资金，要对价格进行调整，但又怕老业主形成很大的反弹情绪，这样一来也会以这个"工抵房"的名义来进行销售，这是一种变相的降价促销行为。

虽然"工抵房"的折扣很低，但并非真实存在，不少开发商利用"工抵房"的噱头吸引客户，往往等到现场，会发现房源没有了，但开发商却达到了吸客的目的。如媒体曝光的部分地方的房地产企业利用"工抵房"降价促销被查处。10月3日，徐州市贾汪区市场监督管理局下发一份责令改正通知书，要求贾汪一楼盘停止以"工抵房"的名义宣传降价销售商品房的违法行为，该楼盘将恢复按原市场价格销售。

此外，部分城市在购房补贴、公积金贷款、商品房预售条件等方面做出调整，其中哈尔滨出台了稳定房地产市场的"十六条"新政，内容涉及人才购房、土地增值税、公积金贷款等；广州明确住房公积金可在佛山、东莞等省内7城购房时提取使用；义乌降低商品房预售条件并调整"公证摇号"政策；与此同时，广州、青岛、佛山等地部分银行房贷利率下调，放款速度有所提升。长春、哈尔滨、南宁等39城通过财税刺激托底楼市，主要涉及购房补贴、降低房地产交易税费。例如，长春给予人才、农民购房补贴，首次购买90平方米以下新建商品住宅的各类人才、进城农民，分别给予50元/平方米和80元/平方米的购房补贴。此外，还有城市要求新房销售价不得低于初始备案价的一定比例，限制恶意降价。

在一些城市"限跌"的时候，另一些需求旺盛的城市或仍在收紧调控给市场降温。如海口、三亚接连升级楼市调控，要求已备案过的商品住宅项目，原则上一年内不涨价。

舆论分析，近年来，房价下跌时，往往会出现业主聚集"维权"、抗议开发商降价等情形。此时，针对楼盘价格和品质问题的"房闹"也会频繁上演。如果房价过快下跌，还可能会有部分购房者停止还房贷，甚至出现"断供潮"，引发金融风险，房地产领域限跌和控涨需要并存。

表4-5　2021年9月以来部分城市出台的房地产"扶持"政策

日期	城市	文件	核心内容
2021年9月8日	沈阳	《沈阳市高层次人才住房公积金支持政策实施细则》	人才贷款限额放宽至当期最高限额的1.5—4倍
2021年9月16日	珠海	《调整珠海市个人二手房转让个人所得税、土地增值税核定征收率的公告（征求意见稿）》	二手住宅个人所得税核定征收率调整为1%，二手非住宅调整为1.5%
2021年9月22日	惠州	《关于调整惠州市个人二手房转让个人所得税、土地增值税核定征收率的公告（征求意见稿）》	二手住宅个人所得税核定征收率调整为1%，二手非住宅调整为1.5%，个人转让二手非住宅土地增值税核定征收率调整为5%
2021年10月10日	哈尔滨	《关于促进我市房地产市场平稳健康发展的实施意见》	哈尔滨出台"十六条"，涉及购房补贴、放宽二手房公积金贷款房龄年限、降低预售条件等
2021年10月11日	宁波	《宁波市奉化区人才购房补贴申请公告》	符合条件的大专学历或初级职称人才，可获最高8万元购房补贴；符合条件的本科、硕士、博士可获购房补贴分别为16万元、20万元、40万元
2021年11月8日	武汉	《武汉市加快推进总部经济高质量发展政策措施的通知》	非本市户籍的总部企业高级管理人员，在本市无自有住房的，其在限购区购买首套自住房可不受限购政策限制
2021年11月12日	佛山	《关于调整佛山市个人二手房转让个人所得税、土地增值税核定征收率的公告（征求意见稿）》	二手房转让个人所得税由2%调整为1%

（资料来源：中指研究院）

总体来看：这一年，对房地产行业来说，曾经推动房价一路飙涨的金融属性、教育属性都开始剥离，房子正式踏上了其漫长的回归居住本性的过程。这一年，对房地产企业来说，持续多年的借新还旧的经营模式遇到了全新的挑战，不少房企面临生死存亡的考验，行业优胜劣汰大幕已经拉开。这一年，对购房者来说，房价开始松动，多地房价逐月环比开始下滑。

伴随着国内外错综复杂的经济政治形势，世界正经历着百年未有之大变局。回顾过去一年，中国的经济韧性凸显，房地产行业作为宏观经济的重要组成部分，总体保持平稳健康发展。长远来看，中国房地产正经历艰难的蜕变，把"房住不炒"坚持下去，保持足够的政策定力，令广大百姓住有所居，居有其屋，是对公众的承诺，更是为了中国经济社会的长远健康发展。

第五章 教育：迎难而上促改革

2021年，是"十四五"开局之年，也是教育的"变革元年"。新时期中国教育秉持立德树人根本任务，迎难而上，持续深化教育改革。综观全年，从学前教育到高等教育一系列重要政策密集出台，直击教育痛点和社会关注热点，引发了全网空前的关注与热议。重磅"双减"政策落地，推进家庭、学校、校外培训机构、社会全方位联动改革，严厉打击了"校内减负，校外加负"现象，促使教育回归育人初心，获得了舆论一致好评。同时，教培行业迎来转型阵痛，部分教培机构暴力裁员等影响就业大盘稳定。学术乱象、校园安全问题频发等乱象屡屡引发舆论不满、触痛社会神经。舆论期盼教育改革"组合拳"进一步协同发力，加快教育高质量发展，办好人民满意的教育。

第一节 教育改革："双减"使教育回归初心

近年，校外教育培训行业异军突起、发展迅猛，资本入局使教培机构野蛮生长、乱象频发。根据相关统计，校外培训机构总数在2019年新增达近60万家峰值，2020年又新增40余万家，注销10万余家，机构总数远超同期义务教育阶段学校数量，对教育行业影响巨大。部分教培机构打着"不让孩子输在起跑线上"口号贩卖焦虑、过度营销，家长不断"烧钱""教育鸡娃"，社会内卷现象日益严重，带给学生、家长及学校的压力与日俱增。

2021年初，北京海淀妈妈给孩子制订的寒假计划刷爆朋友圈，从早8点至晚10点的密密麻麻的计划引发网民心疼孩子"太累了"。随后，热播剧《小舍得》聚焦校外培训班、奥数等亿万家长关注的热点社会话题，触及教育痛点，引发舆论共鸣，开播首日便登上各大社交媒体热搜。#鸡娃成为家长圈流行病#等微博热搜话题使"焦虑""真实"等负面情绪持续蔓延，社会舆论对课外培训机构加重学生负担的讨伐声日益高涨。在2021年全国"两会"前夕，中国青年报社社会调查中心发布"2021全国两会青年期待"调查数据显示，教育（55.6%）是受访者期待度较高的"两会"议题，认为当下教育内卷严重，教培机构在增加学生负担上推波助澜，违背教育规律，破坏教育生态，呼吁教育改革势在必行。

重磅"双减"政策力度空前

2021年是中国教育的"双减"年。从年初开始，国家就已开始释放改革信号。1月，北京市因疫情防控暂停了所有线下教育机构的培训，并加强对教育培训市场的整顿。3月，央视陆续停播了在线教育机构的广告，关于培训机构再遭整治的消息不时出现。此后，一份网传的开展减轻义务教育阶段学生作业负担和校外培训负担试点工作文件的信息在各大社交媒体流传引发社会巨大反响。3月，在全国"两会"期间，习近平总书记参加政协联组会时，回应"校外培训机构乱象""学生沉迷网络游戏"等教育热点问题，强调要坚持教育公益性原则，着力构建优质均衡的基本公共教育服务体系，建设高质量教育体系，办好人民满意的教育。[①]总书记重要指示为新时期的教育工作指明

---

① 习近平：在看望参加政协会议的医药卫生界教育界委员时的重要讲话，央视网，2021-03-06。

了方向。国务院总理李克强在《政府工作报告》中提出"规范校外培训"，凸显国家整治教育生态环境的决心。多位人大代表和政协委员在提案、议案中提及校外培训机构治理，更有政协委员倡议彻底取缔校外培训机构。《人民日报》更是四问校外培训乱象，灵魂拷问教培机构"是做教育，还是做生意？"引发舆论强烈共鸣。

4月，北京市市场监管局对跟谁学、学而思、新东方在线、高思四家校外教育培训机构价格违法、虚假宣传等行为分别给予警告和50万元顶格罚款的行政处罚。5月，北京市教委再次点名新东方、学而思、环球雅思等数十家校外培训机构存在多项违规问题。6月，国家市场监督管理总局通报称，检查发现精锐教育、华尔街英语等15家校外培训机构均存在虚假宣传违法行为，并分别予以顶格罚款，共计3,650万元。同月，教育部召开了校外教育培训监管司成立启动会，意味着今后教育部将有新机构对校外教育培训进行专项管理。此外，《未成年人保护法》正式实施，对超前教育、校外培训作出限制。在此期间，关于减负、整治校外培训机构的信号趋势越发明显。

终于，史上最重磅文件呼之欲出，"靴子"落地。2021年7月24日，中共中央办公厅、国务院办公厅正式印发《关于进一步减轻义务教育阶段学生作业负担和校外培训负担的意见》（简称"双减"政策），提出了30条具体意见，目标明确，可操作性强，旨在减轻义务教育阶段学生作业负担，减轻校外培训负担。该文件出台后受到社会空前关注，讨论热度居高不下。7月29日，被认为是"双减"政策意见的配套政策——《教育部办公厅关于进一步明确义务教育阶段校外培训学科类和非学科类范围的通知》——印发。文件进一步明确了校外培训学科类和非学科类标准，满足了学生多元化需求。至此，全网关于"双减"讨论热度达到顶峰 #双减意见如何规范学生作业和校外培训# #学科类培训机构一律不得上市融资# 等相关微博话题累计阅读量达数亿次。"义务教育""学科""校外培训"等成为舆论热议话题，舆论普遍支持"双减"

图5-1　舆论传播热词图

（图片来源：识微商情系统）

图5-2　"双减"相关舆论热议高频词

（图片来源：清博舆情）

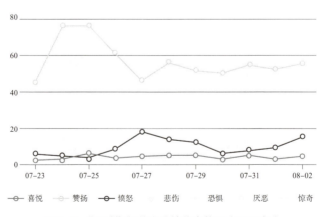

图5-3　"双减"相关舆论情绪走势图（2021年）

（图片来源：清博舆情）

政策出台，期盼落地见效。

"双减"政策减负提质多措并举，连同学生、家长，校内、校外同时发力，旨在减轻学生的学业负担，提高学生的学习兴趣，使学生德、智、体、美、劳全方面发展，席卷全国教育领域的一系列调整和改变迅速出现。

首先，减轻学生过重作业负担。2021年1月至4月，教育部先后印发了五个专门通知，对中小学生手机、睡眠、读物、作业、体质管理作出"五项管理"规定，在促进学生健康成长、全面发展方面做出了重大举措。其中，"作业管理"作为重要内容，规定学校要确保小学一、二年级不布置书面家庭作业，可在校内安排适当巩固练习；小学其他年级每天书面作业完成时间平均不超过60分钟；初中每天书面作业完成时间平均不超过90分钟。在此基础上，"双减"政策提出了更加明确的要求。分别就减少作业总量、提高作业质量、强化教师职责、减轻家长负担等方面做出了明确要求。如确保难度不超国家课标，坚决防止学生书面作业总量过多；教师要对布置的学生作业全批全改，不得要求学生自批自改，严禁要求家长批改作业；坚决克服机械、无效作业，杜绝重复性、惩罚性作业等。

其次，聚焦提高校内教学质量，完善课后服务。"双减"政策要求促进义务教育优质均衡发展；要求做强做优免费线上学习服务，提供高质量的专题教育资源和覆盖各年级各学科的学习资源，扩大优质教育资源的使用率和覆盖面；要求学校开齐开足开好国家规定课程，严格按课程标准零起点教学，做到应教尽教；要求学校不得有提前结课备考、违规统考、考题超标、考试排名等行为，考试成绩呈现实行等级制，降低学生的考试压力；严肃查处教师校外有偿补课，严禁校外培训机构聘用在职教师。针对"三点半放学"的尴尬规定，"双减"政策提出要加强课后服务，结束时间不得早于当地正常下班时间。"双减"政策还要求满足学生多样化学习需求，开展多种文体、艺术等兴趣小组及社团活动；提高作业设计质量，杜绝重复性、惩罚性作业。同时，还特别写入"保障条款"：加大对课后服务教师和人员的激励，配足配齐教师，对参与课后服务教师和相关人员进行补助，推行教师"弹性上下班"制。

"全面规范校外培训行为"是"双减"政策的又一重磅炸弹，对培训机构**性质、教材、时间、广告、价格五方面做出了限制。如学科类培训机构一律不得上市融资**，现有学科类培训机构要登记为非营利性机构；严禁以学前班、幼小衔接班、思维训练班等名义面向学龄前儿童开展线下学科类培训，严禁提供境外教育课程；校外培训机构不得占用国家法定节假日、休息日及寒暑假期组织学科类培训；严查夸大效果，制造焦虑的校外培训广告；学科类收费纳入政府指导价，坚决遏制过高收费和过度逐利行为。"双减"政策对校外培训机构采取的史无前例的强监管手段获得了舆论的一致好评。中国民办教育协会率包括好未来、新东方、作业帮、高途等多家校外培训机构联合发出倡议书，坚决拥护中央决策部署，并加快转型、健全规章制度、做好自我规范等。

强化家庭教育主阵地作用，注重家学校协同机制。"双减"政策规范校外培训后，孩子课外时间增多，家庭教育的重要性会更加凸显。有媒体称，诸多案例反映出，父母的焦虑、恐惧和担心，才是造成孩子诸多心理问题的根源。2021年10月，中国青年报社社会调查中心对1,149名未成年人家长进行的一项调查发现，57.0%的受访家长感觉平时在家庭教育上的困惑比较多，23.7%的受访家长感觉非常多，合计80.7%。明确表示困惑不多或不太多的受访家长仅占2.8%。有专家指出，"双减"政策的核心是将教育的重点从注重分数转向注重孩子健全的人格培养。家长需要一次教育观念的新启蒙，除了陪伴孩子学习，更应教会孩子进行时间管理，养成独立自主的好习惯。

乘着"双减"的快车，《家庭教育促进法》也迅速落地。2021年10月23日，《中华人民共和国家庭教育促进法》出台，是继《中华人民共和国教育法》《中华人民共和国义务教育法》和新版《中华人民共和国未成年人保护法》后，又一部教育领域的重磅法规，也是我国首次就家庭教育进行专门立法，

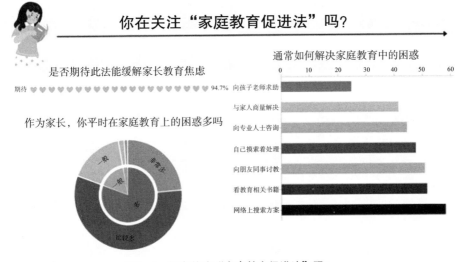

图5-4 你在关注"家庭教育促进法"吗？

（图片来源：中国青年报社社会调查中心）

使家庭教育从"家事"上升为"国事"。该法从未成年人道德品质、身体素质、生活技能、文化修养、行为习惯等培育、引导和影响。同时也呼应"双减"，规定未成年人的父母或者其他监护人应当合理安排未成年人学习、休息、娱乐和体育锻炼的时间，要求学校教育和家庭教育相互配合，避免加重未成年人学习负担，预防未成年人沉迷网络等。此外，搭建覆盖城乡的家庭教育指导服务体系是此次立法的亮点，也是落实法律的关键。该法出台后引发舆论广泛关注，#中国父母进入依法带娃时代#冲上新浪微博热搜第一，网民热议#依法带娃意味着什么# #国家立法建议9种家庭教育方法# 等多个话题，认为家长作为孩子的第一任老师，有责任也有义务帮助其树立理性的成才观，要将身心健康、健全人格放在家庭教育的首位，帮助孩子上好人生的第一课。

多措并举实现公平新跨越

幼小"双向衔接"搭建缓坡实现科学过渡。对于近年幼儿园小学化倾向，小学超标教学现象，"双减"政策指出了明确要求：积极推进幼小科学衔接，帮助学生做好入学准备，严格按课程标准零起点教学，做到应教尽教……2021年4月，教育部印发《关于大力推进幼儿园与小学科学衔接的指导意见》（以下简称《意见》），首次提出了幼儿园与小学要"双向衔接"。《意见》明确指出，幼儿园养习惯，小学先适应。针对幼儿园，要求帮助幼儿做好生活、社会和学习等多方面的准备。针对小学，要求将一年级上学期设置为入学适应期，强化与幼儿园教育相衔接。还明确，幼儿园不得提前教授小学课程内容、校外培训机构不得对学前儿童违规进行培训、小学严格执行免试就近入学，要将入学适应教育纳入一年级教育教学计划、一年级上学期设置为入学适应期等内容。文件还明确了《幼儿园入学准备教育指导要点》和《小学入学适应教育指导要点》"两个要点"，为幼小双向衔接提出了具体、可操作的指导。文件发布后，随即引发舆论广泛讨论。专家、媒体认为，幼小"双向衔接"着力于教育、教学改革，可以让家长减压、减负，让教育、教学回归科学的做法，与教育公平、教育科学更近。

高考改革七年之际七省开启新高考。2021年是高考改革的第七年，截至2021年，全国已经有21个省（区、市），启动了高考综合改革。梳理发现，新高考改革最显著的变化是取消文理分科，考试科目的设置从原来的"3+3"模式变为了"3+1+2"模式。9月，第四批高考综合改革正式启动。黑龙江、甘肃、安徽、江西、贵州、广西和吉林7省作为第四批启动高考综合改革的试点，采用"3+1+2"的模式。针对首轮高考改革试点落地之后，一些中学出现了"弃学物理"的现象，有专家表示，相对于之前的"3+文科综合"和"3+理科综合"来说，"3+1+2"模式增加了对历史、物理的选课限制，让学生的科目组合从两种扩大到了最多12种，扩大了学生的选择权，也更加注重学生的全面发展和综合素质的提升。同时，教育部还明确规定，禁止相关媒体、培训机构、中学、个人炒作"高考状元""高考升学率""复读生"等信息，严格打击"高考移民"，规定高校不得用新生高额奖学金争抢生源等。舆论普遍对此表示支持，认为上述举措根本原因在于对于教育改革的信念极其坚定，有助于打破"唯分数论英雄"的怪圈，维护了高考的公平原则。

艺考迎来重大改革，考生感慨"艺考不再易"。2021年，关于明星私德的事件层出不穷，艺术类高校作为明星的"培养基地"，功利性报考问题突出、考试腐败等案件频频发生，使舆论对艺考的公平公正和权威性产生怀疑。央视网更是发文称，要把明星的门槛提上来，要正视艺人的德行，不能让这股歪风邪气继续肆虐，对社会产生更大的负能量。9月，教育部印发《关于进一步加强和改进普通高等学校艺术类专业考试招生工作的指导意见》，这是国家首次针对艺术类专业考试发布的纲领性、指导性意见。其中，文化课成绩要求提高备受关注，要求综合成绩中的高考分数必须占比达到50%以上；在现有文化课成绩要求基础上，因地制宜、分类划定、逐步提高艺术类各专业高考文化课成绩录取最低控制分数线。有媒体梳理发现，在文化课成绩占比提升后，很多省份的考生都会受到影响。如山东省美术类等专业执行文化课成绩占比30%；广东省音乐类、美术类和舞蹈类专业执行文化课成绩占比40%。此外，意见在考试评价方式、考评人员管理、招生录取、学科专业布局等多方面出台政策措施，提出要加大违规违纪查处力度，遏制艺考招生腐败。舆论认为，艺考新政出台，给学生、家长无不传递出一个信息——艺考不再是高考"捷径"，艺考改革力求回归艺考本身，保证考试的公平公正。

"公参民"将退出历史舞台，优化办学环境优质均衡教育。近年来，关于"公参民"学校加剧教育不公现象的批评声一直不绝。央媒就曾发文点名吉林长春"名校环城"乱象、重庆"名校办民校"成售楼招牌等，直指"公参民"教育问题。国家教育咨询委员会委员、21世纪教育研究院理事长杨东平表示，"公参民"学校享受着两种体制的好处，既享受了公办学校的品牌、师资等资源，又可以高收费、掐尖招生，从制度之初就是不合理的，是一种畸形的现象。2021年5月，新修订的《中华人民共和国民办教育促进法实施条例》对"公办名校办假民校"亮起红灯，明确规定实施义务教育的公办学校不得举办或参与举办民办学校，也不得转为民办学校；其他公办学校不得举办或者参与举办营利性民办学校。时隔三个月，教育部、中央编办、国家发展改革委等八部门又发布了一个重磅文件：《关于规范公办学校举办或者参与举办民办义务教育学校的通知》，剑指"公参民"办学模式，提出要对义务教育阶段"公参民"学校进行专项规范，引发了社会高度关注。自此，全国多地开启了规范"公参民"学校的进程。"状元校"重庆宏帆八中更名"宏帆中学"彻底转为公立中学、"高考工厂"衡水·中改名为泰华中学等标志性事件轰动舆论，认为此次规范"公参民"学校，意在突出义务教育的公益性、公平性，办学环境将进一步优化，凸显改革决心之大、力度之强前所未有。

全面提高人才培养质量

在"双减"政策驱动下，学科教育大幅缩水，素质教育加速转型，整体行业正迎来结构化升级。"双减"政策对学科类和非学科类做出了明确规定，学科类培训包括语文、数学、外语（英语、日语、俄语）、道德与法治、历史、地理、物理、化学和生物；而体育、艺术、综合实践类的校外培训不属于学科类培训。2021年9月，教育部召开新闻发布会，指出2022年将在全国开展美育中考，并逐年提高中考体育分数到文化课同等分值。10月，教育部召开新闻发布会提出以"双减"带动"双增"，即增加学生的艺术、体育以及户外运动时间，增加学生音体美等非学科类学习的时间。政策调整之下，许多教培机构纷纷开启转型之路，好未来、新东方、猿辅导、精锐教育等培训机构开始布局素质教育、科学教育等领域，少儿编程、围棋、科学、美术、语言等素质教育，一时变得炙手可热。央视财经的报道数据显示，"双减"意见发布一月余，国内艺术类、体育类培训机构新增3.3万余家，同比暴增99%。

艾瑞咨询发布的《中国素质教育行业发展趋势洞察报告》显示，非科学培训已然进化出了无数形态，有启蒙教育、语言能力、艺术教育、数学思维、户外教育、社会化素养、体育、儿童财商教育等十个大类。家长对孩子的教育也向个性化和多元化的素质提升上转移。一时间，素质类培训班频频出现"一课难求"的局面。#上海非学科培训迅速升温# #寒假兴趣班报名火爆#等话题迅速占领微博热搜高位，阅读量高达上亿次。然而，在其备受追捧的现象背后，却也出现了诸如涨价、囤积课时等乱象。对此，教育部于2022年1月开始部署非学科类校外培训收费监管工作，全面规范非学科类校外培训收费行为，解决了家长们的后顾之忧。

利好政策力求打破职教焦虑，助力为职业教育提质增效，培养高素质技能人才。一直以来，对职业学校的学历歧视、认识度不够成为掣肘职业教育法的痛点。2021年，关于"普职分流"的话题出圈，也成为2022年全国"两会"热议的教育话题之一。有调研发现，高中阶段"普职分流"政策已成为引发家长教育焦虑的重要原因之一。部分家长认为"考不上高中去读中职，考不上本科去读高职"，"教育降级""淘汰教育"等负面情绪进一步放大。另外，我国技能型人才缺口巨大，很多年轻人宁愿送外卖也不愿进工厂。人社部发布全国"最缺工"的100个职业显示，到2025年制造业十大重点领域人才总量将达到6,200万人，需求缺口将近3,000万人，缺口率达48%。有媒体分析认为，造成以上现象，归根结底还是目前全社会对于职业教育的偏见没有根本性改变，呼吁只有从"学历型社会"向"技能型社会"转型才能培养高素质技术技能人才。

2021年，国家对职业教育的战略重视程度进一步提升。4月，党中央、国务院召开了全国职业教育大会，强调加快构建现代职业教育体系，培养更多高素质技术技能人才、能工巧匠、大国工匠。这为实现职业教育提质增效指明了方向。伴随着分类考试招生、"1+X"证书制度试点、国家"学分银行"等改革举措，职业教育发展迎来了又一个春天。6月，《职业教育法（修订草案）》初次提请全国人大常委会会议审议，这是《职业教育法》施行25年来首次大修，提出"职业教育与普通教育具有同等重要地位"。新修订的职教法于2022年4月20日在十三届全国人大常委会第三十四次会议上表决通过，并于5月1日起施行。2021年10月，中共中央办公厅、国务院办公厅印发了《关于推动现代职业教育高质量发展的意见》，延续以往对职业教育尤其是学历类职业教育的鼓励方向，提出了"职业本科教育招生规模不低于高等职业教育招生规模的10%"的具体目标。12月，国务院学位委员会办公室印发《关于做好本科层次职业学校学士学位授权与授予工作的意见》，明确在证书效用方面，普通本科和职业本科价值等同，在就业、考研、考公等方面具有同样的效力。同时，教育部办公厅印发《"十四五"职业教育规划教材建设实施方案》，提出"十四五"期间，将分批建设1万种左右职业教育国家规划教材。

随着我国对于高素质、技能型的人才的需求越来越大，职业教育的重要性越发凸显。高职和中职毕业生凭借扎实的技能，在就业市场上备受青睐。很多中高级职业技术学校的学生，往往都是还没毕业就被各大企业争抢一空。教育部公布的数据显示，近五年，高职毕业生半年后就业率稳定在90%左右，中职毕业生半年后就业率稳定在95%左右。#职校学生人手2到4个offer# #职教本科招聘现场火爆# #职校学生还没毕业就被抢空#等频频成为微博热搜话题，不少网民表示，"这才是职业教育该有的样子""确实需要转变观念了"，认为发展职业教育，最根本的还是要增加社会对职业教育的接受度、认可度，实现"人人都有出彩的机会"。

"双减"政策是深化教育改革的标志性事件，其成效受到舆论广泛好评。北京师范大学中国教育与社会发展研究院教育国情调查中心2022年3月发布的《全国"双减"成效调查报告》显示，"双减"政策受到校长、教师、家长和学生一致赞同，83.5%的学生未参加校外学科培训。教育部数据显示，截至2022年2月，原12.4万个义务教育阶段线下学科类培训机构压减到9,728个，压减率为92.14%；原263个线上校外培训机构压缩到34个，压减率为87.07%。舆论认为，"双减"构建教育良好生态，有效缓解了家长焦虑情绪，促进了学生全面发展、健康成长，使教育回归了"育人初心"。

第二节　教育乱象：亟待多方合力共筑净土

"双减"政策落地后，聚焦K12（学前到高中）教培行业却"一夜入冬"，新东方、好未来、高途等头部教培机构纷纷转型自救，然而，部分机构暴力裁员引发劳动争议、"教培人"重返就业市场被歧视等乱象对稳就业形成了一定冲击。同时，学术行业伪科学乱象引发"民科"争议，学生安全问题等屡屡触及舆论痛点，引发社会负面情绪。教育乱象不止，舆论呼吁多方主体合力共筑教育净土。

教培机构转型阵痛

培训机构倒闭、转型、裁员，占据了2021年热搜，不断冲上各大社交平台的热搜榜单。新东方在美国开设中文线上课，创始人俞敏洪做起了直播带货；猿辅导变身"猿服道"，开始投资羽绒服公司；学大教育开起咖啡店……同时，各大机构也开启了"断臂求生"的大幅裁员模式。数据显示，截至2021年12月30日，2021年教培相关企业注销或吊销的数量约32.85万家。企查查数据显示，"双减"政策落地150天内，全国范围内共有近7万家教育相关企业吊销注销，平均每天超465家。仅2021年8月至9月的50多天里，就有17家知名校外培训机构关停解散，平均每三天就有一家头部企业退出教育培训行业。梳理发现，有着20多年历史的培训机构巨人教育宣告倒闭；头部教培公司好未来裁员高达9万人；新东方营收减少80%，辞退6万人；高徒教育相继关闭全国13个地方中心并裁员上万人；字节跳动旗下的大力教育迎来大裁员，瓜瓜龙、清北网校、你拍一等项目成为重灾区，裁员员工实行"N+2"补偿计划。

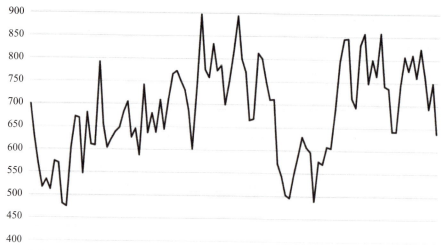

图5-5 "双减"150天教育相关企业吊注销情况（2021年）

（图片来源：企查查）

部分教培机构暴力裁员引发劳动争议。2021年5月，公考机构粉笔前员工控诉其压榨学员、坑骗学员引发舆论争议。6月初，一条脉脉上的爆料"此次粉笔全国性裁员将达到7000+"迅速把粉笔网推上风口浪尖。随后，微博、知乎、豆瓣等平台上，关于粉笔网裁员的帖子层出不穷。还有网民在黑猫投诉粉笔称，19,800元的"天价"线下班被学员吐槽质量堪忧，临时更换考研老师也是常规操作。8月，话题#豌豆思维被指暴力裁员#登上微博热搜。多位豌豆思维的员工在社交平台爆料称，少儿数理思维教育企业豌豆思维在进行暴力裁员，"公司没有任何对外公告，只是进行各种形式的多轮约谈，试图让员工接受缺乏赔偿的不合理、不合法协议"。还有员工发帖称，豌豆思维裁员，不仅少给一个月赔偿，引发员工不满，公司保安还手持电棍要"强行赶人"。有自称豌豆思维的员工在脉脉上表示，已经有过百人准备劳动仲裁。此外，猿辅导、高途课堂等机构被曝大量毁约应届生消息屡屡被推上微博热搜榜，多名网民表示自己被猿辅导"毁offer""猿辅导一通电话，全国几百号人全部劝退"，有一个自称为"猿辅导受害者"的群，已经达到了满员500人。

被裁员的培训老师及销售人员面临最汹涌"重新就业潮"，叠加就业存量冲击稳就业。《中国企业家》报道的数据显示，我国校外培训机构有超过70万家，从业人员超过1,000万人。如果算上关联的产业链，数量还要更加庞大。智联招聘发布的数据则显示，随着"双减"政策尘埃落定，相当于三个教培老师中就有一个成为无业游民，背后的残酷可想而知，社会就业的压力也随之应声加大。脉脉人才大数据显示，6月、7月教育培训领域的有强烈求职意愿人数同比增长了101%和132%。拉勾招聘数据研究院的数据显示，2021年处于"已离职，可快速到岗"的在线教育行业用户比例高达98.5%，仅有0.2%表示"暂时不想找工作"。但从2021年3月起，在线教育行业职位发布指数开始连续下降，7月降至一年来最低水平。前程无忧数据显示，教

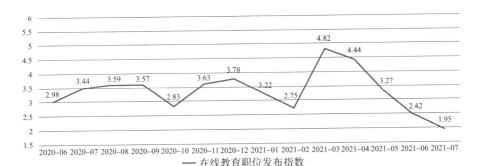

图5-6　在线教育职位发布指数

（图片来源：拉勾招聘数据研究院）

培行业求职者的简历投递在6月、7月、8月1日至15日分别上涨8%~11%不等。而截至8月15日，约有40%原教育/培训行业从业者仍处于求职状态。有自媒体刊文称，2021年的就业形势，相当于"两届"大学毕业生赶在同一年就业，真是一大奇观。

2021年10月，一篇题为"对不起，教培出来的我们不要"的文章迅速刷屏，诉说了教培人"被失业"后重新求职却屡屡碰壁的窘境，有单位的HR干脆直率地说："对不起，教培行业出来的，我们不要。"在豆瓣上，有一个名为"教培人互助联盟"的小组，4,000多被裁的"教培人"在里面，日夜分享求职转型的经验，大多数人的转型历程饱含酸楚。舆论担忧，一方面，行业洗牌后，"教培打工人"的流向是否能得到妥善安置，后续是否存在劳动风险；另一方面，再就业"教培人"中不乏985、211高校毕业生、研究生，还有留学生等，他们最终因为裁员而没有合适的去处，是否也是一种人才的浪费。舆论呼吁做好善后举措，积极引导教培行业转型升级，帮助缓解培训机构转型阵痛，谨防引发社会消极心态、影响社会稳定等风险。

学术乱象败坏风气

伪科学事件频发败坏学术风气，伤害科技事业。 2021年4月，一篇有关"熟蛋返生孵雏鸡"的魔幻论文瞬时引爆舆论场。据悉，论文全名"熟鸡蛋变成生鸡蛋（鸡蛋返生）——孵化雏鸡的实验报告"，收录在《写真地理》期刊，第一作者郭萍为郑州春霖职业培训学校校长。论文描述称，"在该校导师指导下，学生通过超心理意识能量方法，使煮熟的鸡蛋变成生鸡蛋，并将返生后的鸡蛋孵化成小鸡，而且已成功返生40多枚"。该文同时还被中文三大期刊数据库之一的《维普中文科技期刊数据库》收录。作者郭萍对此回应称，变生的原因"很大程度上和意念的力量有关系"。相关消息迅速引爆舆论，#校长发表熟蛋返生孵雏鸡论文# #老师称看见熟蛋返生孵鸡实验#等微博话题阅读量累计高达6亿次。网民纷纷调侃称，"人类的奇迹！起死回生不是梦！""复活恐龙不再遥远""霍格沃茨魔法学院之中国郑州春霖职业培训分校"，质疑该魔幻"论文如何过审"。公开报道信息显示，郭萍校长还有涉及物体穿瓶越壁、熟绿豆返生发芽等方面的相关著作，甚至在公开课程里，还有水遁、火遁等超心理课程。新华网、央视网连连发文怒批"伪科学，真骗子"，央视主播称，侮辱极强伤害更大！对孵化出这荒诞论文的种种乱象予以坚决打击。

2021年6月，河北燕山大学教授宣称已推翻爱因斯坦相对论，被推荐入选2021年度河北省科学技术奖一事引发争议。据悉，燕山大学教授李子丰所研究项目名称为"坚持唯物主义时空质能观 发展牛顿物理学"，宣称已推翻误导物理学界和人类认识世界基本方法的爱因斯坦的相对论，为科学的健康发展扫清了一个巨大障碍。该项目推荐单位为河北省教育厅。项目公示后，引发全网普遍关注和讨论，话题#燕山大学教授称已推翻爱因斯坦相对论#瞬间冲上微博热搜榜，引发舆论热议。公开资料显示，李子丰的研究领域是和基础物理八竿子打不着的油气钻采工程和油气井杆管柱力学，他在某问答平台上的简介中自称"业余研究基础物理问题"。该教授用哲学理论推翻物理理论的"神研究"让不少网民表示备受震撼，网友纷纷吐槽称，"颠覆性靠胆子大？""体育老师教数学！""加油，明天把量子力学也推翻了"，质疑该漏洞百出的"民科"、伪科学如何一路绿灯入选河北省科学技术奖，呼吁相关部门予以严查。

知网涉嫌"垄断"再次引发争议。2021年12月，《长江日报》刊文《九旬教授维权全部胜诉获赔70多万》，称89岁的中南财经政法大学退休教授赵德馨自2013年起，就知网擅自收录其百余篇论文，状告知网运营方侵害其作品信息网络传播权，并全部胜诉，赵德馨教授累计获赔70多万元。知网败诉后，将赵教授的论文全部下架并不再收录他的文章。此次事件是"翟天临事件"

后，知网再一次成为舆论关注的焦点。相关报道引发舆论对知网"店大欺客"的批评和质疑，网民吐槽知网"年收入近10亿，却把阅读卡当作者稿酬"，感慨"天下苦知网久矣"："下载一篇文献只要7元，但是需要最低充值50元才能购买；涨价幅度每年都在10%以上，高昂价格曾令多地高校停用，最后却又不得不屈服于知网的垄断地位而无奈交钱。"#央视网评老教授状告中国知网##人民日报评知网下架维权作者论文# #起底中国知网生意经#等多个话题登上微博热搜，话题累计阅读量超10亿人次。事件发生后，众多遭遇知网侵权的学者也纷纷表示要维护自己的合法权益，控诉知网的侵权行为。央视网评论称，中国知网做起了"无本生意"，其表面上霸王条款自定的"强制授权"背后却是对知识产权的垄断。回归公益、与作者共赢才是正途大道。

中国SCI论文撤稿数量居高不下屡受诟病。根据Web of science数据库统计，中国发表的SCI论文数量已经连续十年居于世界第二位，与排在第一位的美国旗鼓相当。截至2021年5月，中国已经反超美国占据榜首。同时，中国SCI论文的质量与被引用情况也持续提高。另外，中国SCI论文撤稿数量也居高不下。据统计，2021年，全球共有3,913篇SCI撤稿论文。其中，中国有2,475篇SCI论文撤稿，占所有撤稿论文的62%，在大多数撤稿的论文中，生物医学成为重灾区。2021年7月，国际学术杂志《细胞生物化学》连撤129篇中国学者的论文，还出了一期增刊"撤稿专刊"，引发舆论关注和热议，媒体惊呼"这是史无前例的"。分析认为，伪造审稿人、涉嫌剽窃、论文工厂造假是2021年中国SCI论文撤稿的三个最主要原因。2021年，网上不乏曝出多起论文涉嫌抄袭、造假等消息。如湖南大学毕业生硕士论文涉嫌全文抄袭、华中科技大学最美90后博导五年发60多篇SCI论文惹争议等学术不端现象层出不穷。媒体认为，此类事件反映了严重的学术不端、科研失信问题，呼吁净化学术风气、维护竞争公平，维护教育与学术尊严。

安全问题触及痛点

幼师虐童事件仍不断冲击着公众视线。2021年1月，西安一幼儿园3岁女童身上现29处针眼，家长多次询问，园方避而不谈。3月，一则网传视频显示，河北石家庄一名老师在教室内拉扯孩子，并将孩子"过肩摔"在地上。4月，红黄蓝幼儿园时隔三年再被曝出现涉嫌虐童事件引发众怒。有微博网民爆料称，江西瑞金一名红黄蓝幼儿园教师在朋友圈发布三张"男童闻大人脚"照片，其朋友圈状态显示"已屏蔽家长、领导"；同月，一段名为"新都蒙台梭利幼儿园教师虐童"的视频在网络传播。视频显示，一名女教师多次用手掐女童面部，并进行推搡和拖拽。5月，黑龙江省哈尔滨市的杨先生称其3岁的儿子在幼儿园内被一名女老师用凳子按压，导致头部受伤。10月，红黄蓝幼儿园再次被卷入虐童风波，位于北京朝阳区的"红黄蓝高端国际园"妙百睿幼儿园的多名学生家长反映，孩子身上出现多处针孔大小伤口，疑似被幼儿园老师用针扎伤，"还给孩子冠名说是勇敢针"。虐童事件频发引发网民一致谴责，引发#幼师的门槛究竟是什么#热搜话题广泛讨论。舆论纷纷呼吁提高幼师行业门槛，完善相应监管制度和法律法规，保护好祖国的花朵。

教师体罚学生恶性伤害案件屡禁不止。2021年3月，陕西省宝鸡市扶风县第三小学教师暴打学生致其险些失明，被教育部纳入8起违反教师职业准则案例通报批评。陕西宝鸡杨女士发微博称，因为孩子做题漏了一个单位，被数学老师用书本卷起来打到了眼睛和脸部，致孩子险些失明，后被诊断为右眼及面颊部挫伤，结膜充血。5月，一则"男童被名师体罚致头皮头骨分离"的消息刷爆网络。据报道，3月，在河南平顶山某小学的信息技术课上，一名三年级的学生因为"讲小话"被授课教师揪着头发，从最后一排座位拖拽到了讲台上罚站。事后该学生头部异常肿胀，被查出头皮头骨分离，鉴定为轻伤二级。而涉事老师直到17天后才被停课，学校声称此事系老师个人行为，与学校无关，其"甩锅"冷漠态度让舆情达到沸点，引发媒体和网民一致抨击。《人民日报》评论称，此类事件严重突破了法律与道德的底线，呼吁强化师风师德建设，把"害群之马"及时清除出教师队伍。

校园霸凌发生在"隐秘的角落"频频进入公众视野。2021年11月，青年摄影师博主"鹿道森"留下一份5,000字的遗书后自杀，在网上掀起了轩然大波，引无数网民泪目。遗书中字字控诉着学生时期的痛苦，因为小时候"看起来像女孩子"，在学校就遭到"被排挤、被欺负、让下跪、被威胁、拦着路不让你走、一群人欺负你"，以及被起侮辱性外号"假妹""假姑娘""鸡婆"等。加之家庭环境压抑、父母的不理解让他日益绝望无助，以至于成年后，都无法摆脱少年时遭遇校园欺凌的心理阴影，最后不得已用生命发出呼吁"请停止校园霸凌吧"。事后，其姑姑竟表示，对于鹿道森被欺凌的事并不知情。鹿道森的遭遇牵动着全网的心，#拯救身边鹿道森# #鹿道森的遗书带给你哪些反思#等微博相关话题阅读量高达30亿次。数据显示，校园欺凌"冰山"下的97%都没有被看见，曝光的不足冰山一角。陕西省一名18岁高三女生跳楼身亡，疑似因长期被同班同学辱骂；江苏连云港东海县桃林镇一女生被四名女生轮流扇耳光辱骂，现场几名男孩冷漠拍视频嬉笑观望；安徽滁州市一名13岁女生在厕所内被两名女生掌掴64次后晕厥；辽宁抚顺市五名男生对一名男生施暴，暴打、踹头、要求跪地道歉、扇耳光等霸凌事件强烈刺痛着人们的神经。

校园霸凌、欺凌事件受到了国家层面关注。2021年6月1日正式实施的新修订的《中华人民共和国未成年人保护法》，首次对学生欺凌进行了定义，并明确规定了学校对学生欺凌及校园性侵的防控与处置机制。舆论认为要避免校园霸凌发在"隐秘的角落"，除了法制保障，还应发动家庭、学校等主体联结共同治理，向校园欺凌说"不"。

此外，校园安全防范也不容忽视。"成都49中学生坠亡""大连理工一女生校内被撞身亡""对外经济贸易大学一学生在校园内被快递运输车撞倒碾轧身亡""河南一学校学生集体呕吐，校长痛哭换不动送餐公司""天津某小学被曝饮食安全问题，家长怒怼校领导""广州一高校食堂档口惊现一只老鼠正在淡定擦嘴"等校园乱象问题屡屡触及舆论底线，点燃公众情绪。媒体认为，学校是书香之园，也是教书育人之地，确保学生身心安全，让学生吃得好、学到位，是健康的校园环境的应有之义，更需要多方主体合力共建教育"净土"，让学生"净心"成长。

第三节　教育期盼：开启高质量教育新征程

中国人民大学中国调查与数据中心2022年1月发布的《中国发展指数年度报告（2021）》显示，教育是2022年的主要关注点，也是调查以来首次成为民众最担心的问题。中国人民大学中国调查与数据中心副主任、人大统计学院教授彭非分析称，在中国发展信心调查中，民众最担心的三大问题，教育问题首次排在首位；看病和住房位居次列。这反映出2021年教育改革触及了千家万户。同时，2021年以"双减"为代表的系列教育改革落实了，社会各

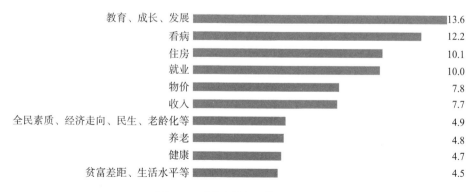

图5-7　受访者最担心的十个问题

［图片来源：中国发展指数年度报告（2021）］

方面对此也还需要一个适应过程。舆论认为教育政策联系着生育与就业等民生的方方面面，期盼未来能有更多相关举措逐步完善。

"双减"工作向纵深推进

2022年，教育部指出，要继续把"双减"工作摆在突出位置、重中之重，继续巩固"双减"成果，细化落实各方面细则。调查显示，"双减"首次进入地方两会舆论场，热度呈"断层式"领先，高居榜首。中国教育报刊社数据中心监测数据显示，地方两会期间有28,777条关于"双减"的网络文章，在热度榜上遥遥领先。中国青年报社社会调查中心进行了一项题为"你最关心哪些两会议题？"的全国两会青年期待调查。对于"双减"政策，78.4%的受访者关注其落地实效，其中，41.8%的受访者非常关注。调查中，54.7%的受访者期待高质量、多形式地开展课后服务课程；54.3%的受访者期待提升作业设计能力，让作业留得恰到好处；52.3%的受访者希望升学制度公开透明，保障教育公平；49.3%的受访者希望提高课堂效率，减少"吃不好""吃不饱"情况；43.9%的受访者期待明确工作责任、减轻教师非教学负担；41.7%的受访者期待建立德智体美劳科学合理评价体系。

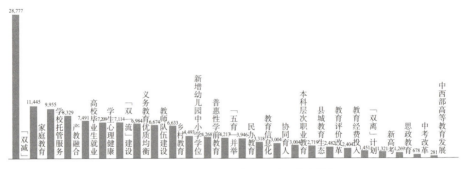

图5-8　2022年地方两会教育话题热度排行

（图片来源：中国教育报刊社数据中心）

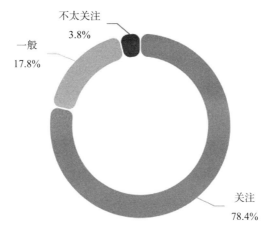

不太关注
3.8%

一般
17.8%

关注
78.4%

图5-9　你关注义务教育"双减"政策的落地实效吗

（图片来源：中国青年报社社会调查中心）

北京师范大学中国教育与社会发展研究院教育国情调查中心2022年3月发布的《全国"双减"成效调查报告》显示，"双减"进一步落地仍面临挑战，超过70%的受访教师呼吁减轻非教学负担。调查显示，减轻教师负担是"双减"工作题中之义。比如，74.3%的受访教师表示，"双减"后"作业设计要求更高了"；47.2%的受访教师每周纯工作时间超过40小时；60.3%的受访教师认为课后服务后工作量加大；70.9%的受访教师呼吁减轻非教学负担。民进中央调查发现，自2021年全面实施"双减"政策以来，教师工作责任大，节奏快，任务重，压力大幅增加，不少一线教师每天在岗时间达10~11小时，较"双减"政策前明显延长，教师普遍反映精神压力较大，工作负担繁重，教学科研时间被大幅压缩，专业发展受到影响，也难以兼顾家庭。还有过度"规范化"导致的形式化检查、填表，各种跨界下发的非教学教研任务等，让一线教师疲于应付。《人民教育》一篇文章中写道："双减"执行好不好，先要回答教师"想不想、要不要、好不好"的问题，解决教师的后顾之忧，让教师不只是负重承载者，只有理顺心气，厘清步调，成为主动推进者，才能推动课后服务的可持续发展。

期盼加大对"高端家政""挂羊头卖狗肉"等隐形变异校外培训查处力度。据媒体报道，在"双减"高压态势下，校外培训出现了一些新变种：2021年10月，一则"住家教师月薪两三万元"的消息冲上了热搜榜第一，相关话题阅读量已突破3.8亿次。媒体调查发现，在某招聘App输入住家教师，不乏"保姆式家政教师"等类似招聘信息。记者就一月薪标注为3万元的岗位，向家政公司咨询应聘条件，对方表示需要本科以上学历、英语六级、有教师资格证、能用英文辅导小学全科、有海外留学经历且年龄在40岁以下。招聘条件苛刻得让网民震惊，直呼"教育越来越'贵族化'"。梳理发现，类似的"高端"、隐形的服务，形式多样，需求火爆，如：有的家长"众筹私教"，一起高价聘请教师给孩子补课；有的培训机构转设地下"黑班"继续授课，与监管部门打起游击战；等等。华南某培训机构负责人表示，之所以会出现部分离职培训机构员工甚至是在校教师充当"家教中介"的行为，因为"他们一手握有充足的学生资源，另一手又与家教市场存在紧密联系"。该负责人认为，类似的"家教中介"现象会日渐普遍。

　　舆论认为学科类校外培训的隐形变异问题频频出现，如果任其发展，不仅严重干扰政策执行，阻碍改革推进，而且会形成"剧场效应"和家长的跟风，加重学生课业负担和家长的经济、精力负担。期盼把非学科类培训监管继续作为工作重点，进一步明确标准要求，完善监管体制，确保校外培训治理成效不打折扣。

教育资源要优质均衡

　　2022年，全国"两会"前夕，托幼成为各个地区的教育热点话题。近年来，通过连续实施多期"学前教育行动计划"，学前教育普及普惠水平有所提升，截至2020年，全国学前三年毛入园率达到85.2%。但经费投入不足、成本分担机制不健全、教师待遇保障不到位、科学保教水平有待提高等突出问题仍待解决。随着三孩政策实施，普惠性资源区域性、结构性短缺的矛盾依然存在。

托育的供给问题依旧突出。2021年7月，在国新办新闻发布会上，国家卫健委人口家庭司司长杨文庄介绍，全国现有0~3岁的婴幼儿4,200万左右。据调查，其中1/3有比较强烈的托育服务的需求，但现在的实际入托率为5.5%左右，供给和需求缺口还很大。例如，相关部门对北京托育机构的摸底调查结果显示，北京实际运营的各类托育机构351家，托位数19,972个。按照国家"十四五"规划关于千人口4.5个托位的要求，以2,300万人口总规模计算，"十四五"末北京市需提供托位10.35万个。目前北京0.91个托位/千人口，距离"十四五"目标要求缺口较大。中国青年报社社会调查中心通过问卷网调查显示，94.3%的受访家长关注所在地区普惠园的建设。有家长表示，普惠园也分不同级别，学费、师资会有差异，而且学费一样的幼儿园，质量也不一定相同。"质优价廉"的幼儿园依然是稀缺资源。

"入托难""入好园难""上不起""不放心"成为制约生育潜力释放的重要瓶颈。北京市妇联2021年一项覆盖2.6万人的调研显示，家庭教育成本高、照护资源缺乏是影响家庭生育的重要因素。中国人口与发展研究中心2021年启动了3岁以下婴幼儿照护服务体系建设实证研究项目。调查显示，目前国内3岁以下托育服务供给不足，主要面临机构数量少、行业标准缺失、服务人才缺口大等问题。艾媒咨询调查数据显示，有19%家庭因入托费用高不考虑入托。专业人才缺乏、行业从业人员良莠不齐问题使得"月嫂证不用培训就能拿""婴儿遭月嫂虐待"等新闻频频爆出。国家发改委社会司司长欧晓理曾表示，到2025年，托位数要达到600万个，缺口达400万个，大概有百万级的抚育师需求。民盟中央在调研中发现托幼事业发展滞后且公益性不足，减轻育儿家庭经济负担的儿童津贴仅在个别地区建立，迫使育龄女性选择晚生、少生甚至不生。舆论期盼补齐资源短板，做好入园需求测算，完善普惠性幼儿园布局规划；加强收费监管，合理确定公办园和普惠性民办园收费标准，坚决遏制过高收费和过度逐利行为；强化规范管理，完善幼儿园信息备案及公示制度，严肃查处面向学前儿童的违法违规校外培训行为；增强师资力量，加强教师队伍建设，解决好教师配备和待遇保障问题，提升教师专业能力，提高师范生培养质量和水平。

期盼优质教育资源向中西部、农村倾斜。2021年1月，一则"被义务教育'遗漏'的四川凉山州村落：村民难落户、孩子难上学"的消息引发舆论关注。在教育资源严重不均衡现实情况下，这些孩子成了被义务教育"遗忘的角落"。有媒体称，中西部经济社会发展相对滞后，教育基础差、优质教育资源少，教育质量总体不高，尤其是东中西部义务教育的发展差距较大。与东部高等教育相比，中西部特别是西部高等教育普遍存在体量小、投入少、底子薄的问题。数据显示，从办学经费投入看，2020年全国普通高校生均一般公共预算教育事业费支出为2.1万元，其中东部地区2.3万元，中部地区1.6万元，西部地区1.7万元。中西部地区明显低于全国平均水平，与东部地区差距仍然较大。从高水平大学分布来看，教育部公布的新一轮"双一流"建设高校中，东部地区较上一轮新增5所，共入选92所，省均8.4所，占总数的62.59%；中部地区新增5所，西部地区无新增，中西部高校总共入选55所，省均2.8所。中西部与东部的差距明显。湖南省教育厅时任党组书记、厅长蒋昌忠表示，中西部教育存在三个不足：高水平大学数量相对较少，高层次人才规模明显偏少，研究生（含硕士、博士）比例偏低。这三个方面，如果不能尽快得到有效缓解，东中西部高等教育的差距必将进一步扩大。

2022年全国"两会"前夕，"县中塌陷""振兴县中"的话题再次引发热议。教育部公开数据显示，作为给众多乡镇和农村家庭的基础教育"托底"的县级中学，占据着我国普通高中的"半壁江山"。2020年，全国县镇和农村高中6,821所，占全国普通高中学校总数约48%。中国有2,800多个县，县镇和农村高中在校生1,258.56万人，县中容纳了全国50%以上的学生。然而，近年来超级高中全省掐尖，屡屡打造升学神话，县中则辉煌不再，甚至一蹶不振。此前有媒体报道，河北蠡县某年全县中考成绩前500名学生有370多人外流，为抢下生源，当地提前把初中的孩子接到高中。这只是生源争夺战的冰山一角。北京大学郭丛斌、徐柱柱、张首登的研究发现，内地有26个省份属于中度垄断型及以上，在西部省份长期为一所高中单头垄断，在大部分中部、东部省份为两所瓜分，超过三所超级中学的主要是教育与经济较发达或人口众多的省份。而且，县域教育失去的不只是生源师资。北京大学教育学院副教授林小英在调研中发现，当教育改革越来越以优势地区的优质学校为蓝本时，因客观条件限制，县域教育处在"失语"和"无能"状态。招不到好老师，就吸引不来好学生，深陷优质教育资源流失与教育质量不断下滑的"负循环"。

全国"两会"期间，民进中央提交的《关于振兴县域普通高中的提案》再次激起舆论热议。微博话题#严禁抢挖县中优秀教师# #扭转县中生源流失现象#等累计阅读量近700万次。舆论认为，要振兴县中教育，治理超级中学长期以来的乱象，首先要将教育资源的均衡配置放在第一位，改善县中学校办学条件，其次要加强顶层制度安排，优化县中教育办学格局，均衡配置教育资源，缩小校际资源配置和办学水平的差异，让辖区内所有高中学校公平竞争，形成良性竞争生态。

教育与就业均衡匹配

"就业难"与"招工难"的结构性矛盾凸显了我国教育培养与就业市场需求严重错位的现状。有媒体称，就我国当前的情况，其产生的重要原因是教育资源错配引发劳动力资源错配，致使教育培训结构与劳动力市场需求不匹配，劳动者的技能水平与岗位需求不匹配。

国家发展改革委副秘书长高杲表示，"就业难"主要体现在部分劳动者知识技能不能适应现代产业发展的变化，致使求职和就业难度加大。比如，高等教育人群规模不断扩大，但教育培训模式、专业设置可能与市场需求存在不够契合的问题，所以可能出现一些高学历、低技能的结构性矛盾。中国综合社会调查数据（2003—2017年）显示，我国城镇劳动力市场中大约有35%的劳动者发生了教育失配。反映在就业现实中就是，许多大学生毕业之后无法找到合适岗位，不得不接受教育需求较低的职业岗位。例如，"中国人民大学、武汉大学等名校毕业生积极应聘河南中烟下辖7家卷烟厂车间一线生产操作岗位""上海一家政公司披露称该公司约有20%的家政服务人员毕业于世界名校或取得本科以上学历，主要从事家庭教师或管家工作"等就业热点话题都反映出劳动力市场中的教育错配问题。中人社传媒发布的《2020年湖南高校毕业生就业调查报告》显示，在300名被调查的大学生中，有近40%认为在求职过程中遇到的最大难题是"专业不对口"或者"没经验"。大多数高校的学科布局与地方产业匹配度不高，存在科研活动求新不求用、考核评价重研究轻转化等问题。

同样，教育培训模式和就业市场"不够契合"也直接导致了制造企业用工需求得不到满足，出现"硕士博士满街跑，高级技工难寻找"的尴尬状况。无论是"招工难"还是"就业难"，都与人员的技能有着密切关系。有自媒体称，这关键在于政府对就业人员的技能培训和职业技术教育都是比较滞后的，没有能够依据企业发展需要培养技能人才，导致企业只能把留住老员工当作最重要的手段，不惜一切代价提高老员工的待遇，从而给企业发展带来了越来越大的压力。反之，一些新的就业人员，则因为没有技能，无法找到适合自己的岗位，只能到处撞墙。数据显示，我国技能人才求人倍率长期保持在

1.5倍以上，高技能人才甚至要达到2倍以上。目前全国技能人才的总量占比在不断提高，但是与庞大的劳动力人口结构来看，它的比重偏低，还不到30%。中国服装设计师协会副主席、广东省服装设计师协会会长计文波表示，技术人才的结构性短缺，与我们在教育中重理论轻技能的现状分不开，这不仅体现在普通高校与职业教育学校的比例差异上，还体现在职业教育本身的轻技能现象上。以服装设计行业来看，现在企业最缺的是动手能力强的设计师。

　　舆论呼吁，首先，要做好人才培养端的改革。比如，学校要紧扣经济社会发展的主旋律来设置专业、开设课程、适时调整人才培养方案，并根据市场需求做好长远规划，继而从源头上提升教育链、人才链与产业链的匹配度。其次，要加强职业教育的培养质量和社会声望，为未来产业结构升级储备充足的人力资源。再次，需要创新性地加强校企合作，推动知识双向流动，促进产学研转化，最终增强教育部门与企业市场之间的联结强度。总之，唯有从教育制度和经济制度双管齐下，方能有效缓解劳动力市场的教育失配问题，更好地实现劳动力供给与用工需求有效对接。

　　教育兴则国家兴，教育强则国家强。2021年，中国教育走过了非凡的一年，见证了中国教育发展和改革的新步伐、新成就。"双减"政策等诸多教育改革措施稳步推进，以期在不断丰富和完善现有教育系统的基础上，努力实现教育公平化和全面化，多措并举构建教育高质量发展新格局。舆论认为，教育改革已进入深水区，人们普遍期盼持续深化教育改革，建设高质量教育体系，不断开创教育发展新局面。

第六章　环境：美丽中国谱新篇

2021年是我国生态环境保护历程中具有特殊重要性的一年。回顾过去一年，在习近平生态文明思想的引领下，我国生态文明建设进入以降碳为重点战略方向、推动减污降碳协同增效、促进经济社会发展全面绿色转型、实现生态环境质量改善由量变到质变的关键时期。一年来，我国在新发展阶段不断推进碳达峰、碳中和工作，生态环境治理顶层设计不断完善，生态环保领域取得了一系列可喜成绩。同时，我国一以贯之积极参与和引领全球气候治理，为全球生态治理贡献了思想和实践的"中国方案"。一年来，我国以承诺"双碳"的"中国底气"、追求绿色发展的"中国智慧"和贡献全球生态的"中国力量"，实现了生态环境保护在"十四五"起步之年的良好开局。一幅山清水秀、天蓝地绿的美丽中国新画卷，正在生动铺展。

第一节　双碳元年：科学发展启新程

2021年是"十四五"规划的开局之年，也是"双碳"元年。这一年，党中央对"双碳"工作领导不断加强，碳达峰、碳中和首次被写入国务院政府工作报告，"双碳"升级为国家战略。我国立足自身，面向世界，秉持"创新、协调、绿色、开放、共享"的新发展理念，逐步完善"双碳"顶层设计，在

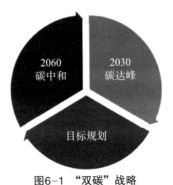

图6-1 "双碳"战略

（图片来源：互联网）

新发展阶段不断推进碳达峰、碳中和工作，努力为建设生态文明和美丽地球贡献力量。

"双碳"工作向科学系统部署迈进

风雨不动安如山，赖有砥柱立中流。党的十八大以来，生态文明顶层设计和制度体系建设加快推进，生态文明建设的"四梁八柱"日益完善，实现碳达峰、碳中和，是以习近平同志为核心的党中央统筹国内国际两个大局作出的重大战略决策。2021年是深入推进碳达峰、碳中和工作的关键一年，党对"双碳"工作的领导和支持不断加强。习近平总书记在出席有关会议、活动和到各地考察时，一以贯之，就做好碳达峰、碳中和，加强生态文明建设和生态环境保护发表了一系列重要讲话、作出了一系列重要指示批示。除国内的系统部署和推进外，我国还积极在国际舞台上发出"中国声音"，为加强全球环境治理贡献"中国智慧"、提出"中国方案"。舆论认为，2021年以来，党对"双碳"工作的领导不断增强，我国碳达峰、碳中和工作由重大战略决策向科学系统部署迈出了关键步伐，而一系列有关"双碳"的"中国方案"的出台，也为处于关键节点的全球环境治理指明了方向。

2021年3月15日，在主持召开中央财经委员会第九次会议时强调："实现碳达峰、碳中和是一场硬仗，也是对我们党治国理政能力的一场大考。"

2021年3月22日至25日，在福建考察时强调，要把碳达峰、碳中和纳入生态省建设布局，建设人与自然和谐共生的现代化。

2021年4月25日至27日，在广西考察时指出，要把碳达峰、碳中和纳入经济社会发展和生态文明建设整体布局。

2021年9月13日，在陕西榆林考察时强调，要对标实现碳达峰、碳中和目标任务，推进煤炭消费转型升级。

2021年5月21日，在中央全面深化改革委员会第十九次会议上指出，要围绕生态文明建设总体目标，加强同碳达峰、碳中和目标任务衔接。

2021年4月30日，在中央政治局第二十九次集体学习时指出，我国生态文明建设进入了以降碳为重点战略方向、推动减污降碳协同增效时期。

2021年12月8日至10日，在中央经济工作会议上指出，实现碳达峰、碳中和是推动高质量发展的内在要求，要坚定不移推进，但不可能毕其功于一役。

图6-2　习近平总书记2021年在国内重要场合有关"双碳"的重要讲话

2021年1月25日，在世界经济论坛"达沃斯议程"对话会的特别致辞中提到："中国正在制定行动方案并已开始采取具体措施，确保实现既定目标。"

2021年4月16日，在中法德领导人视频峰会上提到，中国将力争于2030年前实现二氧化碳排放达到峰值、2060年前实现碳中和。

2021年4月22日，在领导人气候峰会上指出，要坚持人与自然和谐共生、坚持绿色发展、坚持系统治理、坚持以人为本。

2021年10月12日，在《生物多样性公约》第十五次缔约方大会领导人峰会上指出，中国将陆续发布重点领域和行业碳达峰实施方案和一系列支撑保障措施，构建起碳达峰、碳中和"1+N"政策体系。

2021年11月11日，在视频出席亚太经合组织工商领导人峰会时指出，中国将推进全面绿色转型，如期实现碳达峰、碳中和目标。

图6-3　习近平总书记2021年在国际场合有关"双碳"的表态

值得一提的是，2021年11月11日，在党的十九届六中全会审议通过的党的第三个历史决议中，"双碳"工作也被浓墨重彩地提及。决议中写道："我国积极参与全球环境与气候治理，作出力争二〇三〇年前实现碳达峰、二〇六〇年前实现碳中和的庄严承诺，体现了负责任大国的担当。"舆论认为，碳达峰、碳中和写入党的第三个历史决议，再次表明保证双碳目标如期达成已成为党和国家以及人民的共同使命。中共上海市委党史研究室侯桂芳等纷纷称赞，面对全球范围内开展气候行动的趋势，中国积极融入全球治理，积极推动应对气候变化的措施，主动承担起大国责任，为实现人类社会的健康发展做出努力。

"双碳"顶层设计逐步完善

2021年是"30""60"两个"碳"目标正式开始实施的一年，也是碳达峰的关键期、窗口期。国家层面有关碳达峰、碳中和的重大决策部署也密集出台，逐步构建起碳达峰、碳中和"1+N"政策体系，为做好"双碳"工作提供了坚实的制度保障和政策依据。2021年全国"两会"首次将碳达峰、碳中和写入《政府工作报告》，并列为2021年重点任务之一，在多项具体措施中着墨颇多，"碳达峰""碳中和"也因而成为"两会"热词。舆论纷纷表示，在"十四五"开局之年，碳达峰、碳中和被写入《政府工作报告》，标志着"双碳"行动提速迈进，我国绿色低碳转型步伐将进一步加快。进入2021年下半年后，碳达峰、碳中和"1+N"政策体系进一步加速形成。我国先后出台《中共中央、国务院关于完整准确全面贯彻新发展理念做好碳达峰碳中和工作的意见》（以下简称《意见》）和《2030年前碳达峰行动方案》（以下简称《方案》）两个文件，从政策层面共同构筑起我国实现碳达峰碳中和的宏观蓝图。新华社称，实现碳达峰、碳中和是一项多维、立体、系统的工程，涉及经济社会发展的方方面面,《意见》坚持系统观念,提出10方面31项重点任务,明确了碳达峰、碳中和工作的路线图、施工图。《方案》是"N"中为首的政策文件,实现碳达峰意味着一个国家或地区的经济社会发展与二氧化碳排放实现"脱钩",即经济增长不再以增加碳排放为代价。因此,碳达峰被认为是一个经济体绿色低碳转型过程中的标志性事件。

表6-1 国家层面有关碳达峰、碳中和的重大决策部署

时间	政策/文件/会议	内容
2021 年 3 月	《政府工作报告》	提出有序推进碳达峰、碳中和工作,落实碳达峰行动方案
2021 年 3 月	《中华人民共和国国民经济和社会发展第十四个五年规划和 2035 年远景目标纲要》	提出提升生态系统碳汇能力。锚定努力争取 2060 年前实现碳中和,采取更加有力的政策和措施
2021 年 3 月	《国务院关于落实〈政府工作报告〉重点工作分工的意见》	提出扎实做好碳达峰、碳中和各项工作的各项要求
2021 年 5 月	中央层面成立碳达峰碳中和工作领导小组	作为指导和统筹做好碳达峰、碳中和工作的议事协调机构
2021 年 5 月	韩正主持召开全国碳达峰碳中和工作领导小组第一次全体会议	就贯彻落实党中央、国务院决策部署进行研究分解
2021 年 10 月	《国家标准化发展纲要》	提出要建立健全碳达峰、碳中和标准
2021 年 10 月	《中共中央、国务院关于完整准确全面贯彻新发展理念做好碳达峰碳中和工作的意见》	明确实施碳达峰、碳中和的 5 方面主要目标和 10 项重点任务
2021 年 10 月	《2030 年前碳达峰行动方案》	聚焦 2030 年前碳达峰目标,对推进碳达峰工作作出总体部署

随后,国家发改委、工信部等相继出台政策,构建起碳达峰、碳中和"1+N"政策体系,研究制定能源、工业、城乡建设、交通运输、农业农村等领域和钢铁、石化化工、有色金属、建材、电力、石油天然气等重点行业碳达峰

实施方案，以及科技支撑、财政金融、碳汇能力、统计核算和督查考核等支撑政策，为我国重点工业领域做好"双碳"工作指明了方向、明确了要求。

与"双碳"有关的一系列顶层设计的出台引发了巨大舆论反响。2021年12月27日，中央广播电视总台央视新闻发布"2021国内十大新闻"，"碳达峰碳中和顶层设计文件出炉，我国生态文明建设开启新阶段"位列其中第五位。

表6-2　央视新闻评选出的2021国内十大新闻

序号	事件	热度
1	庆祝中国共产党成立100周年大会隆重举行，习近平庄严宣告中华大地全面建成小康社会	759,849
2	党的十九届六中全会胜利召开，审议通过《中共中央关于党的百年奋斗重大成就和历史经验的决议》	607,705
3	我国经济发展和疫情防控全球领先，"十四五"开局良好	564,076
4	"发展全过程人民民主"彰显制度优势，全面依法治国深入推进	522,846
5	碳达峰碳中和顶层设计文件出炉，我国生态文明建设开启新阶段	522,417
6	全年粮食产量创下新的历史纪录	495,360
7	第七次全国人口普查数据发布，中国仍为世界第一人口大国	394,444
8	中国航天进入"空间站时代"	388,523
9	香港完善选举制度后的首次立法会换届选举成功举行，"爱国者治港"确保"一国两制"行稳致远	309,376
10	华为首席财务官孟晚舟安全回国，美国"长臂管辖"打压别国企业遭遇重大挫败	214,437

而伴随着中央有关"双碳"的"四梁八柱"的建立，互联网上有关碳中和、碳达峰相关话题的关注度也"水涨船高"，在全年多次引发舆论关注。国际能源网等称，2020年9月22日，在第75届联合国大会一般性辩论上，习近平总书记提出，中国的二氧化碳排放力争于2030年前达到峰值，努力争取2060

图6-4　百度有关"碳中和"的检索指数趋势图

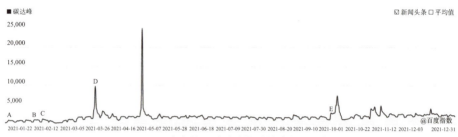

图6-5　百度有关"碳达峰"的检索指数趋势图

图6-6　网上有关"双碳"相关话题词云图

年前实现碳中和。①就此,"碳中和"频上热搜,并在2020年12月12日的气候雄心峰会后,受关注度走上巅峰。从搜索大数据看,2021年"碳达峰""碳中和"持续占据高位。澎湃新闻网等称,回顾2020年下半年以来的网络热词,会发

———————

① 习近平:中国二氧化碳排放力争于2030年前达到峰值,努力争取2060年前实现碳中和,中国能源网,2022-02-16。

现与碳中和、碳达峰相关的概念屡屡刷屏，例如"3060目标""碳交易""碳配额""碳信用"等。

总体来看，舆论普遍认为，与"双碳"有关的一系列政策文件的出台，对于我国做好碳达峰、碳中和工作具有很强的指导意义，特别是作为"1+N"政策体系中"1"的《中共中央、国务院关于完整准确全面贯彻新发展理念做好碳达峰碳中和工作的意见》，是管总管长远的，对于包括能源、工业、交通运输、城乡建设等分领域分行业的具体实施具有总的统领意义。作为"N"中为首的《2030年前碳达峰行动方案》也对有关部门和单位部署制定能源、工业、城乡建设、交通运输、农业农村等领域以及具体行业的碳达峰实施方案，因地制宜开展工作，具有重要意义。咨询机构南京卓远称，10月出台的《意见》以及《方案》共同构成了贯穿碳达峰、碳中和两个阶段的顶层设计，标志着我国双碳行动进入了实质性落实阶段。《大众证券报》称，《意见》提出了10条实现"双碳"目标的具体举措，其中，对于产业结构调整、能源体系建设、低碳交通运输体系与绿色城乡建设等方面的战略部署，将对相关产业与行业发展带来深远的影响。

绿色低碳发展实效初步显现

在碳达峰、碳中和"1+N"的顶层设计下，一系列为如期实现碳达峰、碳中和目标的政策工具得以落实和推进，其中的标志性事件是全国碳排放权交易市场正式开市，成为2021年在"双碳"顶层设计引领下实现绿色低碳发展方面最引人关注的事件之一。

2021年7月14日，国务院新闻办公室就启动全国碳排放权交易市场上线交易情况举行国务院政策例行吹风会。生态环境部副部长赵英民表示，建设全国碳排放权交易市场是利用市场机制控制和减少温室气体排放、推动绿色低碳发展的一项重大制度创新，是实现碳达峰、碳中和的重要政策工具。7月16日，全国碳排放权交易市场鸣锣开市，占全国碳排放40%以上的超2,000家发电企业作为首批交易主体走进市场。全国统一的碳排放权交易市场正式启动，意味着我国全国性的碳排放权交易拉开序幕。该消息引发舆论关注，百度搜索指数显示，"碳交易"相关话题在当日达到峰值，搜索指数高达15,750次；新浪微博话题"什么是碳排放权交易""全国碳排放权交易7月16日开市""全国碳市场上线交易启动""全国统一碳排放权交易系统将启动"等消息累计阅读量达5,259万余次。舆论纷纷为碳排放权交易市场开市点赞，表示此举既有利于控制碳排放总量，又能鼓励企业通过优化能源结构、提升能效等手段实现减排，实践效果显著。如澎湃新闻网称，建设全国碳市场是利用市场机制控制和减少温室气体排放、推进绿色低碳发展的一项重大制度创新，也是推动实现碳达峰目标与碳中和愿景的重要政策工具。部分舆论关注碳交易市场对我国发电企业的影响。如全国能源信息平台等称，短期来看，碳交易市场上线初期，由于碳配额分配相对宽松，碳价难以对发电企业成本造成实质性影响。中长期来看，发电企业不能忽视碳交易市场对企业成本以及营收带来的影响。一方面，随着国家政策对碳排放总量控制趋严，配额价格有望进一步上涨，且电企需要购买配额的比例将上升，从而直接导致企业发电成本增加；另一方面，国家核证自愿碳减排量（CCER）审批后续有望放开，新能源发电项目未来依然能够获得部分CCER，进入配额市场交易后增厚企业营收。

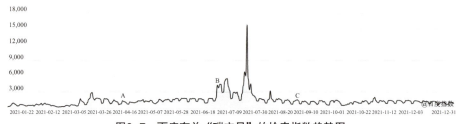

图6-7 百度有关"碳交易"的检索指数趋势图

174

自2021年7月16日启动上线交易以来，全国碳市场整体运行平稳，市场活跃度稳步提高。截至2021年12月31日，碳排放配额累计成交量1.79亿吨，累计成交额76.61亿元，成交均价42.85元/吨，履约完成率99.5%（按履约量计)，全国碳市场第一个履约周期顺利收官。碳排放权交易是我们国家正在推进的碳达峰、碳中和行动的一个重要的政策工具，是国家推进经济社会全面绿色转型的一个重要组成部分。全国碳市场第一个履约周期共纳入发电行业重点排放单位2,162家，年覆盖温室气体排放量约45亿吨二氧化碳。

2021年12月21日，《人民日报》刊发文章《各地各部门统筹有序做好碳达峰、碳中和工作：能源更清洁 国土添绿色》，总结2021年我国碳达峰碳中和取得的成效称，初步核算显示：2021年前三季度，全国单位GDP能耗同比下降2.3%，清洁能源消费占能源消费总量比重同比提高0.6个百分点；2021年前10个月，339个地级及以上城市PM2.5平均浓度为28微克/立方米，同比下降6.7%，平均优良天数比例为87.5%。而国家统计局《2021年国民经济和社会发展统计公报》显示，在2021年国民生产总值比上年增长8.1%的情况下，中国在2021年使碳排放强度下降了3.8%，而碳排放总量则上升了4%，比2021年上半年的9%回落不少。在2021年新增装机量中，可再生能源占据主导地位，其发电量也在逐步提高。国家统计局的最新数据显示，2021年中国风电新增46.95吉瓦、光伏发电新增53.13吉瓦，分别占全国新增装机的26.6%和30.1%。

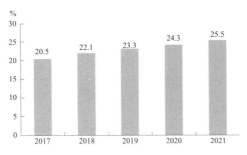

图6-8　2017—2021年清洁能源消费量占能源消费总量的比重

（数据来源：国家统计局）

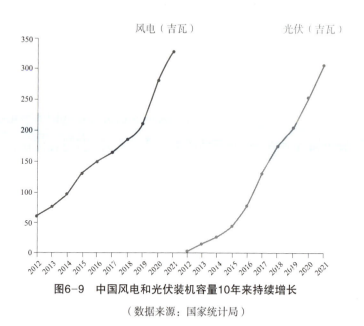

图6-9　中国风电和光伏装机容量10年来持续增长

（数据来源：国家统计局）

而根据此前国家能源局公布的数据，2021年中国含水电在内的可再生能源发电量达2.48万亿千瓦时，占全社会用电量的29.8%。其中，风电和光伏发电总量也已达全社会用电量的11.8%。

舆论普遍肯定在艰难和复杂进程中，2021年我国低碳转型迈出的坚实步伐。英国《金融时报》称，2021年的煤炭产销数据显示了中国碳中和进程的复杂性和艰巨性。但在"碳中和元年"，中国的煤炭生产和消费双双亮起了"警示灯"。虽然煤炭消费目前暂未超过2013年的高峰，但离该"峰值"已经十分接近。北京大学能源研究院气候变化与能源转型项目高级顾问杨富强博士表示，这样高的煤耗反弹是经济快速增长带来的必然结果，也是中国能源转型中正常的波动。新华网称，2021年，产业更绿色了，生活更低碳了。选择低碳出行、选购节能产品、拒绝食品浪费等绿色生活方式蔚然成风。上海、湖北、广东等地探索建设相关试点，低碳理念更加深入人心。舆论同时建议，进一步坚定不移推进碳达峰、碳中和目标，有力有序有效做好"双碳"工作。中国社科院学部委员、北京工业大学生态文明研究院院长潘家华表示，碳达峰、碳中和是一项复杂而长期的工作，需要久久为功，目标上要坚定不移，策略上要稳中求进，要充分考虑国内能源结构、产业结构等基本国情，不能追求一步到位、一蹴而就，不能搞"一刀切"。《经济日报》称，实现碳达峰、碳中和是一场硬仗，也是对我们党治国理政能力的一场大考，目标上要坚定不移，策略上要稳中求进，通过重塑我国能源结构，转变生产方式和生活方式，实现中华民族永续发展。

第二节　绿色守护：环境治理成效显

　　2021年以来，在实现碳达峰和碳中和重大战略决策和一系列"路线图"指引下，我国生态环境领域取得一系列可喜成绩。生物多样性保护成效显著，成功举办的《生物多样性公约》第十五次缔约方大会（COP15）第一阶段会议堪称其中亮眼的一笔，云南象群北移南归生动展现我国保护野生动物成效；污染防治攻坚战持续打响，生态系统保护与修复监管大力推进，长江、黄河生态保护修复取得重要进展。同时，我国积极就气候变化深入开展国际合作与交流，参与和引领全球气候治理，不断贡献"中国智慧"、提出"中国方案"，为全球生态环境治理贡献"中国力量"。

生物多样性保护成效显著

　　生物多样性是地球生命共同体的血脉和根基。随着人口增长和人类经济活动的扩张，地球的生物多样性正面临严重威胁。作为最早签署和批准《生物多样性公约》的缔约方之一，我国一贯高度重视生物多样性保护，并在不断推进生物多样性保护与时俱进、创新发展的过程中，走出了一条中国特色生物多样性保护之路。2021年,"生物多样性保护"入选生态环境部环境规划院形势分析中心评选的2021年生态环境保护领域的十大热词之一,《生物多样性公约》第十五次缔约方大会(COP15)第一阶段会议圆满成功、《中国的生物多样性保护》白皮书发布、我国第一批国家公园设立、云南野象群北移南归之旅等,纷纷彰显了我国生物多样性保护所取得的显著成效。

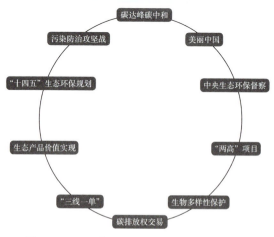

图6-10　2021年生态环境保护领域的十大热词

备受全球瞩目的《生物多样性公约》第十五次缔约方大会(COP15)是2020年联合国生物多样性大会(第一阶段)的分会议之一,是联合国首次以生态文明为主题召开的全球性会议。会议全面总结国际社会在生物多样性保护方面的经验,谋划未来十年全球生物多样性治理的蓝图。会议分两阶段在云南昆明举办,第一阶段会议时间定于2021年10月11日至15日。我国政府高度重视COP15筹备工作。早在2020年9月的联合国生物多样性峰会上,国家主席习近平就向世界发出"春城之邀",邀请各国领导人和国际组织负责人聚首春城昆明,共商全球生物多样性保护大计。2021年5月21日,在北京举行的"国际生物多样性日"主场宣传活动上,生态环境部部长黄润秋表示,中国将全力做好COP15筹备和保障工作,努力将COP15办成一届圆满成功、具有里程碑意义的缔约方大会。我国民众对COP15的参与和讨论热情十分高涨,

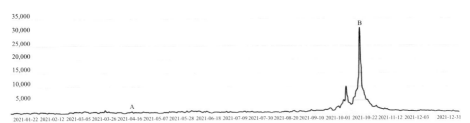

图6-11　百度有关"COP15"的检索指数趋势图
（图片来源：百度指数）

新浪微博话题"COP15"阅读量达9.7亿次。7月30日上线的"我为COP15打call"——生物多样性知识挑战赛，到9月30日比赛收官时，短短两个月的时间，总参赛人数突破50万，总访问量超5,200万次，闯关总次数超650万次。

在COP15即将召开之际，2021年10月8日，国务院新闻办公室发布《中国的生物多样性保护》白皮书。这是我国首次以白皮书形式，全面介绍我国在生物多样性保护领域开展的工作，集中展示我国生物多样性保护的理念、行动和成效，总结提炼我国生物多样性保护的实践和经验，为共建地球生命共同体提供中国智慧。白皮书的发布引发舆论高度关注，新浪微博话题"中国的生物多样性保护白皮书"阅读量达5,825.6万次。舆论纷纷关注白皮书中提及"超过70%的国家重点保护野生动植物得到有效保护""大熊猫走出濒危行列""朱鹮野外和人工繁育种群超5000只"等成就，认为白皮书展示了近年来

图6-12　国务院新闻办公室发表《中国的生物多样性保护》白皮书
（图片来源：互联网）

我国生物多样性保护取得的显著成效，期盼在COP15第一阶段会议上，生物多样性保护能取得新的成果与进展。

2021年10月11日，COP15第一阶段会议在云南昆明正式召开，全球5,000余位代表通过线上线下相结合的方式参加大会。10月12日，国家主席习近平**以视频方式出席COP15领导人峰会并发表主旨讲话**，全面阐释了中国推进全球生态文明建设的理念、主张和行动，提出构建"地球家园"的三重愿景，首次提出"人类高质量发展"这一命题和"开启人类高质量发展新征程"的四点主张，提出中国将率先出资15亿元人民币，成立昆明生物多样性基金，支持发展中国生物多样性保护事业，并宣布中国正式设立第一批国家公园。①习近平主席的讲话引发热烈反响。境内外舆论纷纷表示，习近平主席的讲话阐释了中国秉持生态文明理念，共同构建地球生命共同体的鲜明态度，对推进全球环境治理发挥了极大作用。更有科技界人士盛赞，"习近平主席的讲话，是向世界发出了生物多样性保护的最强音"。

COP15第一阶段会议成果丰硕。至2021年10月15日闭幕，COP15第一阶段会议计划的所有任务圆满完成。生态环境部部长黄润秋在10月15日举行的COP15第一阶段会议新闻发布会上表示，COP15第一阶段会议兼具雄心和务实，成果丰硕，完成了大会一般性议程并举行了COP15高级别会议，包括领导人峰会及部长级会议，举办了生态文明论坛。高级别会议通过了"昆明宣言"，生态文明论坛发出了保护生物多样性、共建全球生态文明的倡议，为将于2022年召开的第二阶段会议制定"2020年后全球生物多样性框架"凝聚了广泛共识、奠定了坚实基础。生态环境部副部长赵英民在新闻发布会上表示，生物多样性大会高级别会议形成三个重要成果，一是为全球生物多样性治理

① 习近平出席《生物多样性公约》第十五次缔约方大会领导人峰会并发表主旨讲话，新华网，2021–10–12。

提供了高级别政治推动力，二是发布了"昆明宣言"，三是宣布了中国生物多样性保护的新举措。会议圆满完成了各项使命，提振了全球保护生物多样性的政治决心，凝聚了全球生物多样性治理合力。联合国《生物多样性公约》秘书处执行秘书伊丽莎白·穆雷玛称赞大会"非常成功"，"达到了所有预期"。

在COP15第一阶段会议宣布的中国生物多样性保护新举措中，我国第一批国家公园的设立尤为引发关注。2021年10月12日，习近平主席在COP15领导人峰会的主旨讲话中宣布，中国正式设立三江源、大熊猫、东北虎豹、海南热带雨林、武夷山等第一批国家公园，保护面积达23万平方公里，涵盖近30%的陆域国家重点保护野生动植物种类。[1]国家公园的设立，有望解决过去自然保护地存在的交叉重叠、多头管理、"九龙治水"难题，避免生态环境恶化却无人问津的情况，对进一步巩固生物多样性保护的成绩，更好地保持自然生态系统的原真性和完整性，实现人与自然和谐相处意义重大。同时，国家公园的设立，也为公众提供了亲近自然、体验自然、了解自然以及作为国民福利的游憩机会，符合广泛的社会期待。网民纷纷表示，希望到我们国家新设立的国家公园去看一看、走一走。

一路"象"北生动展现了我国保护野生动物的成效。2021年10月12日，习近平主席在COP15领导人峰会的主旨讲话中说："前段时间，云南大象的北上及返回之旅，让我们看到了中国保护野生动物的成果。"[2]习近平主席所提到的这段旅程，被网民亲切地称为一路"象"北，指的是2021年4月起，原生活栖息在云南西双版纳国家级自然保护区的17头亚洲象，离开传统栖息地北上，途经云南三个市州44个村组，行程600多公里，一路上受到当地政府和民众的细心呵护，在历时110多天后，于9月10日平安返回传统栖息地的故事。事

---

[1] 在这场领导人峰会上，习近平阐述生物多样性保护的中国主张，海外网，2021-10-13。
[2] 习近平提及云南大象北上之旅：中国生态文明建设取得了显著成效，央视网，2021-10-12。

件引发的"全民观象"盛况空前。长城智库两亚新经济发展研究院数据显示，云南象群的迁徙之旅在全世界范围内受到广泛关注，海内外热度趋势保持高度一致，相关讨论从4月开始，6月达到高峰。百度指数对"云南大象迁移"相关关键词分析显示，"云南大象最新消息"是关注度持续时间最长的话题，**"云南大象最新睡姿来了"是整个事件中讨论度最高话题，在6月中旬达到2万次的关注度**；Google英文区热度最高的搜索关键词为"China elephant"，有关"Yunnan elephant"的讨论时间虽然不长，但平均热度不低。中外媒体纷纷采用专栏形式持续追踪报道，多国媒体均正面报道，日本等国甚至派出记者团实地跟踪采访，不仅传播了象群的动态，更侧面展示了云南的风土人情，拉近了世界民众与中国的距离。

污染防治攻坚战持续深入

打好污染防治攻坚战，是以习近平同志为核心的党中央着眼党和国家发展全局，顺应人民群众对美好生活的期待作出的重大战略部署。近年来，我国推动污染防治的措施之实、力度之大、成效之显著前所未有。2021年，继多项"十三五"时期污染防治攻坚战的成果发布后，我国污染防治攻坚战接续攻坚，走向深入。

2021年，多项"十三五"时期的污染防治攻坚战成果发布。如生态环保三大保卫战中，《打赢蓝天保卫战三年行动计划》圆满收官，净土保卫战目标全面完成，碧水保卫战迈向深水区。8月18日，生态环境部部长黄润秋出席国务院新闻办公室新闻发布会时宣布，"十三五"规划纲要确定的九项生态环境约束性指标和污染防治攻坚战的阶段性目标全面圆满超额完成。黄润秋引用2020年国家统计局所做的调查数据表示，公众对生态环境的满意度达到89.5%，比2017年提高10.7个百分点。这也充分说明，污染防治攻坚战阶段性成效得到了人民群众的充分认可。我国污染防治攻坚战的脚步并未就此止息。2021年11月7日，中共中央、国务院印发《关于深入打好污染防治攻坚战的意见》，提出当前和今后一段时期深入打好污染防治攻坚战的目标任务。舆论认为，从"十三五"的"坚决打好污染防治攻坚战"到"十四五"的"深入打好污染防治攻坚战"，两字之差，却意味着更强的力度、更大的深度、更宽的广度。《经济日报》评论称，污染防治攻坚战走向深入意义重大，必须坚持以更高标准打好蓝天、碧水、净土保卫战，继续实施一批标志性战役，接续攻坚，久久为功。

2021年，全国多地开始实施升级版"限塑令"，广大民众积极参与"限塑""禁塑"行动及讨论。商务部网络报告系统数据显示，随着"禁塑令"的逐步实施，不可降解一次性塑料制品的使用量有较大幅度下降。为提高民众"减塑""限塑"意识，全国各地加大宣传绿色理念力度。如甘肃省各市县等基层商务部门组织行业商协会、市场主体等充分利用广播电视、微博、微信等传统媒体和新媒体进一步加强"禁塑""限塑"相关政策宣传，倡导简约适度、绿色低碳的生活理念和生活方式；湖北省商务系统通过政府官网、微信公众号、培训班等方式深入宣传塑料污染对环境和人类健康带来的危害，宣传国家"禁塑""限塑"目标任务及相关政策措施等。据《光明日报》报道，2021年初开始，纸吸管相关话题就频频冲上微博热搜，网民热情参与讨论，充分反映出对"限塑"和环保的积极支持。多数受访民众表示支持国家"禁塑"政策实施，并愿意为此作出改变。但也有不少网民表示，禁用不可降解一次性塑料吸管后，存在"'禁塑'后超市塑料袋使用不减反增""禁塑效果不佳""禁塑料吸管不禁塑料杯""纸吸管影响饮品口感"等问题。对此，专家表示，转型都有"阵痛期"，行业主管部门和机构在推进"限塑"政策时，不能仅通过禁令推进改革，应从更细节处入手通盘考虑，推动"限塑"政策进一步走向深入。

生态保护修复支持力度不断加大

生态保护修复是守住自然生态安全边界、促进自然生态系统质量整体改善的重要保障。2021年是国土空间生态保护修复的高光之年。这一年，党中央、国务院针对国土空间生态保护修复作出了一系列重大部署，加快推进山水林田湖草沙一体化保护修复，促进发展模式转型。

持续打好长江保护修复攻坚战，实现良好开局。长江是中华民族的母亲河，是我国重要的生态安全屏障，也是中华民族永续发展的重要支撑。自2016年以来，有关部门和沿江各级人民政围绕长江保护修复攻坚战的一系列行动紧锣密鼓展开，我国长江保护修复攻坚战全面打响。"十三五"期间，长江生态环境保护取得阶段性成效，长江流域首次实现劣Ⅴ类水体"清零"，干流首次全部实现Ⅱ类及以上水质。2021年是"十四五"开局之年，打好长江保护修复攻坚战走向深入。2021年3月1日，我国第一部流域法《中华人民共和国长江保护法》正式施行，标志着长江大保护进入依法保护的新阶段。2021年11月，《中共中央 国务院关于深入打好污染防治攻坚战的意见》印发实施，明确要求持续打好长江保护修复攻坚战，为新时期长江保护修复工作指明了方向，提供了遵循。2021年也是长江流域重点水域全面禁渔的第一年。"十年禁渔"是扭转长江生态环境恶化趋势的一项关键举措。从2021年1月1日起，长江干流、大型通江湖泊和重要支流正式开始为期十年的全面禁止捕鱼，11.1万艘渔船、23.1万渔民退捕上岸，实现了"人退鱼进"的历史转折。"十年禁渔影响老百姓吃鱼吗？""长江十年禁渔还能钓鱼吗？"以及"退捕渔民安置就业"等相关民生话题引发舆论热议。网民呼吁，一方面要逐步健全禁捕长效机制，另一方面也应做好退捕渔民安置补偿工作。值得欣喜的是，2021年，"十年禁渔"成效初显。据新华社报道，"十年禁渔"全面启动一年来，水清鱼跃、江豚回归的和谐景象重现，长江常见鱼类资源有恢复的趋势，长江生态环境尚存的小型受威胁鱼类种群有恢复的迹象。舆论点赞"十年禁渔"首年实现良好开局，新浪微博话题"长江禁渔一年来江豚逐浪嬉戏"阅读量达1,003万次，网民纷纷呼吁应持续不懈地以更高的标准和要求搞好长江生态建设。

黄河流域生态保护和高质量发展揭开新篇章。保护黄河是事关中华民族伟大复兴的千秋大计。党的十八大以来，以习近平同志为核心的党中央高度重视黄河流域生态环境保护和高质量发展，将其作为重要国家战略进行安排部署。2021年，黄河保护立法提速。2021年4月13日，黄河保护立法座谈会召开。会议透露，将进一步凝聚立法共识，加快立法进程，制定一部保护黄河的良法、促进发展的善法、造福人民的好法。消息引发舆论高度关注，新浪微博话题"黄河保护立法提速"阅读量达4,981.6万次。10月8日，中共中央、国务院印发《黄河流域生态保护和高质量发展规划纲要》（以下简称《纲要》），从水资源、污染防治、产业、交通、文化、民生等各个方面，对黄河流域生态保护和高质量发展作出全面系统的部署，搭建起黄河保护治理的"四梁八柱"。舆论盛赞《纲要》发布标志着这一重大国家战略有了"路线图""任务表"，古老"母亲河"揭开发展的新篇章。12月20日，黄河保护法草案首次提请十三届全国人大常委会第三十二次会议审议，黄河流域生态保护和高质量发展未来将有法可依。舆论对此给予高度评价，认为这是继长江保护法后，我国立法保护"母亲河"的又一座丰碑，在黄河治理历史上意义重大而深远。2021年，山东、河南两省"对赌"黄河水质引发网民强势围观。2021年5月，山东省、河南省签订《黄河流域（豫鲁段）横向生态保护补偿协议》（以下简称《协议》）。这份被网民称为现实版"鲁豫有约"的协议规定，以黄河干流水质变化为补偿依据，以两省间国控断面为考核监测断面，若水质年均值在Ⅲ类基础上每改善一个水质类别，山东给予河南6,000万元补偿资金；反之，河南给予山东6,000万元补偿资金。在水质变化补偿方面，2021年度关键污染物指数与2020年度相比，每下降1个百分点，山东给予河南100万元补偿；反之，河南给予山东100万元补偿，该项补偿最高限额4,000万元。两项补偿合起来最高可达1亿元。由于《协议》将黄河流域生态补偿标准以"数目字"的方式清晰呈现，"河南山东1亿元对赌"话题迅速出圈，微博阅读量达4,063万次。不少网民称赞现实版"鲁豫有约"不仅让民众对黄河跨区域**协同治理的必要性与紧迫性有了更深的理解，还彰显了地方政府对黄河流域**生态治理的决心。

社会资本参与生态保护修复获国家支持。2021年11月，国务院办公厅印发《关于鼓励和支持社会资本参与生态保护修复的意见》（以下简称《意见》），从规划管控、产权激励、资源利用、财税支持、金融扶持等多个方面向社会资本参与生态保护修复释放政策红利，构建了"谁修复、谁受益"的生态保护修复市场机制。受长期以来高强度国土开发建设、矿产资源开采及海域开发利用等活动影响，我国生态保护修复任务量大面广，资金压力大，又因为生态保护修复项目投资回报周期长、收益低，社会资本参与仍然不足。近年来，社会各方对开放并鼓励社会资本参与生态保护修复的呼声渐高，一些地方也已进行了有益探索，而完善的政策体系，更可以为社会资本参与生态保护修复提供重要支撑。《人民日报》称，《意见》与2020年发布的《全国重要生态系统保护和修复重大工程总体规划（2021—2035年）》、2021年7月印发的《关于建立健全生态产品价值实现机制的意见》等文件，共同构成了生态保护修复的"四梁八柱"。舆论对此给予积极关注，认为《意见》传递出中央支持和鼓励社会资本参与建设的明确态度和决心，期待《意见》为生态保护修复"开正门扎篱笆"，让社会资本参与生态保护修复的道路越走越宽、越走越顺。

参与和引领全球环境治理亮点纷呈

2021年，习近平主席多次在重要会议和活动中阐释应对气候变化的中国方案，体现了中国在国际应对气候变化进程中所发挥的引领作用。2021年4月22日，时值第52个世界地球日，习近平主席应邀出席世界领导人气候峰会并发表重要讲话，首次全面系统阐释了"人与自然生命共同体"理念的丰富内涵和核心要义。舆论点赞习近平主席站在全人类前途命运高度，为处于关键节点的全球环境治理，指明了通往清洁美丽世界的金光大道。塞尔维亚与亚洲国家合作中心主任佐兰·斯帕希奇评价称："可以预见，中国将在全球应对气候变化和环境保护领域发挥关键性作用。"9月21日，习近平主席出席第七十六届联合国大会一般性辩论并发表重要讲话，宣布"中国将大力支持发展中国家能源绿色低碳发展，不再新建境外煤电项目"。[1]多国专家学者和主流媒体评价称，这是中国为积极推动能源绿色低碳发展而采取的又一重大举措，中国为完善全球环境治理做出了新的贡献。10月12日，习近平主席在COP15领导人峰会上宣布中国将率先出资成立昆明生物多样性基金，陆续发布重点领域和行业碳达峰实施方案和一系列支撑保障措施。[2]对此，舆论给予高度评价，认为这进一步向世界展现了中国"行动派"姿态。10月30日至31日，在二十国集团领导人第十六次峰会上，习近平主席强调发达国家和发展中国家"应该秉持共同但有区别的责任原则"，指出中国一直主动承担与国情相符合的国际责任，积极推进经济绿色转型。[3]舆论点赞习主席的重要讲话彰显了共同发展的中国担当，展现了言出必行的中国作派。11月1日，习近平主席向《联合国气候变化框架公约》第二十六次缔约方大会世界领导人峰会发表书面致辞。习近平主席指出，近期，中国发布了《关于完整准确全面贯彻新发展理念做好碳达峰碳中和工作的意见》和《2030年前碳达峰行动方案》，

---

[1]　习近平出席第七十六届联合国大会一般性辩论并发表重要讲话，新华社，2021-09-21。
[2]　习近平在《生物多样性公约》第十五次缔约方大会领导人峰会上的主旨讲话（全文），央视新闻，2021-10-12。
[3]　习近平在二十国集团领导人第十六次峰会第一阶段会议上的讲话（全文），新华网，2021-10-30。

还将陆续发布能源、工业、建筑、交通等重点领域和煤炭、电力、钢铁、水泥等重点行业的实施方案，出台科技、碳汇、财税、金融等保障措施，形成碳达峰、碳中和"1+N"政策体系，明确时间表、路线图、施工图。[①]庄重的承诺、坚定的态度，展现了中国负责任大国的形象。雨林国家联盟联合创始人费德丽卡·比塔表示："与一些西方国家不同，中国对其承诺的落实始终如一。"

2021年，我国实施了一系列应对气候变化战略、措施和行动。2021年6月17日，中国常驻联合国代表团向联合国秘书长交存了中国政府接受《〈关于消耗臭氧层物质的蒙特利尔议定书〉基加利修正案》的接受书。9月15日，《基加利修正案》对中国生效。舆论称赞我国这一履约工作开启了协同保护臭氧层和应对气候变化的历史新篇章。10月27日，国务院新闻办公室发布《中国应对气候变化的政策与行动》白皮书。新浪微博话题"中国应对气候变化的政策与行动白皮书发表"获5,579万阅读量。舆论认为，白皮书系统反映了中国应对气候变化的主张、智慧和方案，是中华文明、中国智慧的当代奉献。10月28日，中国《联合国气候变化框架公约》（以下简称《公约》）国家联络人向《公约》秘书处正式提交《中国落实国家自主贡献成效和新目标新举措》和《中国本世纪中叶长期温室气体低排放发展战略》。舆论评价此举体现了中国推动绿色低碳发展、积极应对全球气候变化的决心和努力。10月31日，新一届联合国气候变化大会在英国格拉斯哥开幕，中国代表团在本届大会上以建设性的态度与有关各方积极沟通磋商，贡献了中国智慧和中国方案，发挥了负责任大国作用。

我国积极就气候变化深入开展国际合作与交流。2021年4月15日至17日，中国气候变化事务特使解振华同美国总统气候问题特使克里在上海举行会谈，

---

① 习近平向《联合国气候变化框架公约》第二十六次缔约方大会世界领导人峰会发表书面致辞，央视新闻，2021-11-02。

双方会谈结束后，发表《中美应对气候危机联合声明》。舆论对此予以高度关注，新浪微博话题"中美发表应对气候危机联合声明"阅读量达5,569.9万次。舆论认为，中美重启气候变化对话合作渠道，释放出重大积极信号。11月10日，中国和美国在联合国气候变化格拉斯哥大会期间发布《中美关于在21世纪20年代强化气候行动的格拉斯哥联合宣言》（以下简称《联合宣言》）。联合国秘书长古特雷斯称，中美宣言的达成是"迈向正确方向的重要一步"。国家气候变化专家委员会副主任潘家华指出，《联合宣言》的意义远超出中美两国合作的本身，"对全球应对气候变化走向碳中和的进程，是一个巨大的推动力量"。

中非、中欧气候治理合作同样引人注目。2021年11月29日至30日，中非合作论坛第八届部长级会议在塞内加尔首都达喀尔举行，会议通过的《中非应对气候变化合作宣言》（以下简称《宣言》）提出建立新时代中非应对气候变化战略合作伙伴关系。舆论指出，《宣言》进一步丰富了中非合作内涵，也为全球应对气候变化合作注入了强劲动力。2021年，中国和欧盟领导人分别于2021年2月和9月成功举行了两次中欧环境与气候高层对话，双方共同发布了《第二次中欧环境与气候高层对话联合新闻公报》。舆论认为，中欧作为世界两大经济体，携手深化环境与气候合作，不仅有助于中欧关系发展，丰富中欧全面战略伙伴关系内涵，还有助于推动全球可持续发展进程，具有全球意义。

第三节　道阻且长：生态建设任务艰

2021年以来，在"绿水青山就是金山银山"理念的指引下，全国各地积极投入美丽中国的建设中。然而，在主旋律下，仍存在诸多不和谐音符，环境领域仍面临痛点和难点。一年来，暴雨洪涝、地震、极端天气等自然灾害频发多发，"人兽冲突"案例不断，人为破坏生态事件多发，外部重大生态安全事件时有发生。以上种种,部分引发舆论热议,部分挑动舆论敏感神经,均表明我国生态建设仍面临多重威胁,生态治理仍道阻且长。

洪涝地震等自然灾害频发

2021年,我国自然灾害形势复杂严峻,极端天气气候事件多发。"千年一遇的特大暴雨""12小时内连续发生421次地震""打破有气象记录以来的历史极值"等极端描述性字句屡见报端,引起舆论广泛关注。

河南"7·20"特大暴雨引发洪涝灾害。7月17日至23日,河南省遭遇持续性强降水天气,多地出现暴雨、大暴雨,部分地区出现特大暴雨。其中,郑州气象观测站最大小时降雨量(20日16—17时,201.9毫米)突破了我国大陆有记录以来小时降雨量历史极值。河南气象部门分析指出,此次降水过程具有持续时间长、累积雨量大、强降水范围广、强降水时段集中、具有极端性等特点。极端天气引发严重洪涝灾害,特别是7月20日郑州市出现的特大暴雨导致重大人员伤亡和财产损失。《河南郑州"7·20"特大暴雨灾害调查报告》显示,灾害共造成河南省150个县(市、区)1,478.6万人受灾,因灾死亡失踪398人,其中郑州市380人,占全省95.5%;直接经济损失1,200.6亿元,其中郑州市409亿元,占全省34.1%。郑州气象局统计发现,郑州17日20时到20日20时,三天的过程降雨量617.1毫米。其中小时降水、单日降水已突破自1951年郑州气象观测站建站以来60年的历史记录。郑州常年平均全年降雨量为640.8毫米,相当于这三天内下了以往一年的量。媒体纷纷以"郑州特大暴雨千年一遇"来报道此次极端暴雨灾害。

河南省遭遇的暴雨灾害在网络上迅速引起广泛关注,"河南暴雨""河南暴雨救援""河南暴雨互助"等相关话题迅速冲上新浪微博热搜榜。7月21日,"河南暴雨"话题占据新浪微博热搜榜第一位,热搜榜排名前13条中有12条与河南

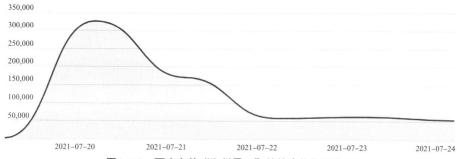

图6-13　百度有关"郑州暴雨"的检索指数趋势图

（数据来源：百度指数）

图6-14　网上有关"河南暴雨"相关话题词云图

暴雨相关。7月20日郑州暴雨期间，郑州地铁5号线五龙口停车场及其周边区域发生严重积水现象。18时许，积水冲垮出入场线挡水墙进入正线区间，导致5号线一列列车被洪水围困。经全力施救，14名乘客不幸遇难。这一事件将郑州暴雨的舆情热度推向高峰，"郑州暴雨"当日百度搜索指数达到32万余条。

习近平总书记对防汛救灾工作作出重要指示，要求始终把保障人民群众生命财产安全放在第一位，抓细抓实各项防汛救灾措施。①面对灾害，河南全

① 习近平对防汛救灾工作作出重要指示 要求始终把保障人民群众生命财产安全放在第一位 抓细抓实各项防汛救灾措施，央视新闻，2021-07-21。

省人民团结一心，众志成城。与此同时，全国各地救援力量星夜驰援，汇聚爱心合力援助河南。应急管理部第一时间启动消防救援队伍跨区域增援预案，河北、江西、山东、江苏等省纷纷响应，第一时间派出救援队伍。中部战区迅速启动应急预案，紧急派出前方指挥部指挥战区驻豫部队武警部队官兵和民兵3,200多人，车船装备80余台，在10个地域同步投入抢险救灾。舆论肯定河南暴雨洪灾中全民众志成城、风雨同舟。人民网称，狂风暴雨摧不垮，面对灾害，河南人团结一心，众志成城。抢险救援，党员干部冲锋在一线。风雨同舟，群众自发守望相助。八方来援，成为抢险救灾的坚强后盾。部分舆论关注河南暴雨对花生、玉米产量影响明显，国家要严格限制利用灾害炒作粮食的行为。《21世纪经济报道》称，中原期货农产品高级研究员刘四奎表示，这次降雨对相关地区的玉米、花生产量影响明显。农业问题专家、德国哥廷根大学教授于晓华表示，河南是中国的粮仓，此次洪涝灾害发生时，部分农产品如小麦已经基本收割完成，花生处于将收未收的时节，玉米还没到收割的时候，因此影响并不一致。另有舆论质疑从最早发布红色预警的巩义市到此后发布全省暴雨红色预警，河南地区仅提示"请注意防范"，而均未提示民众弹性或错峰上下班以确保安全等事项。因为缺乏充分的预警信息，整个城市依然按照惯常的节奏运行，这不仅增加了抢险救灾的难度，也造成了不必要的生命财产损失。

同样引发全国广泛关注的还有山西暴雨洪灾。从2021年10月2日20时开始，山西出现大范围强降水，多条河流发生明显涨水过程，防汛压力增大。山西持续降雨汛情成为全年有关山西最热的话题，对涉山西官方媒体新闻浏览量进行分析显示，2021年有关山西TOP20媒体新闻中，全国支援山西救灾和灾后重建相关内容在排名前20的新闻中占4条。山西持续降雨汛情引发网民高度关注，新浪微博热搜榜上，由人民网发起的"山西加油"话题连续多日登上热搜榜，相关话题累计阅读量一度达到14.5亿次，评论量达56.8万条。同时，"河南退伍军人自驾驰援山西""河南多支社会救援队驰援山西""感谢心系山西的你""山西女子做100个烙饼送抗洪一线""河南卫辉农民手拔万斤萝卜白菜捐山西""山西饭馆闭店送1000个肉夹馍抗洪""驰援山西四大国货运动品牌捐赠9000万""山东一企业捐100台潜水泵支援山西"等多方助力山西暴雨救灾的话题引发热议。数据显示，2021年，与山西暴雨相关的话题阅读量达近100亿次。人民网称，"山西加油""山西急需物资汇总""为山西撑把伞"等相关话题被顶上热搜，网友们不断转发，互助精神在网络间传递，为做好防灾救灾工作提供了强大支撑。网民纷纷表示，"辛苦了！致敬逆行者！愿每次出征都能平安归来""感谢献爱心的企业，一方有难，八方支援"。作为产煤大省，舆论持续关注山西暴雨对煤炭后市造成的影响，呼吁警惕供应放量。宝城期货金融研究所所长程小勇认为，降雨对煤炭开采的影响整体有限，不过短期会对运输形成冲击。太原煤炭交易中心分析显示，供应方面，近期国内增产保供稳价信号不断释放，国内主产区均有序推动煤炭增产工作，大型煤企积极兑现长协，后期国内供应稳中有增预期较强。《21世纪经济报道》称，10月7日晚间，一份落款时间为10月7日的"内蒙古自治区能源局关于加快释放部分煤矿产能的紧急通知"刷屏。该文件要求相关部门通知列入国家具备核增潜力名单的72处煤矿，可临时按照拟核增后的产能组织生产，共计核增产能9,835万吨。

表6-3　2021年涉山西官方媒体新闻浏览量TOP20

序号	标题	时间	网站	浏览量
1	山西，加油！	2021-10-10	中青网	1,136,099
2	山西运城警方通报"市民在1998年23根黄金被扣押"：已达成赔偿和解	2021-05-01	中青网	346,946
3	山西平遥中学原党委书记安锦才被逮捕 退休近8年	2021-10-14	海外网	319,244
4	胡玉亭不再担任山西省副省长	2021-08-01	海外网	287,140

续表

序号	标题	时间	网站	浏览量
5	山西遭遇大风降温 救灾难度增大	2021-10-12	中青网	277,678
6	山西文水县发生疑似皮肤炭疽疫情	2021-08-15	中青网	176,184
7	山西阳泉发现目前中国规模最大、保存最完好的战国水井	2021-04-08	海外网	172,057
8	山西省委常委会召开会议 坚决拥护中央对刘新云进行纪律审查和监察调查的决定	2021-04-09	海外网	163,382
9	全国优秀县委书记刘振华调任山西省晋城市委常委、市纪委书记	2021-09-11	海外网	148,727
10	山西运城：永济五老峰景区现冰挂景观	2021-01-13	人民网	147,565
11	山西运城一市民23根金条被警方非法扣押20多年未归还	2021-04-28	中青在线	125,545
12	隐瞒来自石家庄藁城区相关情况，两名河北籍男子被山西警方拘留	2021-01-18	中青在线	124,694
13	山西博物院里藏了个自拍杆？官方答疑并安排"福利"	2021-08-12	手机人民网	118,368
14	外防输入压力增大 山西调整入晋返晋人员管控政策	2021-11-13	海外网	118,203
15	情急之下，台湾这是"想往山西卖煤"？	2021-02-28	海外网	110,907
16	山西洪水60座煤矿停产，内蒙古核增72座：力解燃煤之急	2021-10-09	海外网	100,697
17	山西发现一口2000余年前的大型木构水井	2021-03-30	中青网	100,383
18	山西吕梁警方通报业主被殴打致死：已取得重大进展 查明犯罪事实	2021-01-30	中青网	95,977
19	从河南到山西，未来极端天气会越来越常见吗？专家解读来了	2021-10-12	中青在线	93,130
20	山西新增本土确诊病例1例 为无症状感染者转确诊	2021-12-31	海外网	92,952

云南省大理白族自治州漾濞彝族自治县发生震群型地震。2021年5月18日，漾濞县先后发生三次地震，震级分别为3.2级、3.0级和4.2级。5月19日，

漾濞县又发生了三次地震，先后为3.1级、4.4级和3.2级地震。5月20日，漾濞县发生了一次3.2级地震。5月21日20时56分，漾濞县发生了一次4.2级地震。21日21时21分、48分，漾濞县先后发生了一次5.6级和一次6.4级地震。此后发生了多次5级以上余震。据分析，云南大理漾濞县自5月18日起发生的这一系列地震活动属于前震—震群型地震活动。5月18日至5月21日21时漾濞县发生的地震均属于这个地震序列的前震活动。5月21日晚间发生的5.6级地震和6.4级地震属于这个地震序列的主震活动。5月21日21时21分以后发生的震级在5.5级以下的地震均属于这组震群型地震的余震活动。专家介绍，该序列自5月18日至5月23日共发生0级以上地震达1,585次，其中3级以上40次，3级至3.9级24次，4级至4.9级12次，5级至5.9级3次，6级至6.9级1次。地震造成大理、临沧2市（州）13个县（市）16.5万人受灾，因灾死亡3人，直接经济损失33.2亿元。地震发生后，"大理漾濞连发多次地震""云南漾濞9小时连发5次地震""云南大理州漾濞县6.4级地震"等消息迅速引发舆论关注，"云南大理州漾濞县6.4级地震"新浪微博话题阅读量达5亿次。当月"云南网络热点舆情事件TOP10"榜单上，"大理漾濞连发多次地震伤亡人数"相关舆情热度最高，并引发舆论持续关注。

江苏南通"4·30"极端天气灾害也同样引发了关注。2021年4月30日18时至22时，南通市部分地区出现冰雹和大范围强雷暴大风天气，全市自动站最大风力超过10级的站点有66个。有网友爆料称，南通兴东国际机场有一架停泊的飞机被大风吹动自行调了个头。机场相关负责人表示，发生旋转的是一架波音737客机，受强风天气影响，飞机发生旋转滑动，机头由东偏至西北方向，旋转了130度。江苏省南通市委宣传部5月1日通报称，4月30日18时至22时，南通极端天气灾害造成受灾人口3,000余人，造成11人死亡，因灾受伤人口102人。"江苏南通极端天气致11人死亡"的消息引发舆论热议，网民普遍对极端天气造成的严重后果表示震惊，同时呼吁气象部门提高极端天气预报能力，减少此类人员伤亡。

除上述事件外，黄河中下游严重秋汛、7月中下旬山西暴雨洪涝灾害、8月上中旬湖北暴雨洪涝灾害、8月中下旬陕西暴雨洪涝灾害、11月上旬东北华北局地雪灾、2021年第6号台风"烟花"、青海玛多7.4级地震等自然灾害均造成了较为严重的生命财产损失，同时被应急管理部会同工业和信息化部、自然资源部、住房和城乡建设部等部门和单位会商核定列为"2021年全国十大自然灾害事件"。

"人兽冲突"不断挑动舆论神经

2021年6月，云南迁徙的象群引起全网关注。6月7日，云南省森林消防总队无人机拍下一组象群照片，其中有一张"象群躺平"照片"走红"网络。照片中的象群在草丛中侧卧酣睡，样子憨态可掬，戳中广大网民"萌点"。随后，"一路向北"的象群引起主流媒体和自媒体的广泛关注。然而，这群野生亚洲象进入人类的居住区后，破坏力也是巨大的。云南省委宣传部官方微信号"云南发布"通报称，40天内，象群在元江县、石屏县共"肇事"412起，直接破坏农作物达842亩，初步估计直接经济损失近680万元。这也进一步引发舆论对生态和环境议题的讨论。2021年，"人兽冲突"事件不只有云南象群破坏农作物这一起，更严重的冲突事件时有发生。

2021年4月23日，黑龙江省鸡西市密山市白鱼湾镇边境派出所接到报警，有村民在临湖村一处废弃民宅内发现一只老虎。相关工作人员立刻赶到现场、疏散群众，并对老虎进行合围。经专家初步判定，这是一只野生东北虎。在这只东北虎逃离围堵的过程中，将一名正在田地里干活的村民扑倒咬伤，还扑向一辆载人的汽车，将车窗打碎。随后，老虎躲在村落旁边的沟渠里。当日21时许，警方用麻醉枪将东北虎麻醉控制后移进笼子带走。5月18日，这只被命名为"完达山1号"的东北虎在穆棱林业局有限公司施业区被成功放归自然。这一事件最初因被破坏车辆内人员当时拍摄的惊险视频在网上引起普遍关注，两天内相关视频在新浪微博、短视频平台播放量超4亿次。有评论认为东北虎下山进村反映出野兽的生存环境发生变化，猜测很可能是由于人类活动导致，呼吁大家保护自然生态环境，维护人与动物的和谐相处。

2021年5月10日，四川理塘县上木拉乡增德村党支部书记兼村主任土登相巴在巡山途中遭遇野猪袭击，因伤势过重失血过多，当医护人员赶到现场时，土登相巴已不幸遇难。如果4月东北虎进村伤人事件还能让舆论站在保护野生动物的角度发声，那么5月理塘野猪伤人则让舆论更偏向于保护人类生命财产安全的立场。村支书土登相巴遇难的事件，让更多人开始关注近些年野猪泛滥成灾的问题，"四川多地野猪泛滥成灾"的微博话题量达4,681.8万条。更有消息称，甘孜州理塘县向四川省有关部门申请捕猎500头野猪的计划已经得到批准，当地正在准备实施。随后，该消息被证为不实信息，但这也在一定程度上反映了部分民众对人类在"人兽冲突"中受害的不满。2021年以来，野猪区域性泛滥成灾问题远不止四川这一例。在江苏南京，仅2021年10月中旬至11月中旬一个月内，就发生6起由野猪肇事引发的交通事故；江西婺源野猪经常出没破坏庄稼，时有伤人事件发生，护农狩猎社一年捕杀300头野猪。还有媒体报道，四川通江县境内野猪随意啃食、践踏庄稼，安徽宣城几十头野猪排队过马路。野猪闯入人类活动区域引发广泛关注。舆论在感叹我国生态环境持续好转的同时，呼吁通过防治结合方式对"猪害"进行综合治理，避免"人猪"矛盾加剧。

毁林盗采等人为破坏生态事件多发

"人兽冲突"或许是自然社会中无可避免的一个客观现象，我们无法判断人类主观活动在此现象中施加了怎样的影响。但是，人为破坏生态环境的事件则清晰地展现了人类对环境造成的负面影响。2021年以来，毁林盗采等人为破坏生态事件依然存在，且屡禁不止。

广州砍树事件引发舆论争议。自2020年底以来，广州市在实施"道路绿化品质提升""城市公园改造提升"等工程中迁移、砍伐了3,000余株榕树，其中很多是大树、老树。由于这些大树、老树在广州市民中承载了城市情感和现实功能，广州市民间、学界"保卫榕树"的呼声很大。"广州砍树事件"迅速引发舆论热议，一度登上了新浪微博热搜榜，相关话题阅读量超千万。此事经持续发酵酿成风波，直至2021年12月12日，中央纪委国家监委网站发布通报，对广州市十名相关领导干部严肃问责。通报称，广州市大规模迁移砍伐城市树木，严重损毁了一批大树老树，破坏了城市自然生态环境和历史文化风貌，伤害了人民群众对城市的美好记忆和深厚感情，是典型的破坏性"建设"行为，造成了重大负面影响和不可挽回的损失，错误严重，教训深刻。

图6-15　网上有关"广州砍树事件"相关话题词云图

黑龙江五常9万多平方米黑土地遭盗挖。东北黑土地中珍贵的"黑土层"是稀有矿产资源，一些不法分子为了牟利将歪心思放到了黑土地上，想方设法非法盗采、破坏东北黑土地，导致当地9万多平方米黑土被盗挖。黑龙江省五常市沙河子镇福太村非法开采现场，暴露着深度为50厘米至1米不等的多个大坑。经专业机构检测，采挖物为泥炭，属于矿产资源，以20.85元/立方米的市场价格计算，涉案金额达36万元。很快，公安机关便将四名犯罪嫌疑人抓捕到案。该事件经新华社报道后，迅速引起各类媒体的转载和报道，网民对于"满目疮痍"的黑土地表示心疼和愤慨，舆论纷纷呼吁"盗挖该住手了"。

江苏东海超5万平方米农田遭私挖盗采石英石。 2021年4月，据央视报道，江苏省连云港市东海县多个乡镇的麦田出现用机械滥采石英石的情况。据了解，当地这些矿石被挖出来后将被明码标价卖掉，价格在每吨220元到255元不等。这种破坏农田私挖滥采石英石的情况导致大量农田被破坏，国有矿产资源流失。然而，当地监管部门却对此视而不见。当记者向连云港国土资源局举报热线反映农田有滥挖矿石、转运的行为后，对方却反馈称现场"没发现深挖行为"，并认为这是村民改良土壤的正常行为。这起事件引起舆论关注的重点不只在私挖盗采，更在于国土部门对私挖盗采行为的视而不见和"指鹿为马"。相关话题量很快突破千万，舆论表示，破坏耕地如同"自毁长城"，当地政府对此却包庇纵容，不知用意何为。

此外，甘肃敦煌阳关林场毁林种葡萄、云南西双版纳大规模毁林种茶均引发了一定关注。《经济参考报》2021年1月20日报道，地处库姆塔格沙漠东缘、曾经拥有约2万亩"三北"防护林带的国营敦煌阳关林场，近十年来持续遭遇大面积"剃光头"式砍伐，万余亩公益防护林在刀砍锯伐中所剩无几，由此人为撕开一道宽约5公里的库姆塔格沙漠直通敦煌的通道。3月19日，自然资源部、生态环境部、国家林草局调查组调查发现，阳关林场在西南片区存在防护林减少、葡萄园增加、毁林开垦、无证采伐、防护林质量下降等问题。其中，敦煌酒业公司毁林开垦567亩用于种植葡萄和枣树。央视新闻2021

年4月8日报道，由于普洱茶价格逐年升高，被称为"中国普洱茶第一县"的云南省西双版纳傣族自治州勐海县布朗山乡出现了大规模毁林种茶的现象，导致当地林地遭到严重毁坏。上述两起人为破坏生态环境的事例，归根结底均是由于短期内经济利益的驱动使然，是竭泽而渔，是抢夺后代的资源，都忘记了"绿水青山可带来金山银山，但金山银山却买不到绿水青山"。舆论表示，前有敦煌万亩沙漠防护林遭到砍伐改种葡萄，后有西双版纳毁林种茶，这种本末倒置的行为让人匪夷所思。

外部威胁我国生态安全事件引发热议

2021年以来，国内环境一片向好，国际环境却愈加复杂。在生态环境方面，日本宣布福岛核污水入海计划在日本国内及周边国家引发反对声浪。作为日本近邻的我国，民众对此无不愤慨。此外，蒙古国沙尘暴导致我国北方地区深受其害，汤加海底火山喷发虽未对我国生态环境造成明显的直接影响却也存在担忧的声音。

2021年4月13日，日本政府召开有关内阁会议，正式决定将福岛第一核电站上百万吨核污水经过滤并稀释后排入大海，排放将于两年后开始。根据该会议决定，福岛第一核电站的运营方东京电力公司在排放核污水时，水中所含氚的浓度将被稀释到日本核电站废水氚排放国家标准，即每升水中氚活度6万贝克勒尔的1/40以下，整个排放预计于2041年至2051年福岛核电站完成反应堆废除工作前结束。福岛第一核电站的核污水含铯、锶、氚等多种放射性物质。日本政府和东京电力公司称使用过滤设备可过滤掉除氚以外的62种放射性物质，而氚难以从水中清除。此决定一经发布，引发国际舆论的广泛关注与担忧，我国国内舆论一片哗然。"日本核污水57天将污染半个太平洋""日本福岛核污水可能损害人类DNA""日本核污水排入大海影响有多大"

等相关微博话题阅读量超10亿次，可见日本福岛核污水排入大海计划令舆论十分担忧。外交部发言人赵立坚就日本拟决定核废水排海事回应称，中方已通过外交渠道向日方表明严重关切，要求日方切实以负责任的态度，审慎对待福岛核电站核废水处置问题。中国新闻网称，福岛核废水中含有的大量氚和碳十四，这些放射性物质很容易进入海洋沉积物，被海洋生物吸收。它们不仅对人类具有潜在的毒性，还会以更持久和更复杂的方式影响海洋环境。《北京青年报》等认为，根据《联合国海洋法公约》，日本政府如果将核废水排入海洋，将构成典型的海洋环境污染行为，不仅有违于国际道义，也应承担相应的国际法责任。网民纷纷指责日本排核污水入海极其不负责任，质疑此举将严重影响海洋环境，进而破坏全球生态。

2021年3月15日，新疆、青海、内蒙古、甘肃、宁夏、陕西、山西、河北、北京、天津、辽宁、吉林、黑龙江13省区市出现明显的沙尘天气，能见度在1,000米左右，局地不足300米。北京市气象台分别于3月14日17时15分、17时20分发布大风蓝色和沙尘蓝色预警信号，又在3月15日7时25分升级发布沙尘暴黄色预警信号。据悉，此次沙尘天气主要起源于蒙古国。这是2021年以来范围最大、强度最强的沙尘，沙尘核心区域PM10接近1万微克/立方米。这一场突如其来的沙尘暴迅速在网络上引发热议，人民网、新华网、央视网、中国新闻网、环球网、中国天气网等官方媒体，《北京日报》《新京报》、北青网等地方媒体纷纷进行报道和评论；新浪微博"北京沙尘""沙尘源自蒙古国南部"等多个话题冲上热搜，话题阅读量超过2亿次、讨论8万余条。"一觉醒来就到了火星""早上一出门，我感觉自己忘了骑骆驼了""一说话都是土话，说句情话都是土味情话"等段子在网上热传，微信朋友圈被沙尘暴滤镜图刷屏。舆论纷纷关注此次北京沙尘是近十年最强的一次，已达到强沙尘暴级别。《北京日报》称，这次影响范围非常大，包括西北、华北地区。从强度来看，是近十年以来最强的一次沙尘暴天气过程，目前已经达到强沙尘暴天气过程级别。部分舆论认为此次沙尘暴成因为蒙古国南部沙尘南下。《新京报》称，国家城市环境污染控制技术研究中心研究员彭应登表示，沙尘暴形成一般有三个条件：地表裸露、干燥少雨、冷空气影响。传统的沙尘地，一刮冷空气，就会把沙尘卷起来形成沙尘暴，内蒙古、宁夏、新疆等地形成的沙尘暴，会随着冷空气向东部、东南部输送。部分专家认为防护林对沙尘暴影响有限，呼吁继续推进生态环境治理。《新京报》称，三北防护林也不足以改变整个西北地区地表裸露现状，不能从根本上遏制沙尘暴的产生。《中国青年报》称，生态环境部副部长赵英民表示，本次沙尘暴是突发性的，沙尘随大风直奔北京，浓度也远超预测，说明人类对自然的认识有限，我国生态脆弱问题依然严重，生态环保任重道远。

图6-16　2021年3月15日北京沙尘暴天气

（图片来源：互联网）

2022年1月14日、15日，南太平洋岛国汤加的洪阿哈阿帕伊岛海底火山连续两天剧烈喷发，首都努库阿洛法出现1.2米高的海啸。对于汤加海底火山的爆发，媒体报道称其"千年一遇"，"威力相当于1000颗核弹"，引发舆论关注，短期内相关微博话题量超5亿。由于我国距离汤加较远，汤加海底火山喷发暂未对我国产生明显的直接影响。但也有舆论认为，大气环流将世界连成一个整体，牵一发而动全身。有网民表示担忧，认为汤加火山喷发后将对水源和空气造成污染，也将对全球气候变化、农作物和自然景观及生态系统产生影响，直接或间接地影响人类的生存和生活。中国气象科学研究院气候与气候变化研究所副所长祝从文表示，这次汤加火山喷发可能会对未来一年到两年的全球气候产生持续影响，大概会出现0.3摄氏度左右的降温效应。对于我国而言，汤加火山喷发可减弱次年东亚夏季风强度，进而导致我国夏季雨带偏南。

万仞高山，始足于稳。2021年，我国生态环保领域大事迭出、成绩斐然，舆论对参与生态环保相关话题讨论和行动实践持续热情高涨，但与此同时，我国环境领域也仍然存在部分难题和挑战。展望2022年，我们必须继续深学笃用习近平生态文明思想，继续秉持绿色发展、循环发展、低碳发展理念，唱响生态文明建设主旋律，走出一条以生态优先、绿色发展为导向的高质量发展之路。

第七章　人口：谋篇定策向未来

人类文明史也是一部人口发展史。在人类漫长的历史进程中，人口问题始终与民族兴衰、国家存亡、社会沉浮相互交织。对中国来说，人口长期均衡发展是关系中华民族生存与发展的大事，也是实现中华民族伟大复兴中国梦的必要保障。

党的十八大以来，中国特色社会主义进入新时代，我国人口发展的内在动力和外部环境发生了深刻变化，生育水平逐年走低、人口增速持续放缓等新的问题浮出水面。一方面，中国60岁以上人口占比接近20%；另一方面，二孩政策放开，但近几年人口出生率却大幅下滑。在老龄化与少子化并行的当下，人口结构的失衡问题正越来越引发关注。在这样的背景下，2021年人口话题备受关注，从第七次全国人口普查数据的发布，到三孩生育政策的出台，再到配套政策的制定，人口问题已经成为我国社会各界最为关注的焦点。第七次全国人口普查数据引发的大讨论，三孩政策的全民调侃，生育率创新低屡上热搜，城市抢人大战引发热议……从不同侧面反映了舆论对人口话题极度关注。其背后其实蕴藏着全球"人口观"的转向。那就是从担心地球"人口大爆炸"——如200多年前的马尔萨斯人口理论的受捧，逐渐演变为对于人口负增长、老龄化的担心，全球对于人口问题都表现出更多的危机感，因而对人口问题讨论积极性的提高，也是必然现象。

第一节 统计与数据：事非经过不知难

人口状况是一个国家最基本、最重要的国情，摸清人口"家底"，事关国计民生。只有把人口基础数据搞准，做到底数清、情况明，才能做出科学的决策，促进科学的发展，实现人口与经济社会、资源环境的协调发展。人口问题的本质不仅是人的自由全面发展的问题，更是人口生态平衡发展的问题。在日益严峻的人口形势下，作为重大国情国力调查的人口普查就承载了这样一项艰难的使命。

千呼万唤始出来——关于第七次全国人口普查

国之根本，在于国民。十年才进行一次的全国人口普查，一直被视为是我国经济社会发展的重要基础数据。2021年，适逢"七普"数据出炉。3月15日，国家统计局新闻发言人在新闻发布会上表示，第七次全国人口普查目前到了最后的审核汇总阶段，初步打算于4月上旬召开发布会，公布普查结果。相关消息引发了民众对数据的期待，但其结果公布一波三折，几经推迟。4月16日，在国新办举行的一季度国民经济运行情况新闻发布会上，国家统计局新闻发言人再次就第七次全国人口普查结果对外发布时间作出回应称，为了给大家提供更多的资料，第七次全国人口普查准备在第六次全国人口普查发布信息的基础上，增加发布更多更细的信息，同时大幅增加普查公报数量。为此，人口普查发布前的准备工作也相应有所增加，下一步会加快工作进度，力争早日向社会公布人口普查的最终结果。

正是这样一个看似不经意的爽约，引发舆论对"普查数据是否存在难言

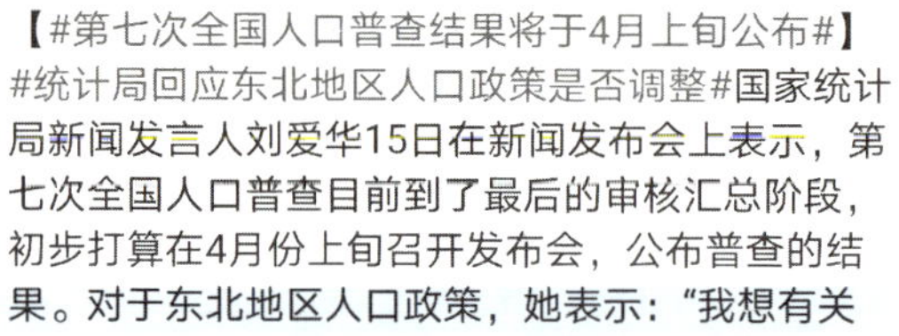

【#第七次全国人口普查结果将于4月上旬公布#】
#统计局回应东北地区人口政策是否调整#国家统计
局新闻发言人刘爱华15日在新闻发布会上表示，第
七次全国人口普查目前到了最后的审核汇总阶段，
初步打算在4月份上旬召开发布会，公布普查的结
果。对于东北地区人口政策，她表示："我想有关

图7-1 中国新闻网微博截图

（图片来源：中国新闻网）

之隐"和中国人口数据的诸多猜疑，包括是否已经进入"负增长"的悲观预测，也给了一些媒体尤其是西方媒体一个设置负面人口议题的口实，"阴谋论"再次冒头，从而使得中国人口未达预期的传言流传甚广。

5月11日，国务院新闻办就第七次全国人口普查主要数据结果举行发布会，回应公众关切和推迟发布原因。公布的第七次全国人口普查主要数据结果显示，我国人口十年来继续保持低速增长态势。目前全国人口共141,178万人，与2010年的133,972万人相比增加7,206万人，增长5.38%，年平均增长率为0.53%，较2000年至2010年0.57%的年平均增长率下降0.04个百分点。数据还显示，中国老龄人口比重增长迅速，劳动年龄人口占比则明显下降。中国生育率不及预期，已落入低生育率陷阱；2020年中国新出生人口为1,200万，比2019年下降了18%，比刚刚放开二孩的2016年下降了33%，几乎成为新中国有记录以来新出生人口和出生率最低的一年；育龄妇女总和生育率1.3，低于学界1.5的低生育率陷阱"红线"。

相关统计结果引发了境内舆论持续关注。"中国面临老龄化？""十名男性中有一名要'打光棍'？"等问题直接霸占热搜。舆论认为，人口普查数据反映出我国社会目前存在老龄化、不婚化、少子化，以及不平衡的城镇化等问题，担忧出现"人口旋涡""人口塌陷"，影响国家经济发展和福利制度建设，呼吁实行"强有力""挽救式"的生育政策。

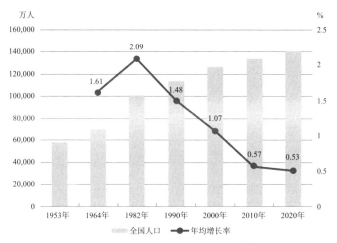

图7-2　历次人口普查全国人口及年均增长率

（来源：第七次全国人口普查公报）

分析梳理媒体专家观点，针对"七普"数据，主要有以下几个方面的认识。

一是认为我国人口规模出现断崖式下滑，可能导致老龄化等诸多问题。微信公众号"功夫财经"称，中国面临的人口减少不是西方国家那种长达半个世纪的人口平缓向下，而是剧烈下降的"人口旋涡"。与上一次人口普查数据比较，只用了20年时间，中国新出生人口就减少超过1/3。当下中国人口虽多，但一旦趋势掉头向下，我们这一代人也极可能见到中国人口重回10亿以下的规模。《上海证券报》报道，中国社科院财经院研究室副主任冯煦明称，当前生育主力是90后和00后，其人数比70后、80后明显更少，这意味着如果不出台有力的生育支持政策，那么我国未来十年可能面临更为严峻的出生人口数下降压力。经济学家管清友称，通常情况下，总和生育率达到2.1，也就是每个妇女一生平均要生2.1个孩子，才能完成世代更替，保证整体人口水平相对稳定。这一数值一旦低于1.5，则意味着跌破警戒线。当前中国总和生育率仅在1.3左右，长期低于世代更替水平。我国未来5年到10年要为即将到来的人口塌陷做好准备，人口红利正在加速消失。目前我国大概有接近3亿人进入老龄化，这对经济发展是一个巨大的挑战。

二是认为我国人口结构出现地域性失衡问题。新加坡《联合早报》称，在过去十年中，少儿人口比率增长主要集中在中国东部与南部，内蒙古、山西、宁夏、青海等大多数内陆地带少儿人口其实都有所减少。对比少儿人口比例增减幅度最大的两个省份，福建增长了3.85%，黑龙江则减少了1.62%，差距可谓相当明显。老龄化问题同样与地域分布密切相关，北方的老龄人口比例增幅也普遍高于南方地区，南方只有四川、江西、上海与湖北高于全国水平。苏宁金融研究院消费金融研究中心主任付一夫认为，我国部分省份已经步入"中度老龄化"社会。有12个省份65岁及以上老年人口比重超过14%，辽宁和重庆的比重更超过17%。这些地区人口少子化与老龄化形势的日益严峻，深刻改变着经济资源配置关系和国民收入分配格局，进而不可避免地影响到经济发展、社会生活、公共设施与福利制度等方方面面。

表7-1　各地区人口

地区	人口数／人	比重／%	
		2020年	2010年
全　国	1,411,778,724	100.00	100.00
北　京	21,893,095	1.55	1.46
天　津	13,866,009	0.98	0.97
河　北	74,610,235	5.28	5.36
山　西	34,915,616	2.47	2.67
内蒙古	24,049,155	1.70	1.84
辽　宁	42,591,407	3.02	3.27
吉　林	24,073,453	1.71	2.05
黑龙江	31,850,088	2.26	2.86
上　海	24,870,895	1.76	1.72
江　苏	84,748,016	6.00	5.87
福　建	41,540,086	2.94	2.75

续表

地区	人口数 / 人	比重 / %	
		2020年	2010年
山　东	101,527,453	7.19	7.15
河　南	99,365,519	7.04	7.02
湖　北	57,752,557	4.09	4.27
湖　南	66,444,864	4.71	4.90
广　东	126,012,510	8.93	7.79
广　西	50,126,804	3.55	3.44
海　南	10,081,232	0.71	0.65
重　庆	32,054,159	2.27	2.15
四　川	83,674,866	5.93	6.00
贵　州	38,562,148	2.73	2.59
云　南	47,209,277	3.34	3.43
西　藏	3,648,100	0.26	0.22
陕　西	39,528,999	2.80	2.79
甘　肃	25,019,831	1.77	1.91
青　海	5,923,957	0.42	0.42
宁　夏	7,202,654	0.51	0.47
新　疆	25,852,345	1.83	1.63
现役军人	2,000,000	—	—

三是认为普查数据凸显我国城镇化发展失衡问题。微信公众号"申万宏源宏观"称，我国人口区域之间的分布流动情况，以及城镇化的区域分布情况显示出过去十几年我国城镇化进程存在较为明显的不平衡现象，东部地区城镇化进一步加速，中西部、东北城镇化放缓甚至人口净流出，这种结构可能加剧房价畸高的局面，从而进一步抑制我国生育率改善的潜在空间。过去十年在跨省流动人口中，东部地区吸纳了9,181万人，占比达73.54%，中部、

西部地区分别仅吸纳了955万人、1,880万人，占比分别仅为7.65%和15.06%。中心化集中于特大城市和超大城市的人口流动模式，正在加剧东部城市地区的人地矛盾。土地供应短缺的地方恰恰是城镇化率较高的相对发达地区，又在源源不断地吸引更多人口的流入，这一矛盾不解决的话，未来中国人口出生率持续下降的问题亦得不到有效的解决。

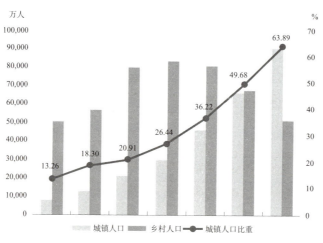

图7-3　历次人口普查城乡人口

四是认为数据反映我国出现"家庭小型化"趋势，可能导致不育意愿提升，带来"失独"家庭等社会问题。微信公众号"泽平宏观"称，2010—2020年平均每个家庭规模由3.10人降至2.62人，家庭户规模继续小型化趋势，主要受我国人口流动日趋频繁、户籍制度改革不到位、年轻人不婚不育观念等因素影响。一财网称，我国家庭小型化趋势加剧可能带来生育意愿下降、单亲家庭增加、独居老人增加等影响。人口学专家、《大国空巢》作者易富贤根据人口普查数据推断，我国一共有2.18亿独生子女，其中1,009万人或将在25岁前离世，平均每年有7.6万个"失独"家庭增加。这意味着，近期中国将有超千万的"失独"家庭，而如何保障这些"失独"家庭的养老等社会保障问题，应该引起全社会的关注。

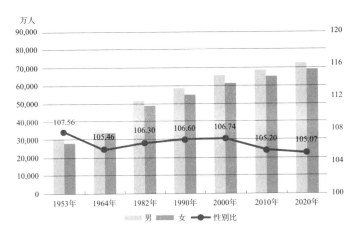

图7-4 历次人口普查人口性别构成

五是呼吁抓住机会实行"强有力"的生育政策。人口经济学家梁建章称，房价、教育及生育政策是制约人口增长的三个要素。中国近几年生育水平接近世界最低水平，比日本和南欧国家等典型的低生育率国家还要低很多。如果没有强有力的生育政策，中国的生育率以后会持续走低。仅仅全面放开生育还远远达不到理想的更替生育水平，所以如何鼓励生育应当会成为社会关注的话题。从时机上来说，鼓励生育应该尽快，再过几年，人口老龄化严重后政策空间会缩小，现在是很好的鼓励生育的机会。全国人大代表黄细花认为，提升生育率是一道"综合题"，在当前全面二孩政策带来的生育堆积效应已经结束、未来几年育龄妇女数量持续减少、近几年结婚人数不断下降、年轻人生育意愿持续走低的背景下，必须打出"组合拳"才能达到应有效果。关注即意味着力量。舆论的宣传使大量个体意识到由人口变化带来的新问题、新挑战，从而有利于全社会在人口政策的调整上确立更多共识，进一步提高社会应对人口变化的效率。当然，这种关注和讨论，本身也蕴藏着诉求和期许。此次普查数据进一步表明，中国已成为全世界老年人口数量最多、老龄化速度最快的大国。我们的养老体系完善速度能否与时俱进，以满足社会对于"老有所养"的期待？生育率不断走低，如何通过有效行动缓解社会的生育负担和焦虑？诸如此类的疑问，都呼唤在顶层设计上给出更多系统性的解决方案。只有当民间关注与政策调整之间形成良性互动，应对人口问题才能获得更多主动性。

岁岁年年人不同——不断创新低出生人口数据

"人口总数""出生率""死亡率""自然增长率"等指标从不同的维度衡量人口情况，其中自然增长率是反映人口自然增长的趋势和速度的指标，人口出生率是衡量生育水平的最基本最易理解的人口学指标。出生率是新生儿数量在平均人口中的占比，而生育率则是出生人口与育龄女性的比率。如果说生育率可以反映一个国家的生育意愿和状态，出生率则可以体现人口增长情形。2021年以来，我国出生及人口增长数据广受关注，持续引发热议。

新生儿出生量陡降。2021年2月8日，公安部发布的《二〇二〇年全国姓名报告》显示，截至2020年12月31日，2020年出生并已经到公安机关进行户籍登记的新生儿共1,003.5万人。数据发布后，有人对比国家统计局公布的2019年数据，认为出生人口出现了"断崖式下滑"。不过，这种说法显然忽略了口径问题，根据公安部发布的《二〇一九年全国姓名报告》，截至2019年12月31日，2019年出生并已经到公安机关进行户籍登记的新生儿共1,179万，同口径下，2020年比2019年减少了175.5万人，下降幅度约为14.9%。

舆论认为，公安部的人口登记数据或许有一定的滞后，还会有一定的增加，但即使如此也可以判定，2020年中国的人口出生数量，一定是断崖式下跌的。舆论更担忧，照此趋势，我国将可能出现人口负增长和人口老龄化的双重危机，这也引发了网民的关注。新浪微博话题"中国如何走出低生育率陷阱"累计阅读次数3.5亿，讨论2.1万条，部分网民将低生育率归因于高生活成本；还有网民强调，社会规范在改变。有微博用户写道："生育率的下降实际上反映了中国人观念上的进步——女人不再是生育工具。"

2021上半年出生人口下降16%。百家号"财经新知官方"8月24日称，根据全国一些地区发布的上半年出生人口数据，综合测算相比去年同期下降16%左右，推测2021年全国出生人口可能会降到998万左右，总人口可能出现负增长。我国可能提前来到了总人口负增长的历史性拐点。文章还通过纸尿裤销量等关联数据佐证这个趋势，如电商市场情报公司 EARLY DATA数据显示，2021年上半年纸尿裤线上销售在减少：京东、京东全球购、淘宝、天猫、天猫国际平台纸尿裤总销售额同比下滑16%（至78亿），销量同比下滑13.2%（至8,240万件）。2021年上半年，婴儿纸尿裤产品进口量约4.56万吨，下降34.56%。出口量倒是大增，增长了27.89%。消息引发关注，"惊！2021上半年新生人口剧降16%！""2021年出生人口雪崩了"等标题屡现自媒体。

中国出生率首次跌破1%。2021年11月发布的《中国统计年鉴2021》首次透露了人口出生数据。根据年鉴，2020年全国人口出生率为8.52‰，首次跌破10‰，创下了数十年来的新低。此前，官方已经公布2020年出生人口为1200万人，相比2016年的1,786万人，少了将近1/3。同期全国人口自然增长率（出生率-死亡率）仅为1.45‰，同样创下了1978年以来的历史新低。从年鉴里公布的历年全国总人口数据可以测算，2020年相比2019年，全国人口净增204万人，而前一年增量还高达467万，2012年还超过1,000万人。通常情况下，出生率低于死亡率，人口就有可能出现负增长。根据专家预测，最快"十四五"时期，即2021—2025年，这一局面就有可能在我国出现。相关消息一下就引爆了舆论，"2020年全国人口出生率首次跌破1%"登上了各大平台的热搜。舆论认为这两个创下新低的指标，昭示着中国的人口问题越来越不容乐观，房价高、育儿成本高、工作内卷、加班严重……这些被认为是影响生育意愿的原因在社交媒体上被广泛讨论。而和低生育率相呼应的是，结婚数量也一路走低。2020年，中国结婚登记人数814.33万对，相比2019年减少113万对，是近17年来的新低。"结婚少了、离婚多了、结婚晚了。"宏观经济学家任泽平团队在2月发布的《2021中国婚姻报告》中如此概括中国婚姻新特征，并认为中国婚姻状况发生了很大转变。

问君能有几多愁——对城市人口负增长的忧思

人口是城市的"基本面"，更代表着城市未来发展竞争力。一般而言，城市人口增量来自人口自然增长和人口净流入，而随着人口自然增长率逐渐放缓，考察人口流入与流出的规律性变化，重要性不言而喻。在我国人口城镇化进入中后期阶段或是达到饱和之后，在城市间和城市内部的人口流动，以及其循环流动的变化，将成为影响我国人口迁移流动整体演变动态的关键因素。第七次全国人口普查数据也验证了这一趋势的到来。2020年，全国省内流动人口为2.51亿人，过去10年增长了85.7%；跨省流动人口为1.25亿人，10年间增长了45.37%。在这样的背景下，不少城市出现自然人口负增长现象，引发舆论普遍关注和对前景的担忧。

东北人口数量急剧下降。2021年2月18日，国家卫生健康委官网发布了该委对2020年全国人大代表《关于解决东北地区人口减少问题的建议》的答复称，东北地区可以立足本地实际进行探索，提出实施全面生育政策的试点方案。消息一出，迅速引发了舆论热议和对东北人口减少现状的关注。2月20日，国家卫健委再次做出说明，称东北地区人口长期减少的原因是多方面的，不是简单放开生育政策就能解决，"生育政策将全面放开"等推测不是答复的本意。舆论关注的背后一个不争的事实是：东北地区正面临严峻的人口形势。

第七次全国人口普查主要数据结果显示东北地区再次显现危机：总人口

图7-5　卫健委回应如何解决东北地区人口减少问题

（图片来源：新华社发　朱慧卿作）

比10年前减少1,101万人，平均出生率仅6.08‰，三省均进入深度老龄化阶段……据国家统计局数据，东北三省的人口出生率显著低于全国水平，特别是2015年全面二孩政策实施之后，东北人口出生率并没有得到实质性的扭转。2019年，黑龙江、吉林、辽宁的人口出生率分别只有5.73‰、6.05‰和6.45‰，不仅远低于全国平均水平的10.48‰，还在全国各省市排名中垫底。同时，东北地区还存在严重的人口外流。

媒体通过对比第七次、第六次全国人口普查数据发现，保定、绥化、四平、资阳、齐齐哈尔、六安、安庆、通化8座城市2020年常住人口较10年前减少超过100万，省会城市长春和沈阳，以及副省级城市大连，近10年人口出现了净增长，是东北三省仅有的三座人口净增长城市。有媒体盘点了近四个世纪的东北人口变迁后认为，东北的人口不是简单放开生育政策就能解决的，要让"东北生育政策如果全面放开，将会大大提升海南的人口数量"的玩笑话不成为现实，关键还得解决流动问题，从根本上改变"天南地北哪儿都能见着东北人，除了东北"的情况，留住本地人口、吸引外地人口，才能真正改变东北当下的人口状态。老铁们的双击只能刷出一个幻象式的东北存在感，并不能把666直接变成人口数字；鹤岗的房价再低，也不足以吸引外地人来定居和落户。东北亟须一个宏观、深化、切实的经济转型和社会发展，而这，显然比单纯放开生育限制、鼓励多生快生复杂也艰巨得多。

大城市步入人口"负增长时代"。据《21财经》4月20日报道，继一些中小城市之后，一些大城市也开始步入自然人口"负增长时代"。除东北的一些城市外，甚至连江苏的无锡、常州、镇江、扬州等城市，人口都是负增长，这颇为令人吃惊。沈阳的数据显示，2020年人口自然增长率为负3.34‰，较2019年降低3.38‰。作为首个人口自然增长率跌穿0的新一线城市，其实沈阳并不孤单。截至4月20日，全国主要城市基本都已发布2020年统计公报，至少有26个地级市披露了相应的人口数据，其中8个城市人口自然增长率跌穿0这一重要关口。除沈阳外，辽宁另一城市抚顺成为已公布数据的城市中人口自然增长率最低的城市，仅为负13.3‰。此外，江苏的5个城市泰州、扬州、镇江、常州和无锡，全部在2020年迈入自然人口负增长行列。还有1个自然人口负增长的城市是山东威海。中国社科院人口和劳动经济研究所研究员王广州表示："从中国不同城市来看，情况并不相同。此前中国有很多小城镇的人口已经出现了自然人口负增长的局面，现在是一些大城市也逐步进入人口负增长的区间。这是一个重大的转折，悄无声息地发生了，可能很多人还没有感觉。"

表7-2　14城户籍人口自然增长率告负

城市	2020年户籍人口／万	2016年户籍人口／万	变化／万	人口出生率／‰	2020年自然增长率／‰	2019年自然增长率／‰
葫芦岛	272.4	275.8	-3.4	6.34	-7.38	-1.22
鞍山	336.4	339.8	-3.4	5.38	-5.91	-2.24
沈阳	762.2	756.4	5.8	6.68	-3.34	0.04
舟山	96.2	96.6	-0.4	5.01	-3.09	-1.47
威海	256.61	256.96	-0.35	5.99	-3.05	-0.50
黑河	155.5	158.1	-2.6	3.6	-2.9	-1.4
泰州	497.15	500.55	-3.4	7.10	-2.56	-1.62
扬州	454.71	457.14	-2.43	6.52	-2.39	—

续表

城市	2020年户籍人口 / 万	2016年户籍人口 / 万	变化 / 万	人口出生率 / ‰	2020年自然增长率 / ‰	2019年自然增长率 / ‰
盐城	814.49	821.35	−6.86	7.20	−2.19	3.49
镇江	269.25	270.16	−0.91	6.79	−2.00	—
抚顺	202.4	206.7	−4.3	4.18	−13.3	−2.11
绍兴	447.64	447.86	−0.22	6.63	−0.47	—
常州	386.63	385	1.63	7.6	−0.3	1.2
无锡	508.96	502.83	6.13	7.75	−0.16	1.18

（数据来源：第一财经根据各地统计公报整理）

安徽出生人口呈现断崖式下降。9月27日，《关于征询社会公众对安徽省人口与计划生育条例（修订草案征求意见稿）意见的公告》出现在安徽省政府的网站上。在随公告发布的说明中，透露了一组数据：在2017至2021年，安徽省的出生人口逐年下降，分别为98.4万、86.5万、76.6万、64.5万、53万（预测），年增长率为−12.1%、−11.4%、−15.8%，−17.8%，整体呈现出断崖式下降的趋势，安徽省人口形势极为严峻。经媒体报道后，9月29日，"安徽出生人口呈"断崖式下降趋势"迅速登上微博热搜。有网友分析其最大的原因是，大量安徽年轻人到江苏浙江落户去了。甚至还有网民调侃："房价是最好的避孕药""不婚不育，是韭菜最后的尊严！"安徽其实早意识到了劳动力流失带来的严重问题，2020年安徽省统计局发布的《我省人口发展现状与挑战》报告显示，安徽省的育龄妇女总数减少，尤其是生育旺盛期育龄妇女减少，是导致出生人口减少的直接因素。报告建议，提高劳动力参与率被放在首位，即劳动资源利用率越高，越有利于延缓"人口红利"消退的时间。"我省作为劳务输出大省，当前应改善就业创业的政策环境，吸引我省外出务工人员返乡就业创业，同时全面促进高校毕业生、农民工、就业困难人员等重点群体的就业。"

春去秋来老将至——日益凸显的人口老龄化问题

比新生人口数量下降更让舆论担忧的是，中国的人口结构正在进入老龄化。按照国际通行划分标准，当一个国家（地区）60岁以上的老年人口占人口总数的10%，或65岁以上老年人口占人口总数的7%时，即意味着这个国家（地区）处于老龄化社会。如果65岁以上老年人口占比超过14%则为深度老龄化社会，超过20%，则进入超老龄化社会。数据显示，中国65岁及以上人口为19,064万人，占13.50%，逼近14%的红线。而且中国老龄化来得尤为特殊：在第七次全国人口普查数据各项统计对比中，针对老年人口的一组数据尤为引人注目：全国60岁及以上人口为26,402万人，占18.70%；其中，65岁及以上人口为19,064万人，占13.50%。与2010年相比，60岁及以上人口的比重上升5.44个百分点。不仅老年人口规模庞大，而且老龄化进程明显加快，并出现"未富先老"的特征。按省份来看，全国有16个省份的65岁及以上人口超过500万人，其中有6个省份的老年人口超过1,000万人。在社交平台上，与此次老年人口数据结果相关的多个话题，如"全国有6省老年人口超1000万""国家统计局回应

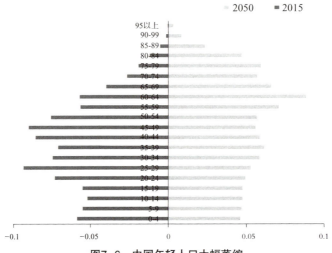

图7-6 中国年轻人口大幅萎缩

人口老龄化情况"等，也迅速冲上热搜，引发了网友热议。中泰证券的一份研报认为，未来5至10年，60后"婴儿潮"步入"退休潮"，80后"婴儿潮"失去"黄金生育年龄"，我国"人口转型"可能进入老龄化与少子化同时出现的阶段。

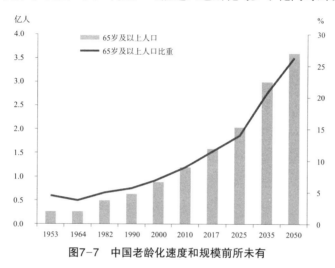

图7-7　中国老龄化速度和规模前所未有

一串串详尽的老年群体数字，正是我国老年人口规模庞大、老龄化进程明显加快的直观写照。当下社会老年群体的分布比例和结构需求，直接影响我国整体的资源分配和长远发展，也关系到这一代年轻人在老去之后的福利待遇和生活质量。每个人都会变老，关注现在老年人的生活所需，也是帮助未来的自己。这也就能解释，为什么老龄化群体规模几何，不单单受到了老年人的关注，而且成了一个刷爆流量的全民话题。

在2021年3月的两会上，养老是代表委员关注和热议的民生话题，还有人大代表建议成立老龄人口事务部。政府工作报告中也提出，"十四五"期间，要"实施积极应对人口老龄化国家战略"，2021年，要"完善传统服务保障措施，为老年人等群体提供更周全更贴心的服务"。

而媒体根据"七普"数据测算，目前我国已有149市进入到深度老龄化，集中在东北地区、成渝城市群、黄河中下游、中部地区、长三角等地。其中，四川的深度老龄化城市达到了17个。相比之下，东北的老龄化程度要更深一些。数据显示，东北三省共36市，已经全部进入到了深度老龄化阶段。网友纷纷呼吁，要优化生育政策，出台相应措施，切实降低生育养育成本，进而提高生育意愿和生育水平。同时，要积极应对人口老龄化，针对日益扩大的**老年群体，建立广泛覆盖的养老服务体系**，推动居家社区机构相协调、医养康养相结合，扩大养老托育服务，提升养老服务水平。综观全年，舆论对我国进入深度老年化社会的担忧使得"我国将迈入中度老龄化""多部门联合发文应对人口老龄化""6省份进入深度老龄化""12省份进入中度老龄化""老人养老护理""北京2035年将进入重度老龄化"等话题登上微博热搜，引发人们关于"老龄社会"的讨论。

表7-3　深度老龄化城市分布

省份	数量	深度老龄化的城市
四川	17	资阳、自贡、南充、德阳、内江、眉山、遂宁、巴中、广安、乐山、广元、绵阳、达州、泸州、雅安、攀枝花、宜宾
辽宁	14	抚顺、丹东、锦州、辽阳、本溪、鞍山、铁岭、葫芦岛、阜新、营口、大连、朝阳、盘锦、沈阳
山东	14	威海、烟台、淄博、日照、滨州、潍坊、泰安、东营、德州、济宁、荷泽、青岛、临沂、济南
黑龙江	13	伊春、牡丹江、鸡西、双鸭山、鹤岗、大兴安岭、绥化、黑河、佳木斯、七台河、哈尔滨、大庆、齐齐哈尔
湖南	12	常德、益阳、张家界、湘潭、怀化、邵阳、湘西、岳阳、娄底、衡阳、株洲、永州
安徽	12	黄山、宣城、马鞍山、铜陵、安庆、六安、池州、淮南、芜湖、滁州、宿州、蚌埠
江苏	10	南通、泰州、扬州、盐城、镇江、淮安、徐州、常州、无锡、连云港
吉林	9	白山、通化、吉林、辽源、四平、延边、白城、松原、长春
湖北	9	荆州、荆门、恩施、黄冈、孝感、襄阳、随州、十堰、宜昌
河南	8	驻马店、信阳、周口、许昌、南阳、开封、商丘、漯河
河北	7	张家口、秦皇岛、唐山、衡水、沧州、保定、承德
陕西	6	汉中、宝鸡、渭南、咸阳、安康、铜川
浙江	6	衢州、舟山、绍兴、湖州、丽水、嘉兴
山西	3	忻州、阳泉、大同

续表

省份	数量	深度老龄化的城市
内蒙古	2	乌兰察布、巴彦淖尔
广东	1	梅州
福建	1	南平
广西	1	桂林
甘肃	1	平凉
上海	1	上海
重庆	1	重庆
天津	1	天津

表7-4　65岁及以上人口占比最高的50个城市

地区	0~14岁占比 / %	15~59岁占比 / %	60岁及以上人口占比 / %	其中65岁及以上占比 / %	所在省份
南通	10.90	59.09	30.01	22.67	江苏
资阳	16.75	55.06	28.19	22.62	四川
泰州	12.36	59.39	28.25	22.01	江苏
自贡	15.77	56.89	27.34	21.29	四川
乌兰察布	11.05	59.01	29.95	20.81	内蒙古
南充	15.72	58.28	26.00	20.69	四川
抚顺	8.94	60.21	30.85	20.27	辽宁
德阳	13.06	61.13	25.81	20.25	四川
内江	15.55	59.22	25.23	20.03	四川
眉山	14.01	61.26	24.73	20.02	四川
丹东	9.79	61.17	29.04	20.00	辽宁
扬州	11.57	62.42	26.01	19.99	江苏
盐城	15.03	57.64	27.32	19.88	江苏
锦州	9.69	61.72	28.59	19.87	辽宁
遂宁	15.52	59.29	25.19	19.85	四川
巴中	17.35	58.19	24.46	19.67	四川
广安	17.55%	57.65	24.80	19.57	四川
辽阳	9.83	62.26	27.91	19.46	辽宁
威海	11.82	60.88	27.30	19.26	山东
乐山	14.11	61.39	24.50	19.19	四川
常德	14.87	60.10	25.02	19.16	湖南
本溪	8.99	62	29.01	19.11	辽宁
广元	15.37	60.13	24.50	18.81	四川

续表

地区	0~14岁占比 / %	15~59岁占比 / %	60岁及以上人口占比 / %	其中65岁及以上占比 / %	所在省份
铁岭	10.02	63.16	26.82	18.49	辽宁
衢州	14.75	59.80	25.44	18.46	浙江
鞍山	10.45	62.29	27.26	18.43	辽宁
绵阳	14.13	62.16	23.71	18.36	四川
伊春	7.40	65.17	27.43	18.22	黑龙江
黄山	14.32	61.58	24.10	18.11	安徽
宣城	13.64	63.78	22.59	18.04	安徽
烟台	12.10	62.22	25.68	18.02	山东
达州	17.29	60.35	22.36	17.96	四川
宜昌	11.72	63.33	24.95	17.93	湖北
汉中	16.08	59.61	24.31	17.71	陕西
泸州	18.23	58.78	22.99	17.65	四川
张家口	15.22	59.72	25.06	17.64	河北
白山	10.97	63.70	25.33	17.62	吉林
通化	11.24	62.86	25.90	17.53	吉林
马鞍山	14.35	63.92	21.73	17.53	安徽
镇江	11.89	64.55	23.56	17.51	江苏
葫芦岛	12.90	61.55	25.55	17.48	辽宁
铜陵	14.37	62.94	22.69	17.46	安徽
阜新	10.42	63.27	26.31	17.41	辽宁
牡丹江	10.40	64.35	25.25	17.35	黑龙江
鸡西	9.17	65.61	25.22	17.31	黑龙江
营口	11.56	63.35	25.09	17.30	辽宁
益阳	17.71	59.65	22.65	17.18	湖南
辽源	10.71	63.89	25.41	17.14	吉林
吉林	10.93	63.81	25.25	17.13	吉林
张家界	17.96	60.28	21.76	17.09	湖南

（数据来源：第一财经网）

对于城市发展来说，人口老龄化是巨大的挑战，也构成了城市发展的巨大机遇。当"深度老龄化"成为热点时，"银发人群"与新时代碰撞出的"新常态"正成为新的经济增长极。根据蔚迈Wavemaker发布的《中国老龄化社会的潜藏价值》系列报告，中国一线到三线城市老龄化群体拥有高达6.64万亿人民币的年度消费力。随着我国老年人口基数的增长，与老龄化社会相适应的教育、文化、旅游、养老、医疗等产业有着巨大的发展空间和潜力。而充分释放"银发经济"引擎的前提，便是疏通数字化的"赌点"，让老年人跟上时代发展的步伐，拥抱数字化智能时代。主动的老龄化应对、"适老化"的改造也成了舆论关注对象，新华网刊文《老龄化加深，需适老化提速》称，2.6亿的庞大老年人群，还提醒全社会必须为老年人提供更多更精准的服务。如何发展智能又适老的现代产业、帮助老年人跨越数字鸿沟，如何给身边的老人提供力所能及的帮助，都是传扬敬老爱老美德的应有之义。把统计出来的冰冷数字，转化成热乎的国民温度，更是本次人口普查的意义所在。

第二节　政策与措施：大珠小珠落玉盘

生育政策，关乎一个个家庭的幸福，也关乎国家的长远发展。限制生育的人口政策从20世纪70年代至今已经执行了近半个世纪，在经济发展、社会保障等方面产生了深远影响。随着人口老龄化的到来，近年来人口政策先后经历了"单独二孩"和"全面二孩"的调整。随着"七普"全面查清了中国人口数量、结构、分布等方面情况，为推动高质量发展、有针对性地制定人口相关战略和政策、促进人口长期均衡发展提供了强有力的支持。在这样的背景下，三孩等系列政策应运而生。

三孩政策出台并入法

4月14日，中国人民银行在官方微信公众号刊发工作论文《关于我国人口转型的认识和应对之策》。论文指出，应全面放开和鼓励生育，若我国没有把握住时机，很有可能会"重蹈发达国家的覆辙"。该论文引发了各界高度关注。该论文称，要认识到中国人口形势已经逆转，转型后人口衰减的速度将**超乎想象，教育和科技进步难以弥补人口的下降**。论文建议，一方面要全面放开生育，放开到**三孩及以上**；另一方面还要大力鼓励生育，切实解决妇女在怀孕、生产、入托、入学中的困难，让妇女敢生、能生、想生。要综合施策，久久为功，努力实现2035年远景规划和百年奋斗目标。该论文因为直言不讳、口吻严厉，很快在网络上引发热议。从央行的这篇论文看，经济增长放缓，老龄化加重，生育率走低，由此伴生的养老问题、房价问题、城镇化问题、教育问题，都是我们当前最重要的问题。简而言之，人口问题，不是单一的社会学问题，更不是单一的经济学问题，而是复杂且环环相扣的可持续发展问题。

很快，就有好消息传来。5月31日，中共中央政治局召开会议，听取"十四五"时期积极应对人口老龄化重大政策举措汇报，审议《关于优化生育政策促进人口长期均衡发展的决定》。会议指出，进一步优化生育政策，实施一对夫妻可以生育三个子女政策及配套支持措施，有利于改善我国人口结构、落实积极应对人口老龄化国家战略、保持我国人力资源禀赋优势。总结归纳国家将出台的各项政策措施，主要有十个方面内容：一是促进生育政策和相关经济社会政策配套衔接；二是健全重大经济社会政策人口影响评估机制；三是要将婚嫁、生育、养育、教育一体考虑；四是加强适婚青年婚恋观、家庭观教育引导，对婚嫁陋习、天价彩礼等不良社会风气进行治理；五是提高优生优育服务水平，发展普惠托育服务体系，推进教育公平与优质教育资源供给，降低家庭教育开支；六是完善生育休假与生育保险制度；七是加强税收、住房等支持政策；八是保障女性就业合法权益；九是对全面二孩政策调整前的独生子女家庭和农村计划生育双女家庭，继续实行现行各项奖励扶助制度和优惠政策；十是建立健全计划生育特殊家庭全方位帮扶保障制度，完善政府主导、社会组织参与的扶助关怀工作机制，维护好计划生育家庭合法权益。

2021年7月20日，中共中央、国务院正式发布《关于优化生育政策，促进人口长期均衡发展的决定》（以下简称《决定》），29条内容涵盖了鼓励生育的各个方面。从幼托配套、教育减负、税收减免、住房优惠、产假、女性就业平权到辅助生育等全都覆盖。其中在"组织实施好三孩生育政策"中提到取消社会抚养费等制约措施，备受关注。《决定》明确提出："取消社会抚养费，清理和废止相关处罚规定。将入户、入学、入职等与个人生育情况全面脱钩。依法依规妥善处理历史遗留问题。对人口发展与经济、社会、资源、环境矛盾较为突出的地区，加强宣传倡导，促进相关惠民政策与生育政策有效衔接，精准做好各项管理服务。"

图7-8　三孩政策出台

紧接着，施行近二十年的《人口与计划生育法》迎来第二次修改，重点围绕实施三孩生育政策、取消社会抚养费等制约措施、配套实施积极生育支持措施，共计21处变化，自8月20日公布之日起施行。至此，三孩生育政策正式入法。

从政策出台到入法这两个多月的时间里，三孩政策话题热度一直居高不下。尤其是5月31日政治局会议后，"放开三胎"的消息一经发布便迅速登顶热搜榜。舆论高呼"三孩生育政策来了"，房价、教育、女性生育的生理与职业发展成本、养育配套设施等衍生话题随之成为舆论热点。政策发布当日，相关话题的舆情热度迅速攀升，新浪微博话题"三孩生育政策来了"登上热搜榜首，阅读达43.4亿次，讨论66.7万条，并在当日16时达到舆情最高峰，网民对三孩政策的讨论达到峰值；随后话题热度开始下降并趋于平稳；6月1日早上，国家卫健委就三孩生育政策答记者问，引发舆情热度小幅度回升。相关话题如"三孩时代需要怎样的配套措施""你怎么看开放三孩政策""三孩政策会带来哪些改变"等引发网民的热议。

图7-9　三孩政策出台相关话题登上热搜

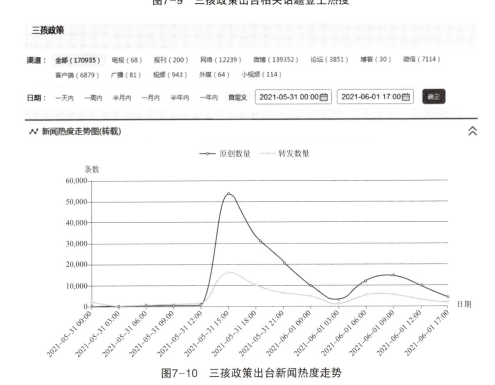

图7-10　三孩政策出台新闻热度走势

　　围绕三孩政策的出台，主流媒体依托于我国人口老龄化的加剧、综合生育率呈下降趋势的背景，主要报道二孩政策出台后已取得的一系列成果以及三孩政策的重要性，集中于促进人口均衡发展、配套支持政策"一体考虑"、实施托育赋能和教育减负三方面。《央视新闻》评论称，当前，我国正处于人口大国向人力资本强国转变的重大战略机遇期，立足国情，遵循规律，实施一对夫妻可以生育三个子女政策及配套支持措施，能够最大限度发挥人口对经济社会发展的能动作用，牢牢把握战略主动权，积极应对生育水平持续走低的风险，统筹解决人口问题，为全面建成社会主义现代化强国创造良好的人口环境。在配套支持政策"一体考虑"方面，《经济日报》评论称，有关部门近日回应，我国群众生育意愿降低的前三个原因分别是经济负担重、婴幼儿无人照料和女性难以平衡家庭与工作的关系。这分别对应着生育三大成本，即住房、教育、医疗等经济成本，时间、精力等非经济成本，以及因为生育丧失就业晋升机会等机会成本等。放开三孩生育政策之后，人们更加期待相关配套支持措施。因此，各级党委和政府要认真贯彻落实中央要求，加强统筹规划、政策协调和工作落实，依法组织实施好三孩生育政策，促进生育政策和相关经济社会政策配

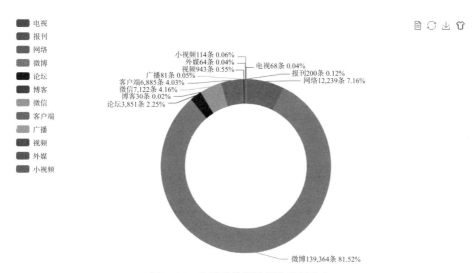

图7-11　三孩政策报道媒体类别分布

套衔接，减少家庭生育的后顾之忧。在实施托育赋能和教育减负方面，《新华社》评论称，全面二孩政策实施以来，我国出生人口出现了一波反弹和回落，广大家庭对婴幼儿托育服务的需求日益凸显。优化生育政策，应从"一增一减"两个层面，完善相关配套举措，提升社会化服务的支撑能力。

民间舆论场关注的话题则主要聚集在三孩政策的配套实施政策上。舆论肯定《决定》实施三孩生育政策及配套支持措施，同时也对于三孩政策出台后的现实压力表示担忧。对生育后必然会面临的教育、住房、生活负担及养老等问题，网络上出现了一些负面声音，负面情绪集中体现在表达"不敢生""不愿生""养不起"上。部分网民对此进行吐槽，并有网民把"民不聊生"成语的含义无厘头地解构为：现代人因生活压力过大，没有生孩子的意愿，连聊一聊都不愿意。网络上也出现了有关三孩政策的各种段子，比如，因为三孩政策发布在六一儿童节前一天，有网友写道："万万没想到，今年国家给小朋友送的六一儿童节礼物居然是弟弟妹妹。"

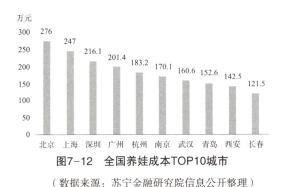

图7-12　全国养娃成本TOP10城市

（数据来源：苏宁金融研究院信息公开整理）

空前的关注度背后，也反映着民众的期待与焦虑：要不要生？生了怎么养？有媒体对三孩意愿做读者调查，在"三孩生育政策来了你准备好了吗？"的投票中，绝大多数人的都选择"完全不考虑"，而选择"准备好了迫不及待""已提上日程""犹豫中很多问题待考虑的"寥寥无几。网友普遍认为要想真正解决生育问题，最核心的不是就着生育谈生育，更深层次的、本源性的问题在于如何解决生育养育成本问题。"住房、教育等配套政策措施跟不上，开放三胎无从谈起"，而更多的网民则期待配套政策的出台，认为如果配套政策有较强的激励作用，就能激起育龄夫妇的生育欲望，选择生三孩的夫妻会增多。

图7-13　三孩政策词云图

（图片来源：艾普思舆情）

表7-5　2021年围绕人口出台的重要政策、法规（根据公开资料整理）

政策、法规	主要内容	时间
中共中央 国务院《关于优化生育政策促进人口长期均衡发展的决定》	实施一对夫妻可以生育三个子女政策，并取消社会抚养费等制约措施、清理和废止相关处罚规定，配套实施积极生育支持措施	6月26日
全国人民代表大会常务委员会关于修改《中华人民共和国人口与计划生育法》的决定	国家提倡适龄婚育、优生优育，一对夫妻可以生育三个子女。三孩生育政策正式入法，国家采取财政、税收、保险、教育、住房、就业等支持措施，减轻家庭生育、养育、教育负担	8月20日
北京市人大常委会关于修改《北京市人口与计划生育条例》的决定等	地方人口与计划生育条例修改，增设育儿假、延长产假等生育支持措施	8—12月
中共中央办公厅 国务院办公厅印发《关于进一步减轻义务教育阶段学生作业负担和校外培训负担的意见》	提出各地不再审批新的面向义务教育阶段学生的学科类校外培训机构；学科类培训机构一律不得上市融资，严禁资本化运作；校外培训机构不得占用国家法定节假日、休息日及寒暑假期组织学科类培训等	7月20日

续表

政策、法规	主要内容	时间
中共中央 国务院《关于加强新时代老龄工作的意见》	聚焦新时代、聚焦老龄工作、聚焦老年人的"急难愁盼"问题，将满足老年人需求和解决人口老龄化问题相结合，加快建立健全相关政策体系和制度框架，推动老龄事业高质量发展	11 月 18 日
国家发改委、民政部、国家卫健委三部门联合印发《"十四五"积极应对人口老龄化工程和托育建设实施方案》	提出建设养老服务体系、托育服务体系及儿童友好城市建设示范 3 个主要建设任务，目标到 2025 年，进一步改善养老、托育服务基础设施条件，增加普惠性服务供给，提升养老、托育服务水平等	6 月 17 日

多地密集出台三孩配套政策

2021年6月以来，多地相继出台生育、养育、教育等配套政策措施和三孩政策相关支持文件，并启动地方人口与计划生育条例修改工作，从就业环境、经济补助、社会基础建设及服务等多方面配合三孩政策，组合出击降低生育成本，为生育三孩创造友好环境。据不完全统计，北京、四川、江西等20余个省份先后完成了本省（自治区、直辖市）人口计生条例修改，发放补贴、奖励假期、报销费用等系列配套措施层出不穷。

最有温度的当属此起彼伏的生育假延长优惠。北京、上海、浙江、河北、安徽、江西、江苏、广东等诸多省（市）发布了延长生育假的相关规定，主要措施包括增设育儿假、延长产假、婚假，以及增加陪产假、护理假等。例如，育儿假方面，四川、浙江等地的条例规定，3岁以下婴幼儿父母每人每年享受累计10天的育儿假。一些省份支持力度更大，例如，安徽省的条例规定，在子女6周岁以前，每年给予夫妻各十天育儿假。产假、陪产假等方面，山西省的条例规定，女方在享受国家和本省规定产假的基础上，奖励延长产假60

日，男方享受护理假15日；北京市的条例规定，女方除享受国家规定的产假外，享受延长生育假60日，男方享受陪产假15日。在生育登记服务等方面，一些省份修改后的人口计生条例出台了支持生育的规定。例如，江西省的条例明确实行生育登记服务制度；江苏省的条例规定，妇女怀孕、生育和哺乳期间，按照有关规定享受特殊劳动保护并可以获得帮助和补偿。

最有"诚意"的则是发放相关补贴。四川省攀枝花市7月底发布《关于促进人力资源聚集的十六条政策措施》，对按政策生育二、三孩的攀枝花户籍家庭，每月每孩发放500元育儿补贴金，直至孩子3岁，成为全国首个发放育儿补贴金的城市。9月，甘肃临泽县发布《临泽县优化生育政策促进人口长期均衡发展的实施意见（试行）》，出台多项激励政策，包括生育二孩和三孩的临泽户籍常住家庭，二孩每年发放5,000元育儿补贴，三孩每年发放1万元育儿补贴，直至孩子3岁；并对生育二孩、三孩的临泽户籍常住家庭购房时给予4万元补助等。由于补助力度较大，临泽县这一政策引发网友热议，认为"诚意十足"。此外，部分企业也出台激励措施。6月初，有企业已经开始推出面向三胎家庭的生育奖励措施。如重庆一家民企6月初宣布，凡是怀三胎的女员工可享有一年有薪产假，而且自怀孕当月起，每月增加500元底薪，节日补助也增加一倍，生育后再发放一次性奖励3万元。

最基础的则是医保等措施。天津、甘肃、江苏、安徽、山东、贵州等多个省份，先后明确将三孩生育费用纳入医疗保障。8月12日，甘肃省医疗保障局发文明确提出，自2021年5月31日起，符合政策的参保女职工生育三孩的生育医疗费用（包括终止妊娠）和生育津贴等费用纳入生育保险待遇支付范围，并按规定及时足额支付。同月19日，安徽省发布通知，要求确保参保女职工生育三孩的费用纳入生育保险待遇支付范围，各地医保部门要按规定及时、足额给付生育医疗费用和生育津贴待遇。江苏省南京市在推出三孩生育咨询门诊后，9月1日又出台医保政策，生三孩可享受门诊产前检查费用、分娩医疗费用、计划生育费用、生育津贴和一次性营养补助费。

表7-6　2021年下半年以来提出建立育儿补贴制度的省市不完全盘点

省份	相关措施
广东省	政府采取财政、税收、保险、教育、住房、就业等支持措施，减轻家庭生育、养育、教育负担。明确对配租公租房时给予有未成年子女的家庭适当照顾
安徽省	对生育第二个子女和第三个子女的，给予补助的具体标准由设区的市根据实际情况规定。县级以上人民政府根据实际情况，对婴幼儿家庭入托、入园给予一定补助。县级以上人民政府在配租公租房时，对符合当地住房保障条件且有未成年子女的家庭，可以根据未成年子女数量在户型选择等方面给予适当照顾，并可以根据养育未成年子女负担情况制定实施差异化租赁和购买房屋的优惠政策
吉林省	明确应当建立育儿补贴制度，完善促进生育的配套支持措施
黑龙江省	实施育儿补贴制度，市级和县级人民政府对依法生育第二个以及以上子女的家庭应当建立育儿补贴制度，并适当向边境地区、革命老区倾斜
四川省	完善生育津贴制度，鼓励各地探索建立育儿补贴制度
湖南省	县级以上人民政府应当健全完善义务教育、妇女就业、住房、生育等方面服务的保障机制，鼓励县级以上人民政府对依法生育第二个及以上子女的家庭建立育儿补贴制度

各地出台的这些配套举措备受关注。舆论普遍认为，从假期奖励的政策安排，到真金白银的支持，再到价值观念的引领，地方一系列政策举措将党中央决策部署落细落实，形成了促进三孩生育政策落地见效的推进合力。但生育问题一头连着千家万户的民生幸福，一头连着经济社会的持续发展。只有将婚嫁、生育、养育、教育一体考虑，提高优生优育服务水平，发展普惠托育服务体系，降低生育、养育、教育成本，才能破除影响人口长期均衡发展的思想观念、政策法规、体制机制等制约因素，建立健全相关政策体系，引导社会力量积极参与。未来还需要各级党委政府继续深化改革，只有在政策托举上出实招、见实效，才能推动实现适度生育水平，让三孩生育政策落地见效。

完善养老等配套规划政策

首先，要缓解社会养老焦虑。人人都会老，家家都有老。在人口老龄化背景下，养老问题日益成为社会关注的焦点。《中国城市养老服务需求报告（2021）》（以下简称《报告》）于12月23日发布，为起草该《报告》，相关部门的调查历时7个月，覆盖全国19个省份80万城市居民，对我国30~85岁城市居民养老服务需求进行了大数据画像。《报告》显示，近75%的受访者在考虑父母和自己的养老问题，90%的80后已有自己的养老规划，一线城市女性相比男性更关注养老问题。此外，急救和失能失智照护是当今养老服务的主要痛点，也是刚需。30岁以上人群"既考虑自己养老又考虑父母养老"成为普遍现象。其中，30~39岁是考虑自己养老问题的高峰年龄段（40%），其次是40~49岁（33.9%），考虑自己养老问题的平均年龄是39.7岁。从代际看，80后考虑自己（85.8%）和父母（94.7%）的养老比例都高于70后，显示出更多的养老焦虑。值得一提的是，调查显示，受访者预计自己养老花费平均在100.6万元，一线城市人群预计养老花费平均在115.9万元，高于其他级别城市人群的预计花费。《报告》也从一个侧面凸显了养老问题给社会带来的焦虑。

面对人口老龄化趋势不断加剧，为加强新时代老龄工作，缓解社会上养老的焦虑，提升获得感、幸福感、安全感，实现老有所养、老有所医、老有所为、老有所学、老有所乐，让老年人共享改革发展成果，2021年相关政策出台的速度明显加快，并引发全民关注。其中最重磅的有两个，一是国家发改委、民政部、国家卫健委三部门联合印发《"十四五"积极应对人口老龄化工程和托育建设实施方案》（以下简称《实施方案》）。6月17日发布的该《实施方案》提出建设养老服务体系、托育服务体系及儿童友好城市建设示范三个主要建设任务，目标到2025年，进一步改善养老、托育服务基础设施条件，增加普惠性服务供给，提升养老、托育服务水平等。二是11月18日印发的《中共中央 国务院关于加强新时代老龄工作的意见》（以下简称《意见》），该《意见》聚焦新时代、聚焦老龄工作、聚焦老年人的"急难愁盼"问题，将满足老年人需求和解决人口老龄化问题相结合，提出加快建立健全相关政策体系和制度框架，推动老龄事业高质量发展。

而在国家层面《十四五"国家老龄事业发展和养老服务体系规划》积极酝酿和出台的同时，多地"十四五"养老服务规划陆续浮出水面，围绕健全基本养老服务体系、加快发展养老服务业等作出系统安排，并明确一揽子量化指标支撑养老服务业高质量发展，把各地养老服务体系建设向更深更广更准更有力的维度拓展。一是延伸养老服务触角，尤其是加强社区、居家养老服务网络建设，扩大综合性养老服务中心覆盖；二是在医养融合发展基础上，向康养、智慧养老等方向延伸；三是服务对象精准指向重度失能和需要全天候照护的群体；四是推进多层次长期护理保障体系，以资金拉动市场，以制度规范服务。如山东省提出，推动未设立医疗卫生机构的养老机构与周边医疗卫生机构建立协作合作关系，签订合作协议，2025年底前，实现养老机构医养结合服务覆盖率达到100%。江苏省明确，"十四五"时期打造"苏适养老"服务品牌，着力破解难点、痛点、堵点问题，全方位、多层次提升养老服务整体发展水平，努力让广大老人的获得感成色更足。广州市提出，将以健全基本养老服务体系为重点，构建形成全覆盖、多层次、多支撑、多主体的大城市大养老模式。规划提出了17个量化指标，包括2025年实现街镇综合养老服务中心（颐康中心）街镇覆盖率100%、村居颐康服务站村居覆盖率100%、有意愿的老年人家庭适老化改造完成率100%、有意愿的老年人家庭养老床位服务覆盖率100%、星级以上养老机构占养老机构总数的比例50%等。杭州市提出，到2025年全面打造形成综合、整合、融合、可及的"大社区养老"新格局，实现基本养老服务人人享有、人人可及，高水平建成"幸福养老"示范区，高品质、社区化、数智化、国际化的省会城市现代养老服务形象彰显。资金投入方面，要稳步增加财政投入，多渠道筹集养老服务业发展资金，支持养老服务业发展。

支持妇女儿童发展

2021年9月8日，国务院印发《中国妇女发展纲要（2021—2030年）》《中国儿童发展纲要（2021—2030年）》（以下简称"两纲"），要求完善人口生育相关法律法规政策，推动生育政策与经济社会政策配套衔接。9月27日，国务院新闻办公室举行新闻发布会，对"两纲"进行政策解读。国家卫生健康委官员在发布会上指出，我国妇幼健康仍面临发展不平衡不充分问题，出生缺陷防治任务仍然艰巨。尤其是随着生育政策调整，二孩、三孩生育需求增加，高龄产妇比例升高，对优质均衡的医疗保健服务提出了更高要求。因此，"两纲"就继续降低孕产妇死亡率、婴儿死亡率和5岁以下儿童死亡率提出新目标，并设置相应策略措施，特别关注提升优生优育水平，提高出生人口质量。"两纲"的颁布实施备受社会各界关注，引起持续热议。媒体和专家学者也从不同层面进行了分析解读，妇女儿童发展、高质量发展、妇幼健康、家庭服务、社会就业、人身权利、儿童福利成为七大舆论热词。中国人民大学人口与发展研究中心副主任宋健认为，随着8月《人口与计划生育法》的修订完成，生育支持措施正逐步落地。2021年，支持措施主要体现在教育领域的减负、育儿假的设立、生育津贴的发放等方面。降低"生育、养育、教育成本"是明确要求。北京国家会计学院财税政策与应用研究所所长李旭红表示，政策释放出了鼓励生育的积极信号：一方面可降低人口生育、养育和教育的税收负担，刺激育龄青年的生育积极性；另一方面可优化生育政策配套措施，推动国家三孩政策的落实；同时从长远来看，该项政策还有助于促进人口长期均衡，促进我国经济社会可持续发展。

此外，在教育方面，2021年7月20日，中共中央办公厅 国务院办公厅印发《关于进一步减轻义务教育阶段学生作业负担和校外培训负担的意见》(以下简称《意见》)，提出各地不再审批新的面向义务教育阶段学生的学科类校外培训机构；学科类培训机构一律不得上市融资，严禁资本化运作；校外培训机构不得占用国家法定节假日、休息日及寒暑假期组织学科类培训等。《意见》发布后，引发强烈社会反响，教育、互联网、金融等多个行业高度关注"双减"工作，各方对"双减"成效的期待值很高，"助力教育良好生态""教育去产业化""强化学校教育主阵地"等表述深入人心。舆论认为，推动教育公平、保障公共资源的相对平等分配是治理病态商业模式和教育畸形化的重要保障，更是建设和谐社会、培养健康下一代、打造我国长久国际竞争力的基本前提。有专家分析指出，这些政策都指向了同一个目标：刺激人口生育率，从而尽快扭转中国人口老龄化的不利趋势。其政策的逻辑基本盘是：为适龄婚育家庭减负——适龄婚育家庭提升生育意愿——生育率提升——人口增长率逐年提升——人口老龄化趋势缓解——人口红利继续拉动中国经济——中国经济以政策优惠的形式反哺适龄婚育家庭。

第三节　争议与共识：咬定青山不放松

2021年舆论关注的与人口相关的话题还有很多，其中也不乏一些争议性话题，比如，明星"代孕"风波、三孩政策背景下的"超生罚款"和"三胎贷"、相关生育配套政策出台后引发的对女性就业歧视的担忧以及城市间的"抢人大战"等，这些都是当前我国"老龄化"与"少子化"的国情与现实碰撞的产物。争议的背后其实都是对我国人口现状的担忧，而积极应对人口老龄化、少子化，促进人口均衡发展早已成为全社会的共识。

等闲平地起波澜——一些值得关注的事

代孕背后的法律伦理争议

　　明星郑爽和张恒之间的感情纠纷曾经闹得沸沸扬扬，分手后张恒多次登上黑热搜。1月18日，张恒在微博发文，为自己早前所谓黑热搜澄清，他表示自己之所以会和家人留在美国，是因为必须照顾并保护两个小生命，所谓诈骗、借高利贷、逃避债务等罪名都是子虚乌有，自己已经委托律师处理谣言，并晒出他抱着两个小孩的照片。但比起澄清回应，反倒是孩子的出现引起网友关注和热议，纷纷留言表示诧异："你什么时候有孩子了？"随后，郑爽和张恒的孩子的出生证明被曝光，文件显示母亲姓名为SHUANG ZHENG，于是网友多猜测郑爽是否涉及"代孕"和"弃养"。当日，"郑爽张恒孩子出生证明""郑爽张恒父母录音"等多个话题登上微博、抖音、头条等平台热搜。1月19日，张恒朋友向媒体提供的一段郑爽、郑爽父母和张恒父母对话录音被公开，录音中郑爽及郑爽父母频频提出弃养孩子、由他人领养等看法。稍后，郑爽在微博公开发声回应该事件，再度引爆舆论，更为代孕相关话题的讨论撕开了巨大的口子，这使得该事件已经不再是娱乐明星恋情的纠纷，而是一件涉及人伦、法律等范畴的社会性事件。

　　过去多年间，有关代孕的话题一直争议不断。在人口治理和科学技术的结合越加紧密的当下，由代孕所引发的一系列法律和伦理争议越发火热。而正是因为代孕背后所蕴藏太多复杂的问题，与身体、家庭、生育、性别、阶级、技术等议题的相互交织纠缠，才使得这个尚未有公开定论的问题呈现出如此广阔的讨论空间。各大传播主体纷纷下场，将代孕这一话题讨论的热度、广度、深度都推向新高，舆情出现后一周内一直高位行走。新华社、《人民日报》等媒体接连发声，郑爽多个品牌合作方发微博宣布解除与郑爽的所有合作关系。央视微博接连发布了"央视评代孕弃养法律道德皆难容""我国禁止以任何形式实施代孕，转起周知！"两个评论。"中央政法委长安剑"微信公众号评论称，把女性的子宫当作生育工具，把新生的生命当作商品买卖，甚至可以随意丢弃，这条隐秘的黑色产业链打着法律的擦边球，不仅损害了女性健康、物化剥削女性，更践踏了公民权益、败坏了人伦道德。"作为中国公民，因为代孕在中国被禁止，就钻法律空子就跑去美国，这绝不是遵纪守法。"1月20日，国家广播电视总局主管重点刊物《广电时评》也在公众号上刊发文章，评价郑爽境外代孕、曾欲弃养一事。同时，华鼎奖也决定取消郑爽荣誉称号。

无独有偶，2021年1月13日，遭代孕客户退单女童无法上户口的新闻报道被热议。起因是2017年一女子为谋钱财代孕，不料孕期被检查出染梅毒遭客户退单，她拒绝流产回老家产女，后来又因生活拮据以2.5万元卖掉出生证导致孩子无法上户口引发社会关注。此事将代孕，尤其是商业代孕，再次推向舆论的风口浪尖的同时，也揭开了非法代孕、非法买卖出生证明等将"人口""生命"作为买卖的黑暗产业链一角。而在疑似郑爽代孕事件发酵的过程中，男方曝出录音显示女方有遗弃孩子的意愿，更引发公众对人性和责任的追问。在这些个案里，代孕后如何保障代孕孩子的生存权和发展权，不断成为人们的深切隐忧。人们在一遍遍关注代孕，也正说明代孕正成为比以往更为普及的现象，这也无疑与现实情境息息相关。一方面是人们正逐渐降低的生育欲望，另一方面是中国的不孕不育率已从20年前的2.5%~3%攀升至12.5%~15%。无法生育的年轻人与失去生育能力的失独家庭，是代孕的潜在客户，迫切需要代孕完成他们的愿望。《检察日报》1月18日发布评论称，要正视失独家庭、缺乏生育能力等特定人群的正当需求，在完善法律法规、严格监管的前提下，由具备资质的正规医疗机构提供服务。

可以说"代孕"议题一次一次被舆论热议，也正说明人们希望这一原本看起来颇为前沿但仍存分歧的问题能在反复的讨论中达成社会共识，以理性应对时代之变。

两会延长产假建议的"惊吓"

2021年两会期间，如何激活育龄夫妇生育意愿的话题成为社会关注的焦点。在此背景之下，延长产假，为年轻人的生育提供各种帮助和支撑，就自然而然地出现在了代表委员们的提议当中。产假问题成了舆论关注的焦点。梳理发现，在2021年的全国两会上，关于延长产假的建议有：全国政协委员宋治平建议产假延长至3年到6年，以便于孩子在上幼儿园或者小学前能得到好的照顾和教育；全国人大代表、北京市建设工程质量第三检测所有限责任公司总工程师田春艳建议产假延长至6个月；全国人大代表林勇则第三次提出《关于夫妻合休产假的建议》，建议男性产假规定在42天以上。

这些建议一经提出，便引起社会舆论的广泛关注。人们普遍赞同延长产假，给予女性更多的休息，增加母婴接触的时间。有网友表示："支持这样的建议，二孩家庭确实太需要这样的政策了，妈妈有更多的时间陪伴孩子，还不用担心失业了。"同时，更多的网民则担忧产假的过度延长可能会加深社会对女性的就业歧视，认为生育假期设置并非越长越好，而是要多元统筹设置男女生育假期，强调父母双方的共同责任。对此，华商网3月9日发表题为《政协委员建议产假延长至3—6年引热议 西安部分女性不赞成》的文章，称采访的西安的三位职业女性均表示反对。其中一位女士表示："3年到6年时间，让女性一直在家里带孩子，她之前上班所积攒的技能以及工作关系都会慢慢失去，离岗之后，肯定会有新人填补岗位空缺，6年之后再回去，还回得去吗？这是对女性的一种变相歧视。"其他两位女性则主要从企业的用工成本和自己工资水平的下降方面提出了不同意见，她们认为，产假延长至3—6年，势必增加用人单位的用工成本，即便国家有社保补贴，也补贴不了多少；不说企业有没有意见，自己都不愿意，收入降低，生活受到影响，切身利益被损害，谁能同意？微信公众号"听你萧哥侃"发表文章《产假延长到3年到6年？不是惊喜是惊吓！》指出：不可否认宋代表的提议出发点确实是美好的。她为女性勾勒了一幅美好的图景，原有的14周产假延长至3年到6年，漫长的产假期间不仅可以停薪留职，还有五险一金，加上二孩入园、入学费用减免，极大降低了育儿成本和经济压力。可是，理想很丰满，现实很骨感，这不过是乌托邦式的空想罢了，真正能实施的可能性根本没有。同时，微博上形成了"代表建议夫妻合休产假""产假应该歇多久""建议女性产假延长至3年到6年""建议男性陪产假不低于20天"等多个热点话题。舆论认为，只有让具有生育意愿的年轻人"生得起""养得好"，通过综合性的政策支撑与关爱解决他们的后顾之忧，"愿意生"才会最终付诸行动。

三孩政策背景下的"超生罚款"

中央宣布实施三孩政策后，一些地方在政策的落地和执行的把握上出现了偏差。部分地方认为，在政策落地前生三孩属超生，仍需缴纳超生罚款，导致舆论非议。如贵州省卫生健康委员会人口与家庭处向各市州卫生健康局发出工作提示，在三孩政策正式落地前，继续维持二孩政策，生育三孩仍会按照"超生"处理，也就是面临罚款。即使相关政策落地，被罚款项也不会退回。除贵州外，网上还有四川、湖南等省民众反映未具体落实三孩政策。中共四川省金堂县委办公室对于领导留言板询问三胎政策实行时间的答复是，"有关三孩生育服务证办理具体日期还未落实"；湖南省临湘市政府称，"目前法律法规尚未修改，生育证只能依原规定办理"；江苏省徐州网民在市政府网站询问可否办理三孩准生证，也得到类似的答复。对此，舆论期盼政府有关部门及早予以解决，希望中央的好政策能落实执行，不要让有生育三胎的家庭的愿望落空。2021年7月19日，西藏自治区人民政府办公厅在网上回应三孩准生证申领问题时明确提到，经请示国家卫健委相关司局，2021年5月31日之后，均可以生育三孩，新政策出台前"生育服务登记证"到所在地登记备案，待出新"生育服务登记证"后进行补办。女方生育三孩享受国家法定产假98天（针对全国性政策）。此后，相关争议告一段落。

"提前完成任务"的张艺谋

5月31日，张艺谋的妻子陈婷微博转发了"三孩生育政策来了"的宣传海报，并在配文中写道："提前完成任务。"随后，这条内容被张艺谋工作室转发，并配上了同样的"加油"表情。对此，有网友调侃称："当初你们被罚了700多万，问他们退钱不。"这源于张艺谋此前曾因超生问题被官媒点名批评，并被处以高额的罚款。事情要追溯到2013年5月，张艺谋超生一事被媒体曝光。当时媒体报道称，张艺谋与其妻陈婷生有三个孩子，虽然江苏省计生委、无锡市计生委分别就此事做出回应，但张艺谋本人避谈此事长达半年，一度引起中国民间舆论不满，批评张艺谋耍特权。直到2013年12月，张艺谋才承认育有两子一女，并称愿意接受处罚。2014年1月，无锡市滨湖区计生局对张艺谋及陈婷夫妻两人征收计划外生育费及社会抚养费共计748万余元人民币。

如今，陈婷张艺谋双双转发三孩政策的海报，迅速冲上热搜，也勾起了网民的回忆。网友们在陈婷的微博留下评论，"你们受委屈了""让他们退钱""问罚款能退不"。此举也引来了不少网友的反感，认为巨额罚款并不冤枉，在合适的时间、按国家政策要求才是响应号召，并纷纷在评论区对她们的行为进行吐槽，"当初知法犯法躲得远远的，现在法律通过了立马出来，个人觉得挺搞笑的，反讽啥呀，讽刺自己走在法律前面""脸真大……明明是违规还说自己完成任务"。

刷屏网络的"三胎贷"

三孩生育政策刚出台，就有银行瞄准时机推出"生育消费贷"，被网友称为"三胎贷",也引发了不小社会争议。其中,中国银行江西分行的一款"生育消费贷款"产品2021年6月初在网上流传。贷款额度,一胎最高10万元,二胎最高20万元,三胎最高30万元。消息一出便迅速登上微博热搜,引起网友热议。"能生养三胎的,还差这30万吗?""养孩子都需要贷款,还是先把自己养活吧""无法接受贷款养娃"……这些热门评论均收获了不少点赞。事件发酵不到一天,中国银行江西分行官方微信号发布了关于"生育消费贷"的情况说明,称"生育消费贷"有关信息是内部评估信息,目前尚处在方案评议阶段。就目前评估看,现有消费贷款产品能够覆盖相应需求,暂无此类产品推出计划。对此,中国新闻网刊文《"三胎贷"引争议,"花式"消费贷为何层出不穷?》称,从"彩礼贷""墓地贷"再到"三胎贷",类似的特色消费信贷产品贷款并不少见。虽然贷款名字花样翻新,本质上还是消费贷,满足了特定用户的需求,但部分产品在营销方式上大搞噱头,消费公众焦虑情绪,不仅反映出金融机构业务发展面临困境,也折射出了当下部分公民超前消费、过度负债的消费观。

一波刚平,一波又起。2021年12月23日,吉林省政府官网公布的《关于优化生育政策促进人口长期均衡发展实施方案》提出,支持银行机构为符合相关条件的注册结婚登记夫妻最高提供20万元婚育消费贷款,按生育一孩、二孩、三孩,分别给予不同程度降息优惠。相关消息一出,立刻引来大量质疑的声音,有网友调侃这是让孩子"含着欠条出生",还有网友发出疑问:"要是还不

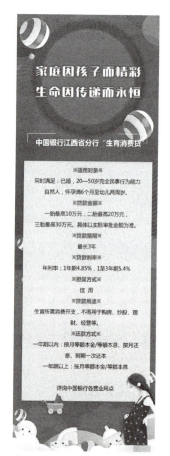

图7-14 银行"生育消费贷"宣传资料

上了怎么办，拿孩子抵押吗？""传宗接贷，贷贷相传？"在网友的戏谑之下，"吉林提供20万婚育消费贷鼓励生育"迅速登上了微博热搜。不过也有声音认为，从整个社会的角度来看，鼓励生育是这两年来的主基调。尤其是在老龄化严重、年轻人口流失严重的东北，优化生育政策、建设生育友好型社会，是政府部门非常明显的倾向。从取消社会抚养费等制约措施，到延长产假护理假，再到实施生育奖励政策，无不指向提升生育率。那么，支持银行机构提供金融产品来鼓励生育，无疑是政策工具包的可选项目之一。为信用较好的个人提供婚育消费贷，是对普通人贷款需求的满足，也是对养育孩子的一种金融支持。呼吁理性看待婚育消费贷，不应被简单化解读为"贷款生娃"。

职场对女性就业歧视的担忧

2021年来，20余省相继启动地方人口与计划生育条例修订工作，推出系列鼓励生育措施。不少地区进一步延长生育假，并增设育儿假。比如，增幅较大的河南省和海南省规定生育假为3个月，使女性在生育后的休假总天数达到了190天；江西和青海为188天；即便较少的宁夏和贵州，也达到了158天。还有的地方按照胎数逐级递增。比如，浙江规定，一孩可休158天，二孩和三孩都可休188天；陕西规定，生育三孩在158天基础上再增加15天。生育福利"加码"，很多人为之叫好，但也引发了社会对女性就业问题的担忧，担心女性会面临更大的求职压力和失业风险。女职工生育期间致使企业用工成本增加，因此在招聘时出现一些歧视性字眼，比如"男性优先""生育与否""准备要几个孩子"等。甚至已婚已育女性优势也不再，凡是婚育年龄的女性，用人单位都会考虑其存在生育两个或者三个孩子的可能性，女性就业门槛被抬高，职业发展空间被二次甚至三次压缩。

微博上，也有不少网民表达了对这一政策的担忧："只有在体制内的女生才能真正享受到这个制度，私企的女员工处境更难了""女生的职业道路这下没了""我休完产假，老板直接给我砍薪一半，他觉得我肯定要分心带孩子，以后产假更长，还不知道会怎么样"。3月智联招聘发布的《2021中国女性职**场现状调查报告**》亦显示，有近60%的女性在求职过程中被问及婚姻生**育状况**。

对此，《湖北日报》等刊文指出，全面三孩，女性权益维护尤为关键。生育子女难免会对女性的身体、精神、生活、工作等带来一定影响。近年来，显性的职场性别歧视得到了一定程度缓解，但"隐性职场性别歧视"依然不同程度存在。文中强调，实施三孩政策，意味着女职工在其职业生涯中可能要经历三次生育，极有可能强化本就存在的职场性别歧视。更好地维护女性权益、消除职场性别歧视，理应成为"配套支持措施"的重要部分。多位专家呼吁，生育成本不应仅由个体家庭、企业来承担，亟须探索成本多方共担机制，凝聚合力营造生育友好型环境。

白热化的城市"抢人"大战

2021年4月，网红名师张雪峰"逃离"北京落户苏州的消息登上热搜。"这才几天，我孩子的入学问题已经解决""公司离家只有6公里，工作、生活、孩子教育三不误"……从他本人的描述中，不难找到选择苏州的原因。而这也只是近些年城市间"抢人"大战中的一个个案。

在"低出生率、人口老龄化"面前，人口红利正在流失，"人和人才"成为城市发展的核心和原动力。在愈加激烈的城市竞争下，"人口危机焦虑"面前，城市间"抢人大战"愈演愈烈。2017年以来，全国约100城先后掀起"抢人大战"，既是抢年轻人口更是抢人才。放开落户、人才引进补贴等成了各地在"抢人"时的标配。2021年2月，南京市提出，全面放宽浦口、六合、溧水、高淳区城镇地区落户限制，对持有四区居住证、缴纳城镇职工社会保险6个月以上的人员，即可办理落户；7月底又发布《南京市积分落户实施办法的通知》，降低了积分入户的门槛。3月15日，青岛市人民政府实施分区域、分类别、差别化落户政策。7月2日，青岛西海岸新区进一步降低落户条件，全面放开落户限制，实现落户"零门槛"……

人口流入拼的是人口质量。随着越来越多的城市跟进政策，放开人口落户就变得没那么有吸引力了，"抢人"大战逐步升级成"抢人才"大战。为了吸引人才特别是年轻人才，很多城市推出人才新政，力度空前、诚意满满。比如，南京"挤出10亿元，宁聚10万人"，作为企业购买年轻人才"入场券"；苏州提出"只要别的地方能给人才的支持，苏州不仅都能给，而且还可以多一点"的"N+1"理念；等等。

一向以落户严格的一线城市北京和上海也放下身段引才引起广泛关注。2021年3月，上海市印发《关于本市"十四五"加快推进新城规划建设工作的实施意见》，提出制定差异化的人口导入和人才引进政策，完善居住证积分和落户政策。7月，北京市发布《北京市引进毕业生管理办法》，文件中放宽适用对象、降低本硕毕业生落户条件、新增计划单列引进项目等调整引起广泛关注。11月29日，上海市学生服务中心官微发布通告：经上海市高校招生和就业工作联席会议研究，决定开放第二批2021年非上海生源应届普通高校毕业生进沪就业落户受理工作，并试点在5个新城和自贸区新片区就业的上海市应届研究生毕业生符合基本条件可直接落户的政策。而此前，上海为缓解人口快速增长带来的资源环境压力，曾提出要严格控制常住人口规模，至2035年常住人口要控制在2,500万左右。截至2020年末，上海全市常住人口为2,487万，已逼近红线，但现在已鲜有提及2,500万人口红线。

舆论认为，人口流动本身就是一个经济现象，也是市场自发配置劳动力资源的结果。从全国大中城市此前几轮"抢人大战"的实效来看，人口向大城市集中已是主流趋势。但从这些年"社畜""打工人""内卷"等流行语中，我们能够感受到年轻人对工作和生活中的获得感、幸福度的追求和向往。对城市来说，能否切实为年轻人提供教育、医疗、住房、就业等服务保障，是留住人才、释放人才潜力的重要前提——先得"站稳脚跟"，才能"振翅高飞"。

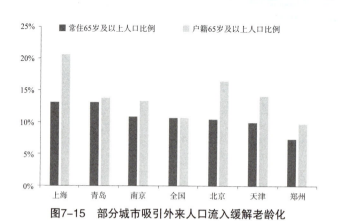

图7-15　部分城市吸引外来人口流入缓解老龄化

表7-7　出台人才新政的城市和省份（不完全统计）

城市级别	出台人才新政的城市和省份
一线	深圳、广州、北京、上海
二线	成都、福州、贵阳、杭州、宁波、合肥、济南、昆明、兰州、南昌、南京、青岛、厦门、沈阳、石家庄、太原、天津、武汉、西安、长沙、郑州、重庆、呼和浩特、无锡、东莞
三四线	济宁、聊城、临沂、潍坊、烟台、淄博、保定、沧州、承德、廊坊、秦皇岛、唐山、邢台、张家口、新余、洛阳、徐州、扬州、滁州、佛山、中山、珠海
其他省份	海南、江西、吉林、四川

争议下的共识，促进人口均衡发展

虽然关于人口政策的争论不断，但"七普"数据拉响了深度老龄化的警报，积极应对人口老龄化，促进人口均衡发展的共识也在形成。党的十九届五中全会明确提出，要实施积极应对人口老龄化国家战略。"十四五"规划和2035年远景目标纲要也提出：要制定人口长期发展战略，优化生育政策，以"一老一小"为重点完善人口服务体系，促进人口长期均衡发展。

12月28日，由中国社会科学院应对人口老龄化研究中心、中国社会科学院大学黄埔高等研究院、中国社会科学出版社联合主办的"实施积极应对人口老龄化国家战略"高端研讨会暨《积极应对人口老龄化战略研究报告2021》发布会在北京举行。报告认为，从第七次全国人口普查数据看，中国人口老龄化表现出五大特点：一是人口老龄化程度继续提高，高龄化趋势明显；二是人口老龄化速度明显加快；三是人口老龄化城乡差异快速扩大；四是人口老龄化地区差异加大；五是人口老龄化程度与经济发展水平出现一定程度背离。报告指出，"十四五"时期是实施积极应对人口老龄化国家战略的开局时期，应重点做好政策准备工作。应继续系统推进经济转型升级，全生命周期视角着手积极落实三孩政策，消除家庭"生育痛点"，推动养老金制度改革和社会养老服务体系建设，为积极应对人口老龄化建立有效制度机制。当前，我国正处于从人口大国向人力资本强国转变的重大战略机遇期，无论是应对"老龄化"还是"少子化"，所需政策都是一套"组合拳"，必须加快形成生育、养育和教育、政策体系，提高鼓励生育一揽子政策含金量和落实力度。我们也欣喜地看到，在国家层面，从取消社会抚养费，清理和废止相关处罚规定，到将入户、入学、入职等与个人生育情况全面脱钩，再到修改人口与计划生育法，一系列重要改革举措的出台，支持生育、养育和教育的政策体系正在形成。在地方和部门层面，各地各部门促进相关惠民政策与生育政策有效衔接，精准做好各项管理服务，根据各地实际出台相应的支持政策，为落实中央决策部署提供了具体支撑。以人民为中心，以均衡为主线，以改革为动力，以法治为保障，实施三孩生育政策及配套支持措施，就是要满足群众多元化的生育需求，切实解决群众后顾之忧，释放生育潜能，促进人口长期均衡发展。

当然，严峻的人口形势并非放开生育就可以扭转，支持生育除了在物质上降低生育、养育、教育成本之外，精神上的激励、价值观的引领同样重要。《中共中央 国务院关于优化生育政策促进人口长期均衡发展的决定》指出，要尊重生育的社会价值，提倡适龄婚育、优生优育，鼓励夫妻共担育儿责任，破除高价彩礼等陈规陋习，构建新型婚育文化。因此，提高生育意愿不仅要解决现实困难，让人们能生、敢生，还需要弘扬中华民族传统美德，尊重生育的社会价值。必须加强文化引领和社会宣传，广泛倡导与鼓励生育导向相适应的人口观、婚恋观、生育观、家庭观；要加强青年婚恋、婚育社会化支持服务，积极引导社会舆论，防止过度渲染恐婚恐孕等情绪，尽量减少青年婚育的焦虑、疑虑和顾虑，营造生育友好的社会氛围，让人们愿生、想生。

舆论呼吁进一步增强忧患意识，深刻认识人口政策调整的战略紧迫性，鲜明实施积极的人口政策、生育政策，更大力度鼓励生育，促进优生优育，积极应对人口老龄化，促进人口均衡可持续发展。

第八章　文化：百般红紫斗芳菲

　　文化是一个国家、一个民族的灵魂。中华民族五千年灿烂辉煌的文明发展史，形成了博大精深的中华优秀传统文化，成为中华民族历久弥新的情感之源、力量之魂。新时代新征程，中华优秀传统文化为中华民族生生不息、发展壮大提供了强大精神支撑。党的十九届五中全会明确提出了我国到2035年建成文化强国的战略目标。实现这一战略目标，呼唤我们更加努力实现红色文化、优秀传统文化创造性转化，期盼我们取网络文化、流行文化之"精华"，不断擦亮中国文化"名片"，提高国家文化软实力。

　　2021年，我国相继出台多项政策推动文化产业向好发展，中国文化焕发出了新的活力。这一年，是中国共产党成立100周年，我们一面回顾中国共产党建党百年的光辉历程，一面感受红色文化迸发的全新生命力；这一年，我们为"上新"的三星堆考古发掘震撼，为泉州申遗成功振奋，也为博物馆里的新动态、电视和网络上一档档别出心裁的文化节目叫好；这一年，"NFT"（Non-Fungible Token）、"元宇宙""云展演"等如火如荼，虚拟世界与现实世界加速融合，年轻人走出网络亚文化，直面新技术带来的文化变局；流行文化关注现实、关注社会，国产电影创造票房新巅峰，佳作迭出，现实题材电视剧显露"叩问真实"的魅力。

第一节　红色文化：百花争艳香满园

2021年，恰逢中国共产党百年华诞，中国共产党百年历史留下的英雄事迹与革命历史传奇等成为文化创作的重要资源。从文艺展览到影视剧作，从红色旅游到图书出版，全年"红色"相关信息热度始终保持在较高水平。6月28日，庆祝中国共产党成立100周年文艺演出《伟大征程》吸引了各方高度关注，将话题热度推至波峰。

红色美术经典讲述"好故事"

改革开放以来，美术界对党史题材的创作越发成熟，2021年红色题材大展纷纷亮相。在中国文联、中国美协举办的"不忘初心 牢记使命——庆祝中国共产党成立100周年美术作品展览""红船颂·全国美术精品创作工程作品展"等展览活动中，《跨过鸭绿江》《上甘岭战役》《开国大典》等美术史经典，再现了"以大美之艺绘传世之作"的创作格局；在广东美术馆举办的"广东省庆祝中国共产党成立100周年美术作品展"中，涌现出一批如《中国芯》《中国探月》等反映新时代科技创新成果的近作，彰显了"时代之变、中国之进、人民之呼"，成为我国迈向高水平科技自立自强的生动记录。

红色美术经典的传播，离不开流媒体的跨界助力。2021年1月，中央广播电视总台百集特别节目《美术经典中的党史》播出，引发了社会各界强烈情感共鸣和广泛热议好评，新媒体点击量屡创新高，成为一款"现象级"节目。《美术经典中的党史》作为主流媒体中第一档开播的反映中国共产党百年征程的专题节目，一改过去枯燥单一的党史讲解形式，以跨媒介的方式，融合影像、文学、照片、动画、访谈等形式创新了电视表达手段，打造出红色科教节目精品范本。故事短片、作品展示、动画示意、历史背景介绍等多种电视手段，生动、立体、直观地展示了美术经典作品的独具匠心和艺术魅力，多手段、全方位、多维度创新了党史与艺术融合的表达和传播。据不完全统计，《美术经典中的党史》播出仅半个多月，在中央广播电视总台的跨媒体用户总触达人次为3.38亿次，节目在综合频道播出收视率比平时增幅约30%，迅速引发了破圈层传播，成了现象级传播产品。观众对《美术经典中的党史》这一专题节目赞誉颇丰，网民纷纷表示，通过美术作品来了解百年党史非常直观，赞其既是历史教育，又是美育教育。6月23日，根据《美术经典中的党史》改编再创作的英文融媒体短视频系列The Art of the Party，在境外新媒体平台推出，该视频截至10月1日在欧美社会获取超1亿流量，有境外网民看完数集短视频后评论："从一条小船到人民大会堂，中国共产党在百年间完成了难以想象的发展征程。"

为庆祝中国共产党成立100周年，由中央广播电视总台、中国国家博物馆联合举办的"无声诗里颂千秋——美术经典中的党史主题展"，6月22日在中国国家博物馆开幕。此次主题展以中央广播电视总台百集特别节目《美术经典中的党史》为依托，以百年党史发展的重大事件为时间线索，遴选出一百件反映中国共产党成立以来各个历史时期的最具代表性的美术经典作品。油画《毛泽东到了陕北》《红军过草地》，雕塑《小号手》《艰苦岁月》，国画《巧渡金沙江》《初春——习近平总书记重访梁家河》等作品，以美为体，以史为魂，集党史题材和艺术之美于一体，线上节目与线下展览相映生辉，以艺术的形式生动展现了中国共产党带领中国人民筚路蓝缕、披荆斩棘、艰苦创业、砥砺前行的百年辉煌历程，获得了观众的广泛好评。

红色文艺演出传递"好声音"

6月28日，在国家体育场举行的庆祝中国共产党成立100周年文艺演出《伟大征程》，在2小时的时间里将浑厚大气的艺术表达与声光电的高科技效果相融合，以大型情景史诗的形式生动展现了中国共产党百年来波澜壮阔的光辉历程。国家体育场首次架起180米长的巨幕，巨大的"广场"上，一左一右两侧建起阶梯状"旋转舞台"，演员的表演通过"即时拍摄、瞬时导播、实时投屏"投放到中间巨幅屏幕上。每场戏剧表达都是时间轴上的重要节点，每个戏剧故事都是一个时代。建党过程中万千熠熠生辉的故事，融汇成了百年壮阔的星河，从1921年改变中国的热血青年人眼中，一直流淌到2021年我们的心里。

表8-1　2021年热门红色影视剧top 10

序号	2021年红色影视剧	媒体关注度
1	《长津湖》	2,607,959
2	《光荣与梦想》	852,068
3	《觉醒年代》	288,966
4	《理想照耀中国》	259,650
5	《悬崖之上》	220,348
6	《1921》	209,490
7	《大浪淘沙》	207,449
8	《山海情》	113,058
9	《山河岁月》	93,291
10	《革命者》	85,090

2021年是中国共产党建党100周年，讲述红色故事的影视作品持续"霸屏"，受到年轻观众的追捧和喜爱。1月12日，一部讲述宁夏西海固移民们在

国家政策号召、福建对口帮扶下摆脱贫困的电视剧《山海情》，在众多偶像剧中快速"出圈"，引发网民热评与点赞。据中国视听大数据（CVB）统计，《山海情》每集平均收视率1.504%，豆瓣更是打出了9.4的高分，观众直呼"这才是中国劳动人民生活的真实写照"。重大革命历史题材电视剧《觉醒年代》从2月1日在央视开播并登陆优酷等网播平台后，口碑持续发酵，该剧的豆瓣评分高达9分。更难得的是，该剧收获了大批年轻粉丝，并在社交平台持续带动话题升温，甚至还引来了不少年轻观众弹幕催更。7月1日上映的电影《1921》和《革命者》，让青年观众重返建党历史现场，思考何为真正有意义的青春。以展现抗美援朝战争中最惨烈的战役——长津湖战役——为主要题材的电影《长津湖》，在国庆上映之后票房一路领跑，打破了票房和观影人数等26项纪录。"长津湖战役发生了什么""长津湖让你感动到泪崩的瞬间""长津湖3个冰雕连仅2人生还"等话题登上热搜，引发年轻网民对长津湖战役的关注。许多网民更是在看完电影后，携家带口自发前往烈士陵园吊唁献花。除了故事内容扎实、动人，红色影视剧的形式亦有创新之处。《理想照耀中国》以"单元式系列短剧"形式，在30分钟之内讲完一个故事，用40个故事贯穿建党百年的历史征程，书写了一首名为"理想"的长诗；《功勋》用单元剧的形式，将首批8位共和国勋章获得者的人生篇章与共和国命运串联起来，诠释了他们"忠诚、执着、朴实"的品格和献身祖国人民的崇高境界。红色基因和革命薪火，经历百年传承，透过光影呈现，越发强烈地吸引和感召今天的中国青年。

红色文旅打造"好线路"

从年初开始，人们对红色旅游便一直保持高度关注。文化和旅游部数据中心的综合测算显示，2021年端午假期，87.9%的游客体验了红色旅游；中国旅游研究院和马蜂窝自由行大数据联合实验室发布的《中国红色旅游消费大

图8-1　2021年红色旅游相关热词（人民网舆情数据中心）

数据报告（2021）》显示，2021年参与调查者中，41.7%的游客参加红色旅游的次数达到3次以上，7.1的游客参加红色旅游的次数超过5次，40%以上的游客经常、自主选择红色景区参观学习。5月，文化和旅游部推出"建党百年红色旅游百条精品线路"，包括52条"重温红色历史、传承奋斗精神"主题线路，20条"走近大国重器、感受中国力量"主题线路，28条"体验脱贫成就、助力乡村振兴"主题线路，为广大游客提供了路线导览。

与此同时，不少红色旅游目的地不断进行创新，将红色旅游资源与不同业态进行整合，使红色旅游更有活力、红色文化更加生动。《中国红色旅游消费大数据报告（2021）》显示，2021年游客喜爱的"红色+"融合业态中，游客最喜爱的是"红色+影视"，第二位是"红色+体育运动项目"，第三位是"红色+动漫／游戏"，这三项总占比为40%。在2021年游客最喜爱的红色旅游项目的类型中，排名第一、第二位的分别为红色民宿、红色实景演出，两项占比均接近20%。随着网络科技的发展，互动体验、视频直播等沉浸式模式深受游客青睐，陕西延安红街倾情打造的红色主题情景剧《再回延安》，是国内首部红色室内情景体验剧，不同于以往传统的"坐着看"，该剧采用了年轻人喜爱的表演形式——流动式的"走着看"，让游客在现场可以身临其境地体验共产党与延安人民患难与共的13年，成为年轻游客争先打卡的时尚聚集地。

好线路、新形式，2021年红色旅游发展势头强劲。马蜂窝旅游大数据显示，1月以来，"红色旅游"搜索热度较上年同期增长176%。其中，京津冀红色旅游区、湘赣闽红色旅游区和沪浙红色旅游区的热度指数增长幅度最大，分别上涨了240％、173％和121％。《中国红色旅游消费大数据报告（2021）》显示，1月以来，"红色旅游"搜索热度与上年同期相比，北京以涨幅316％排名第一，湖南、吉林两省以热度涨幅202％和196％位列第二和第三。2021年经典红色景区热度同比增长89％。其中，中共一大会址热度涨幅243％，井冈山风景名胜区涨幅140％。携程旅行数据显示，天安门广场、中国国家博物馆、岳麓山、中共一大会址、中国人民革命军事博物馆等景区入选为2021年上半年受游客欢迎的红色旅游景区。其中，天安门广场成为客流量最大的景区。

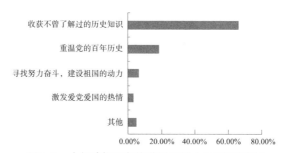

图8-2　人们选择红色旅游的原因（马蜂窝旅游）

人们选择红色旅游的原因多种多样，绝大部分游客渴望了解相关历史知识。据马蜂窝旅游《旅游新国潮》大数据报告，66.1%的旅客希望通过红色旅游收获不曾了解过的历史知识；另外，18.64%的游客选择红色旅游的原因是想要重温党的百年历史。

第二节　传统文化：明媚谁人不看来

党的十八大以来，习近平总书记高度重视中华传统文化的保护、传承和利用；党的十九大报告提出，要"推动中华优秀传统文化创造性转化、创新性发展"。可以见得，创造性转化、创新性发展是中华优秀传统文化在新时代绽放光彩的正确路径。2021年，国人通过别出心裁的创新表达形式，把传承中国优秀传统文化的热情在中华大地这片热土上层层扩散，带动越来越多的国人拥入学习中国优秀传统文化的浪潮之中，在接力中形成燎原之势，展现了每个小我对中国传统优秀文化的蓬勃自信。从"外国的月亮比中国圆"到热捧中国文化之美，我们越发能自信看待经典，欣赏不同的美。

文化遗产"新传承"刷屏

2021年是中国现代考古学诞生100周年，重大考古发现成刷屏热点。3月，四川省广汉市三星堆遗址新发现六座祭祀坑，出土500余件文物，黄金面具、青铜人像、青铜尊、玉琮、玉璧、金箔、象牙等吸引大量游客一睹"古蜀文明"的神秘面孔。青铜神树、青铜纵目面具等造型奇特、大气恢宏的文物，既昭示古蜀文明的灿烂辉煌，也彰显中华文化的丰富性和多样性。此次三星堆遗址出土的一张黄金面具残片，惊艳世人。95后B站UP主"才疏学浅的才浅"，用一块500克的黄金，历经上万次煅烧和捶打才将完整的金面具复原出来，视频一经发布热议不断。"古时工匠的巧思与智慧"引网民感慨，有网民评论称"这既是工匠精神的传承，也是跨越千年的文化共振"。数据显示，清明假期第一天，三星堆博物馆达到1.5万人的最大游客承载量，创下历史新高；"五一"小长假前两日，三星堆博物馆累计接待游客34,574人，比2019年同期增长约284.4%。

"涨海声中万国商"，宋元时期"东方第一大港"、古城泉州在千年之后依然给我们讲述着动人的传奇。7月25日17时38分，我国世界遗产提名项目"泉州：宋元中国的世界海洋商贸中心"通过联合国教科文组织第44届世界遗产委员会会议审议，成功列入《世界遗产名录》。至此，我国世界遗产总数升至

56项。"泉州：宋元中国的世界海洋商贸中心"反映了特定历史时期独特而杰出的港口城市空间结构，一砖一石都不是平淡无奇的存在。如建于宋代的洛阳桥，是一座跨海梁式大石桥，享有"海内第一桥"的名声。泉州申遗成功，阐释了泉州地区悠久的历史文化与海上丝绸之路对人类文明的卓越贡献，也引发了如何更好保护我国历史城市的深入思考。

国务院于2016年确定每年6月的第二个星期六为"文化和自然遗产日"，2021年6月12日是第五个"文化和自然遗产日"，国家文物局选择重庆举办文化遗产日主场城市活动。6月11日，2021年文化和自然遗产日"云游非遗·影像展""非遗购物节"启动仪式在京举行。在"文化和自然遗产日"期间，全国各地举办了4,100多项线上线下非遗宣传展示活动。"云游非遗·影像展"由中国演出行业协会联合腾讯视频、爱奇艺、优酷、抖音、快手、哔哩哔哩、酷狗、微博8家网络平台共同承办，2,000余部非遗传承记录影像、非遗题材纪录片、访谈综艺节目在线进行公益性展播。"非遗购物节"由文化和旅游部、商务部、国家乡村振兴局有关司局，共同支持阿里巴巴、京东、抖音、拼多多、唯品会、中国手艺网等网络平台联合举办，7,000余家非遗店铺、6万余种非遗产品参与线上线下销售活动。"文化和自然遗产日"已经成为向全社会宣传普及非遗知识、展示非遗保护传承实践的重要平台，成为全国人民共享

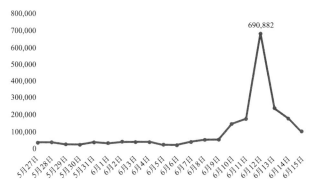

图8-3　"文化和自然遗产日"舆情传播走势（中国演出行业协会）

图8-4　5月27日至6月15日非遗热词（中国演出行业协会）

非遗保护成果的重要节日。

　　据中国演出行业协会针对遗产日各线上项目及地方相关活动进行舆情及传播效果分析，5月27日至6月15日，"文化和自然遗产日""非物质文化遗产""非遗+短视频""非遗购物节""非遗影像展""非遗在身边""非遗直播"等关键词相关舆情传播量共计2,066,647条。对206.7万条舆情传播进行热词传播分析，非遗（1,042,424次）、非物质文化遗产（533,963次）、非遗在身边（205,796次）、文化和自然遗产日（172,011次）、非遗影像展（40,321次）、云游非遗（35,148次）位列前五位，相关舆情聚焦非遗影像展、非遗购物节、非遗与红色党建、非遗文旅等内容，致力于持续深化和实践"人民的非遗，人民共享"的非遗系列活动主题。

传统文化"新玩法"井喷

　　2021年，传统文化向年轻人靠拢，敦煌博物院、西安兵马俑、郑州唐宫夜宴等国潮文创、汉服旗袍、丝竹歌舞等花式玩法，让陈旧古朴的历史文化焕新再现。《国家宝藏·展演季》《登场了！洛阳》《舞千年》等一档档精彩的文化类综艺节目，勾起了观众冲进博物馆的欲望。

　　年初，河南卫视春节晚会的《唐宫夜宴》节目走红。14位活泼灵动、娇憨可爱的"唐朝少女"的博物馆奇妙夜之旅收获了几亿播放量、千万条弹幕，开启了2021年的博物馆热。微博平台中#唐宫夜宴演员嘴里含着棉花跳舞#、#河南春晚舞蹈唐宫夜宴#、#河南春晚总导演回应节目出圈#相关话题阅读量近13亿次，讨论量超60万条。对"河南春晚舞蹈唐宫夜宴"网民观点进行汇总后发现，40.79%的网民对"河南春晚舞蹈唐宫夜宴"赞不绝口；30.26%的网民表示为"出圈"的河南春晚点赞；14.47%的网民表示各大卫视春晚应多安排"唐宫夜宴"类节目，传承中华优秀传统文化；9.21%的网民表示该节目时长略短，意犹未尽；5.26%的网民表示由此对参观河南博物院充满期待。

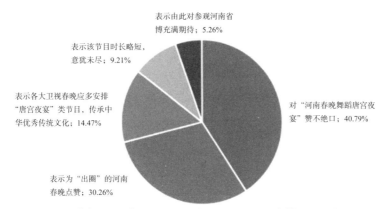

图8-5　《唐宫夜宴》网民评论分布图（中国文化传媒集团研究院）

此后，《元宵奇妙夜》《端午奇妙游》《中秋奇妙游》《重阳奇妙游》等"中国节日"系列节目，一次次掀起全网关注的热潮。北京故宫博物院、四川三星堆博物馆、陕西历史博物馆，河南博物馆、苏州博物馆、广东博物馆等都是热搜榜上的常客。2021年的清明节，北京故宫博物院的门票在假期之前就已售罄；河南博物院的网上搜索量比2019年同期增长4倍，成为网红打卡地；四川三星堆博物院的网上搜索量与2019年同期相比增长3.4倍，3月20日至21日周末两天预订四川三星堆博物馆门票的游客数环比3月13日至3月14日增长近12倍。在第十一届北京国际电影节上，《牡丹还魂——白先勇与昆曲复兴》

和京剧《搜孤救孤》两部传统艺术题材影片不仅上座率颇高，还在口碑上收获众多年轻观众好评，成为传统文化"出圈"又一例证。

2021年以来，盲盒、摆件、非遗元素商品以及IP跨界联名款成为最受年**轻消费者欢迎的品类。爆款文创产品，首推文创雪糕。**三星堆博物馆的"青铜面具"、武汉的"黄鹤楼"、敦煌的"月牙泉"等雪糕层出不穷，让"舌尖上的博物馆""一口一个景点"成为年度热门话题。考古盲盒更是今年文博圈的宠儿。河南博物院推出的名为"失传的宝物"的"考古盲盒"，春节期间线上一次性上架1.2万个，不到五天售罄；陕西历史博物馆出品的"青铜小分队系列盲盒"，以商周时期的青铜器皿和纹样为基础创作出别致的手办。2021年也被称为"数字藏品"元年，蚂蚁、腾讯相继推出了数字藏品发行平台鲸探和幻核，合作伙伴包括国家博物馆、故宫博物院、湖南省博物馆、湖北省博物馆等超级IP。作品、艺术品或商品经过区块链技术进行唯一标识处理后成为数字收藏品，每个数字藏品都拥有着其自身专属的"身份编号"，其拥有的独特性和唯一性，深受消费者喜爱。

此外，在B站、抖音、快手等视频平台上经常有如下热点刷屏：穿汉服逛故宫走红的77岁爷爷"辰老爷子"恍如阁老再世、用唢呐演绎多种曲风的唢呐传承者川子的演绎直击灵魂、梨园世家5岁小萌娃杨泽崧传承国粹京剧……越来越多的国人在文化热潮中涵养文化自信，唢呐、汉服、京剧等中国传统文化代表元素被国人热爱，让我们感受到了中国优秀传统文化传承的力量。

紧随科技脚步，将新技术纳入创意视野，是文化创新的必由之路。文艺创新要以中华优秀传统文化为基础，用年轻人喜闻乐见的方式，让优秀传统文化"破壁"，使越来越多的年轻人喜欢传统文化、礼敬传统文化，进而愿意投身到传播传统文化的行列中去。唯有继承传统、推陈出新，服务当下，展望未来，激活中华优秀传统文化的生命力，才能打造出当代文艺的高光时刻。

中华文化"新内涵"丰富

2021年，广大文艺工作者用传统文化精髓滋养文艺创作，创作生产出了更多高扬中国精神、反映时代气象、体现中华审美风范的优秀作品。中央和地方媒体开设专题专栏，推出一系列专题片、纪录片，有关部门举办一系列文化活动、主题展览，彰显了中华文化的神韵风采。大型纪录片《这里是中国》《人民的选择》《山河岁月》，电视节目《典籍里的中国》《中国诗词大会》《国家宝藏》《唐宫夜宴》等引发了社会广泛关注；传统文化主题动画片《俑之城》《济公之降龙降世》《白蛇2：青蛇劫起》深受"小观众"喜爱；传统戏曲进校园、进乡村稳步推进，传统节日文化得到了全社会进一步重视，"望得见山、看得见水、记得住乡愁"的理念日益深入人心。越来越多的人走进剧院博物馆、走进历史名城街区、走进名山大川，欣赏人文之胜，领略自然之美。文物热、非遗热、传统节日热、探索自然热纷纷兴起，全社会共同擦亮了历史文化金名片。

截至2021年，中国文化部对外文化联络局已在全球设立了近50家海外中国文化中心，做强"感知中国""欢乐春节""文化中国""四海同春"等对外文化交流活动品牌。我国与20多个国家签订了文化遗产领域合作协定，举办出入境文物展览，与"一带一路"沿线国家开展了援外文物保护修复和联合考古合作，把文化遗产作为文明传播交流的"天然使者"。2021年，在亚洲文化遗产保护对话会期间，我国提出"中国愿同各国开展亚洲文化遗产保护行动，为更好传承文明提供必要支撑"的重大主张，以"增进文明对话、共塑亚洲未来"为主题，发布《关于共同开展亚洲文化遗产保护行动的倡议》，持续推进亚洲文化遗产保护行动，为增进文明交流互鉴谱写了亚洲新篇章。此外，我国对相关机构在国外主流媒体平台开设中国专栏、中国剧场、中国专区专页等的鼓励支持，增进了各国人民对中国文化的认知认同。

2021年，中国艺术研究院与《环球时报》旗下的环球舆情中心合作开展了海外受访者对"构建人类命运共同体"理念、文明内涵、文化交流认知态度的跨文化比较的实证调研。调研目标国家包括乌克兰、日本、韩国、俄罗斯、泰国、越南、马来西亚、新加坡、菲律宾、印度尼西亚、印度以及哈萨克斯坦，共12个国家。这些国家大都与中国有重要经济与政治关系，文化交流相对频繁。根据调查，到中国旅游（68.1%）成为受访者最感兴趣的了解和感受中国文化的途径，中国电影（48.1%）与各类文化交流活动（41.9%）紧随其后。通过来华旅游感受中国文化方面，受访者在对历史人文、民俗等中国传统文化景观表现出兴趣的同时，也对中国高科技应用及其相关景点感兴趣。在影视作品方面，反映中国各地自然风光、民风民俗、旅游探险等内容的纪录片（42.4%）最受受访者喜爱，其次是武侠、古代历史等类反映中国自然和人文风光的电影（40.3%），以及中国古代风格的影视作品，所受到的关注度较高。

第三节　网络文化：无边光景一时新

站在"两个一百年"交汇点，置身于全球最大的网络社会中，2021年"宅经济""云生活"成为人们衣食住行的重要组成部分，"新电商""NFT""元宇宙"等诸多新生词汇已走进大众视野。回眸"互联网+文化"如火如荼的一年，虚拟世界与现实世界正在加速融合，更多的年轻人从自己的"小圈子"

图8-6　网络文化热门词云

中走出来，从网络亚文化中走出来，在风起云涌的"元宇宙"，直面新技术带来的文化变局。

网络文化"新业态"

NFT艺术。NFT作为非同质化代币，具有不可拆分替代、非标准化等特质，为数字艺术藏品提供以区块链技术为底层的技术协议标准。它与传统艺术品金融、娱乐传媒、数字文博等领域逐渐融合，形成了多样的数字资产和虚拟生态。与传统艺术品收藏相比，NFT具有价格公开透明、可追踪认证等优势，在2021年由国外进入国内，并呈爆发增长态势。据柯斯林统计，NFT一词在2021年使用率增长了110,000%，成为《柯斯林词典》2021年年度词汇；Chainalysis统计数据显示，2021年NFT市场规模至少269亿美元；雅昌艺术市场监测中心（AMMA）与法国艺术机构Artprice携手发布的《2021年度艺术市场报告》显示，2021年全球传统拍卖平台上共成交近300件NFT作品，总揽金2.32亿美元，成交率高达88%；2021年3月，佳士得首次拍卖的NFT艺术作品*Everydays: The First 5000 Days*最终以6,835万美元成交，成为在世艺术家拍卖史上价值第三高的艺术品，更是引发了收藏、购买NFT艺术作品的热潮。在

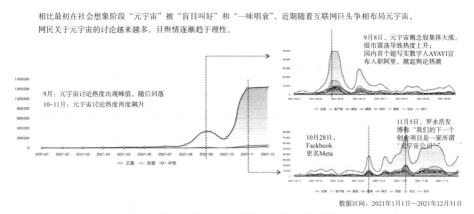

图8-7 《元宇宙发展研究报告2.0版》(清华大学新媒体研究中心)

我国，支付宝、腾讯等互联网巨头亦纷纷加码NFT艺术，以蚂蚁链、至信链为底层技术支持先后推出的敦煌飞天、九色鹿、新华社新闻等数字藏品深受年轻群体喜爱，并以NFT拍卖、NFT盲盒、各式加密艺术展等形式不断拓宽NFT艺术的边界，为推动文化遗产数字化、年轻化、生活化提供了新的机遇。

元宇宙。元宇宙（Metaverse）的概念最早起源于科幻小说《雪崩》，描述了一个人类以虚拟形象在三维空间中与各种软件进行交互的世界，其八大关键特征为身份、朋友、沉浸感、随时、低延迟、内容多样化、经济和安全。随着5G时代计算机性能提升、VR/AR头显设备成熟，在后疫情时代激增的虚拟生活、娱乐、社交、消费等需求刺激下，2021年元宇宙正在加速成为现实。2021年10月28日，Facebook（脸谱网）CEO扎克伯格宣布，将Facebook的名字改为Meta，在全球范围内掀起了"元宇宙"热潮。在国内，以腾讯、字节跳动、网易、米哈游等为代表的网络文化企业，依托微信、抖音、原神等王牌产品，加速布局元宇宙，为场景化社交、虚拟偶像、自组游戏、加密艺术、虚拟旅游等新型网络文化产品打开了更加广阔的商业潜能，也为工业、文旅业、互联网业、游戏业、教育业、房地产业等领域带来了深远的影响和无尽的发展可能。清华大学新媒体研究中心《元宇宙发展研究报告2.0版》报告显示，相比最初在社会想象阶段"元宇宙"被"盲目叫好"和"一味唱衰"，经过2021年的发展，国内外互联网巨头争相布局元宇宙，网民关于元宇宙的讨论越来越多，且逐渐趋于理性。

云展演。受2020年以来新冠肺炎疫情大流行及其防控管理措施的影响，线下的会展、演艺等艺术活动陷入停滞状态。为减少由此带来的经济损失，2021年相关政策相继出台，支持鼓励发展云会展、云演艺等业态，有力地帮助了它们的复苏。如老牌展会广交会相约云上，中国体育文化博览会和中国体育旅游博览会于网上开幕，中国贸促会已举办线上展会300多场。与此同时，受益于5G网络的快速发展，数据传输效率上的大幅优化为4K、8K高清视频，以及VR、AR等技术在移动端上的流畅播放扫清了障碍，使每台手机用户都能在云端享受剧院级的视听盛宴，推动了线上演出向在场化、个性化、碎片化方向发展。以2021年2月国家京剧院和咪咕公司协力推出的线上京剧《龙凤呈祥》5G+4K超高清演播项目为例，演出借助VR技术以多视角、多机位呈现舞台画面并加入"云导赏""云解说"等幕后花絮环节，让观众得以自主选择观赏视角，并对线下剧场环境进行"复刻"与升级，上线叫好、鼓掌、打赏等弹幕、表情包功能，创制"云打赏""云包厢"等模式，增加了云端剧场在场互动的体验感。

非遗电商。根据由中国社会科学院舆情实验室联合阿里巴巴发布的《2021年非遗电商发展报告》，淘宝天猫平台上非遗消费者数量、人均消费支出连续三年实现双增长。截至2021年6月30日，这些平台上非遗店铺总数量超过3.5万家，较两年前增长接近32%，在2021年创下了历史新高。其中，85后和90后是非遗电商的消费主力，而非遗商家当中也不乏年轻人的身影，预示了其可观的发展前景。"非遗+电商"的模式，不仅引领年轻人才回家，还为乡村振兴作出了卓有成效的贡献：近一半的非遗产业都位于县域及以下地区。这种下沉式产业充分拉动了地方经济的发展，带动了地方的就业与增收。可以说，非遗电商已经逐渐从冷门走向热门，从小众走向大众。它的出现，让更多的非遗手工艺人走出一隅，迈向更为广阔的天地，也让文化遗产的保护、活化与传承步入了一个新的台阶。

漫改IP。近年来，中国二次元产业已经步入爆发期，2020年整体市场规模可达1,000亿，年增速达到32.7%，泛二次元用户预计2023年达到5亿。根据2021年的《新华·文化产业IP指数报告》可知，在数字文化内容的诸多价值来源当中，漫画已经成为继网络文学之后的第二大来源，占比达到20%。2021年初，爱奇动漫与中国电视剧制作产业协会青年工作委员会正式达成战略合作计划，并公布了2021年重点漫画片单，提出了IP孵化的重点工程"苍穿计划"，致力于扶持中国原创动漫，打造优质品牌，挖掘新人创作者。一年以来，原生漫画IP在各方的积极支持下茁壮成长，不仅被改编成为动画、电影、游戏等多种形式，而且还参与到了旅游推广等多种跨界性质的合作当中，**使得动漫行业总体的文化价值与经济价值日益受到重视。**

网络文化"新特征"

智慧城市数字化转型。2021年以来，全面推动城市数字化转型成为国内一线城市新一轮发力博弈的焦点。年初，上海率先打响头炮，发布《关于全面推进上海城市数字化转型的意见》，明确提出到2025年，城市数字化转型要取得显著成效，形成国际数字之都的基本框架，到2035年，要成为具有世界影响力的国际数字之都。目前，智慧城市成为国际城市化发展的热门之一，全球都在热火朝天地布局智慧城市建设。我国同样积极开展智慧城市试点，并形成了多个智慧城市群。2021年伊始，各个地区便相继发布新政，智慧城市开局即成热门。对此，国家住房和城乡建设部也明确表示将大力推荐智慧工地、智慧建筑等相关技术的运用。智慧城市成为我国未来城市化之路一个新的指引方向。

双线融合发展成为新趋势。2021年，随着新型冠状病毒在世界范围内继续蔓延与传播，社会进入所谓"后疫情时代"。尽管病毒大流行的情况不断出现新的挑战，但是我们已经摸索出了一套相对成熟的应对机制与管理模式，并进入了全方位综合防控"科学精准、动态清零"的阶段。在这样的背景下，不同门类的文化产业也发展出了各自的应对策略。一方面，传统的线下文化行业积极寻找新的市场通路，开辟自己的生存空间；另一方面，线上的文化产业也在不断加力发展，积极推出创新性产品，增强用户的线上体验。2021年6月商务部印发的《"十四五"商务发展规划》提出了发展线上线下融合的模式，积极促进双线融合。这也意味着，无论在后疫情时代的具体情况如何，我们都不应该过分侧重或依赖于线下或线上的单一方面。只有形成双线融合，达成彼此的合作与互补，才能构成更加健康完整的文化产业新业态。

数字文化出海力度加大。2021年5月31日，习近平总书记主持中共中央政治局第三十次集体学习并发表重要讲话，强调要加强文化的国际传播工作，提出要讲好中国故事，传播好中国声音，展示真实、立体、全面的中国。[①]10月，商务部、中宣部等17部门联合印发《关于支持国家文化出口基地高质量发展若干措施的通知》，大力推进国家文化出口基地提质扩容增效。受全球疫情等外在条件的影响，传统文化产业出口陷入相对的停滞期，迫使我们寻找更多新的出路。而以游戏、网络文学等为代表的数字文化产业，因依托于其互联网媒介的特殊性质，则加大了出海的力度，成为中国文化对外传播的新载体与新表现形式。依赖于我国移动互联网及相应的人工智能、云计算等先进技术的发展，各类原创性的、具有中国特色的作品与IP源源不断地涌向海外，有效地提升了我国文化在海外地区的影响力。

网络文化"新预测"

文化产业继续数字化转型。近年来，文化产业的数字化伴随着新技术的发展与成熟不断转型升级，而这在未来依然且始终将是一个不可忽视的重要趋势。随着数字中国建设的深入实践，各种新业态、新服务、新模式不断涌现。搭乘"数字快车"，文化产业也在朝着家庭化、数字化、智慧化的方向继续发展。科技创新赋予文化产业发展新动能，将是未来10年的时代主题。整

---

① 习近平在中共中央政治局第三十次集体学习时强调加强和改进国际传播工作 展示真实立体全面的中国，新华社，2021-06-01。

合人工智能、大数据等科技产业资源，推进5G与VR/AR、4K/8K超高清视频等技术相结合，积极发展新型文化设施，加快推进文化产业重点领域数字化消费、数字化生产、数字化运营，是未来持续不变的主题，也将有力地提升我们文化产品的创意性与文化服务的体验感。

电子竞技成为被主流认可的文化活动。2018年的雅加达亚运会电子体育表演项目中，电子竞技作为表演赛事首次登上亚运赛场，中国队取得2金1银的成绩，为国争了光。2021年11月，由中国珠江集团公司出资组建的EDG俱乐部派出的代表队在冰岛夺得了S11英雄联盟年度总决赛的冠军，标志着经过10年在电子竞技领域的深耕，我国在《英雄联盟》这一赛事项目上已经取得了不俗成绩。如今，电子竞技作为正式项目入选2022年杭州亚运会，响应了2021年12月13日亚奥理事会在官网"支持鼓励单项协会和各自对应的虚拟运动合作"的口号，也标志着电子竞技作为年轻人喜爱的竞技赛事，已经走在了规范化、成熟化、体系化的道路上。在未来，电子竞技将越来越成为被主流认可的一项文化活动，将对于我国的文化产业发展起到重要的推动作用。

严格、规范化网络管理成为常态。规范且明朗的网络环境对于促成虚拟性公共空间的和谐、文明发展具有重要的意义。近年来，我国日益重视网络平台的规范化管理，积极强化监督，加强正向引导。尤其是对于出生在互联网时代的青少年一代，更是要着力于建立起他们正确的人生观、世界观与价值观。例如在游戏领域，相关部门严格限制向未成年人提供网络游戏服务的时间，严格落实网络游戏用户账号实名注册和登录要求，加强对防止未成年人沉迷网络游戏有关措施落实情况的监督检查，对未严格落实的网络游戏企业依法依规严肃处理等。这些趋势在未来还将继续坚持推进，为青少年的健康成长营造一个良好的环境。

网络发行机制更加成熟。疫情期间全国电影院处于暂停营业的状态，院线电影没有了上映的大银幕，观众也没有了看电影的场所。在这样的大背景下，网络电影在2020年迎来了一次爆发。经过了2020年的发展，本年度网络电影无论在制作还是在发行方式上都更加成熟及多元。多部预备于院线发行的电影转为网络首发，如《东北恋哥》等，为网络电影市场带来了更加成熟和精良的制作。富有经验的电影人开始陆续转战网络电影市场，为市场繁荣和革新带来了新的气氛。由于正处于刚刚兴起的阶段，网络电影尚没能突破其自身观影人群的天花板，市场下沉的基础上并未出现口碑引爆之作。在未来一段时间，随着疫情防控常态化的继续推进与市场的进一步发掘扩大，网络发行机制将更加成熟，更多的优质作品涌现将成为可能，网络影视的发行将会迎来一个新的发展契机。

第四节 流行文化：问渠那得清如许

回顾2021年，红色文化壮阔生动、传统文化熠熠生辉、"互联网+文化"如火如荼，受此影响，流行文化也更加关注现实、关注社会。国产影视作品主打"人间真实"，沉浸式文化走向纵深，整顿"饭圈"乱象，年度流行语折射出了时代和社会的脉动。然而，流行文化新经济、新业态为我国社会经济发展注入新活力的同时，也不可避免地催生了一些乱象，频频引发社会的普遍关注与讨论。

国产影视作品交出高分答卷

2021年，电视剧行业赓续稳中向上的积极发展态势，围绕国家重大战略以及重要事件节点，持续以"守正创新"之姿引领文化产业蓬勃进步，以多元性的主题内容创作极大丰富了人民群众的文化休闲娱乐生活。总的来讲，

图8-8　2021年豆瓣评分最高大陆剧集

2021年的剧集市场以提质稳量、追求新主流创作为主，在电视剧和网络剧两大领域均实现了稳中有升的蓬勃发展，一大批题材多元、内容精彩的高质量电视剧、网络剧的脱颖而出，标志着国产剧集正式进入高质量发展时期。

在电视剧市场上，围绕多个主流题材，电视剧掀起了主题创作的新一轮热潮，实践了形式和内容上的"守正创新"，实现了创作上的更"新颖"、更"细腻"和更"真实"。在朋友圈飘着"鸡娃""虎妈"词汇之际，《小舍得》直戳"小升初"阶段家庭的痛点。这部剧告诉观众，不要急，给孩子一点时间，把焦虑和忧伤放一放，成长自有答案。《扫黑风暴》以全国扫黑除恶专项斗争为背景，艺术地还原了中央督导组下沉地方后的工作，真实反映了扫黑除恶专项斗争的艰巨与复杂，以生动故事彰显依法严惩黑恶势力的坚定决心。所有剧情素材都取自真实案件，包括云南孙小果案、湖南操场埋尸案、湖南文烈宏涉黑案、海南黄鸿发案等轰动一时的案件，让网友直呼"全程高能，一秒都舍不得快进"。《理想之城》还原职场真相，呈现"明规则"与"潜规则"的对抗，让观众在剧中"看到自己"的同时，也看到别人。展现女性群像的都市剧《我在他乡挺好的》和《爱很美味》，戳中观众的泪点和笑点，观众很容易在故事中找到自己的"生活拼图"。这一年出圈的现实题材国产剧充分说明，观众不需要过度美颜和美化的滤镜，而需要无限接近、还原"真实"

的坦诚作品。中央广播电视总台《2021中国电视剧发展报告》显示，2021年青年观众眼中的优质国产剧关键词是：正能量、剧情吸引人、演技在线、三观正、主旋律、时代感、文化自信、小人物大时代、温暖、烟火气等，彰显了观众对优质国产剧的新期待。

2021年，网络剧市场向好发展。这一年，网络平台持续提升网剧品质，优质网剧不断突破圈层走向大众，重点网剧备案数量也已超过电视剧备案数量。《2021网剧发展报告》显示，2021年共上线网剧266部，与2020年的268部作品数量相比保持平稳发展，生产力以及制作水准均稳定提升。相较于以往，2021年网络剧中古装剧热度重回榜首，甜宠剧频频出圈，悬疑剧创新力度值得肯定。从云合数据等相关汇总来看，古装剧在2021年的各类TOP榜中占比依旧明显，《山河令》《赘婿》《风起洛阳》《周生如故》《斛珠夫人》等作品皆在排行榜前列；甜宠剧《你是我的荣耀》《周生如故》《一生一世》《你是我的城池营垒》《锦心似玉》等多部作品上榜，突出甜宠类作品温馨治愈的大主题，在制作、演绎以及价值观的设定上不走偏，令观众在相对轻松、温暖的剧情中得到了情绪的缓冲与释放；"迷雾剧场"推出的《八角亭谜雾》《致命愿望》《谁是凶手》等悬疑剧虽然并未"复刻"2020年《隐秘的角落》《沉默的真相》等出圈盛况，但此类作品均在不同程度上进行了创新，可圈可点。与此同时，2021年1月至10月全国重点网络影视剧拍摄备案公示剧目集数占比分析表显示，近80%的重点网络剧为24集及以下的短剧，可见短剧日愈"起飞"，"提倡拍摄制作不超过40集，鼓励30集以内的短剧创作"颇具成效。

表8-2　2021年1—10月全国重点网剧备案集数占比分析表（网络）

集数	月份									
	1月	2月	3月	4月	5月	6月	7月	8月	9月	10月
2集	/	/	0.7	/	/	/	0.8	/	/	/
3集	/	/	0.7	/	/	/	/	/	/	/
5集	/	/	0.7	/	/	/	/	/	/	/

续表

集数	月份									
	1月	2月	3月	4月	5月	6月	7月	8月	9月	10月
6集	0.8	1.2	0.7	1.3	1	/	/	/	/	/
8集	/	/	/	/	/	/	/	0.7	/	1.60
10集	0.8	/	/	3.1	/	1.6	/	/	1.3	19.70
12集	26.7	41	33	15	19.7	20.4	28.8	24.2	28.7	/
13集	/	/	/	/	/	/	/	/	/	/
14集	0.8	1.2		1.3		1.1				
15集	/	1.2						/	1.3	1.60
16集	1.7	2.5	4.6	6.8	2	4.5	3.2	4.4	5.4	6.60
17集								0.7		
18集	/	1.2	1.5			1.1	3.2	0.7	1.3	
20集	4.3	5.1	1.5	1.3	3.1	2.2	0.8	4.4	4.1	3.30
21集						1.1				
22集								0.7		
23集	0.8				1					
24集	38.7	29.4	40.7	57.5	42.7	40.9	37.6	41.1	34.2	37.70
25集	0.8	/	0.7	1.3	/	/	/	1.4	/	
26集					1		2.4		1.3	1.60
27集										1.60
28集	0.8			1.3	1		0.8			
29集	/	/	/	/	/	/	0.8	/	/	/
30集及以上	23.8	17.2	15.2	14.2	24.4	28.7	20	21.7	22.4	26.20

  在国内疫情防控常态化的大背景下，2021年中国电影市场累计票房472.58亿，较2020年增长131.5%，较2019年疫情前恢复73.7%。2021年新上映国产片数量487部，累计票房400.7亿，贡献大盘84.8%，同比2020年的171.4亿大幅提升133.7%，较2019年疫情前的411.2亿仅下降2.6%。传统类型如谍战片《悬崖之上》（票房11.9亿元）、灾难片《峰爆》（票房4.4亿元）、港产警匪片《怒火·重案》（票房13.3亿元）等在视听水平和工业化水准上持续升级；而混合和叠加了多种类型特点的后类型电影，如《唐人街探案3》（票房45.2亿元）、

《白蛇2：青蛇劫起》（票房5.8亿元）等，都引发了不同档期的观影热潮和观众群体的激烈讨论。2021年春节档，演员贾玲跨界拍摄的第一部作品《你好，李焕英》，创造了54.13亿元的票房神话，贾玲也因此电影成为中国票房最高的女导演。11月24日，抗美援朝题材战争电影《长津湖》含预售票房超过56.94亿元，取代2017年的《战狼2》摘得中国影史票房榜冠军。此外，中国电影国际网络传播呈现出受众价值观的认同趋势，促进了文化交流，增强海外受众对于中国文化的认同。中国电影在海外网络传播中精准找到海外网络受众接受的切入点，《功夫熊猫》《流浪地球》影片中家庭的重要性和高尚的牺牲精神让海外受众感到熟悉，同时影片也强调人类命运共同体与国际合作的必要性，兼具中国文化内涵与西方价值观。

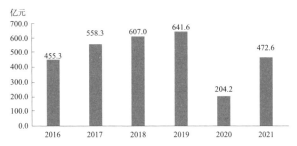

图8-9　2016—2021年中国电影票房变化趋势图（中商产业研究院整理）

随着数字化技术与动画电影产业的深度融合和高度集成，促使动画电影产业新产品、新模式、新业态不断涌现，进一步推动了产业的转型升级和不断壮大。2021年，国产动画电影的数量和质量并进，出现了不少精品电影。在传统的"喜羊羊""熊出没"之后，黄家康导演的《白蛇2：青蛇劫起》，赵霄导演的《新神榜：哪吒重生》，2021年末孙海鹏导演的《雄狮少年》、合拍的《许愿神龙》等，形成了覆盖全年档期的"动画片群"。《白蛇2：青蛇劫起》体现出高超的中国动画技术水平，具有将中国传统神话故事与现代情感情绪融合的创新性；《雄狮少年》探索了中国动画风格的现实主义化和青春时尚化，青春片外壳下包裹着现实主义内核，成国漫创作亟须的新鲜血液，既热血又接地气的现实主义题材引发很多观众的共情。可以预期，未来中国动画电影将在中国传统文化、传统美学的创造性转化和创新性发展方面取得更大的突破。随着我国动画审美元素与国际化的市场元素相融合，动画电影将不断推动中华文化对外输出，助力中华优秀传统文化的全球传播。

沉浸式文化迎来"新风口"

"沉浸式"一词一经诞生，便迅速活跃在各领域。沉浸式数字艺术展览、沉浸式艺术表演、沉浸式餐厅……"沉浸式体验"产品越来越丰富，"沉浸式"与各领域碰撞出了激烈的火花。3月，国家发改委等28部门联合发布《加快培育新型消费实施方案》，提出加快文化产业和旅游产业数字化转型，积极发展演播、数字艺术、沉浸式体验等新业态。7月，工业和信息化部、中央网信办、文化和旅游部等十部门印发《5G应用"扬帆"行动计划（2021—2023年）》，提出在社会民生领域，打造一批5G+文化旅游样板项目，开发适配5G网络的AR/VR沉浸式内容、4K/8K视频等应用，推动景区、博物馆等发展线上数字化体验产品，培育云旅游、云直播、云展览、线上演播等新业态，鼓励定制、体验、智能、互动等文化和旅游消费新模式发展，打造沉浸式文化和旅游体验新场景。9月，国内首个沉浸式文旅产业要素交易平台在深圳启动，平台以文旅资产挂牌为业务入口，围绕沉浸式产业的内容与IP服务，向A级景区、国有闲置资产、古村古镇、文化和旅游消费项目，提供产业要素交易和全生命周期的文化投行服务。政策的出台、资本服务平台的启动，为方兴未艾的"沉浸式"产业提供了有力支持。

幻境发布的《2021中国沉浸产业发展白皮书》数据显示，2020年中国沉浸式产业总产值已达到60.5亿元，覆盖12大细分市场、41种业态类别、1,521个项目数量，时下备受年轻人喜爱的剧本杀、密室逃脱、沉浸式戏剧便被囊括其中。数据显示，沉浸式文旅产业近年来在国内的发展势头极为迅猛。国家统计局数据显示，2021年上半年文化新业态特征较为明显的16个行业实现营业收入1.29万亿元，比上年同期增长18.2%。其中，沉浸式文旅十分具有前沿性和成长性，新型业态层出不穷，成为产业发展的新动能。业内人士表示，中国沉浸产业起步晚、后劲足、市场大，发展潜力巨大，中国在未来几年将成为全球最大的娱乐消费市场，沉浸式体验性和互动性的文化娱乐将成为消费的标配。

国家文化科技创新服务联盟秘书长刘兵认为，随着技术的发展，场景驱动和创新成为产业的发展驱动力，加之我国新基建的发展，创新生态重新改变，沉浸式产业已经成为文旅体验经济的产业制高点和核心竞争力。前瞻产业研究院发布报告称，当前中国文旅已进入以平台化、IP化为特色的4.0时代。伴随国内文旅产业向纵深化方向发展，沉浸式业态作为文化和科技融合而形成的新型业态、内容创意与技术创新相结合的产物，将成为未来文旅产业发展的产业制高点和核心竞争力。

"饭圈"文化向好发展

从倒奶事件引发偶像选秀被叫停，到吴亦凡、郑爽等偶像形象接连坍塌，再到"清朗行动"整治"饭圈"文化，2021年的娱乐行业大浪淘沙，粉丝文化"向阳"生长。

"饭圈"指的是因同一明星或偶像而结成的粉丝社群，它原本是追星亚文化的产物，但在国内，资本的介入给"饭圈"带来了深刻的影响。粉丝和偶像之间结成了利益关系，由此"饭圈"成为一个环环相扣的商业链条上的一环：在数据至上的追星逻辑之下，打投组、数据女工这样的群体出现了，粉丝用整齐划一的行动和数据支撑起了明星的商业价值，而这又与看重数据的资本的逻辑不谋而合。但"饭圈"行为并不总是理性。2021年，伴随"饭圈"乱象愈演愈烈，粉丝互撕谩骂、拉踩引战、恶意营销等现象屡见不鲜，加之过往被制造出来的"顶流"纷纷跌落神坛，规范"饭圈"刻不容缓。

针对这一系列问题，2021年，国家有关部门重拳出击，开展了一系列综合治理工作，重筑文娱领域的清朗生态。6月，中央网信办开展"清朗·'饭圈'乱象整治"专项行动，处置违规账号4,000余个，并督促网站平台取消诱导粉丝应援打榜的产品功能，重点打击诱导未成年人应援集资、高额消费、投票打榜等5类"饭圈"乱象行为。8月，中央网信办《关于进一步加强"饭圈"乱象治理的通知》发布，明确规定取消明星艺人榜单、优化调整排行规则、严管明星经纪公司等十项措施。9月初，针对流量至上、"饭圈"乱象、违法失德等文娱领域出现的问题，中共中央宣传部印发《关于开展文娱领域综合治理工作的通知》，把整治范围从"饭圈"扩大到整个演艺娱乐行业，为文娱行业"立规矩，圈规范"。治理工作引发众多网民热议，多数网民对治理工作表示支持，建议相关部门扩大整治范围，对不良营销号、黑粉等乱象进行整治；还有部分网民则呼吁文明上网，共同维护网络环境清朗。

2021年，少数明星艺人出现违法、失德行为，在社会上造成了恶劣影响。同时，"流量"盛行，严重影响文娱产业的健康发展，不良的"饭圈"文化更让网络空间变得乌烟瘴气。从1月的郑爽张恒事件，到4月的赵丽颖、冯绍峰离婚，再到7月的吴亦凡事件，而年底的王力宏、李靓蕾离婚以及薇娅偷逃税被罚13.41亿元事件，更是达到了高潮。在上述"活生生"的例子中，郑爽遗弃孩子、薇娅偷逃税、吴亦凡涉嫌强奸，或者违背社会公序良俗，或者冲破道德底线，或者违反了法律法规，不但与平时鲜亮的明星风采"判若两人"，而且与社会公共价值大相径庭。针对这一问题，8月，中国音协、中国剧协、中国影协等多个中国文联所属全国文艺家协会分别召开行风建设座谈会，倡议抵制违法失德人员，呼吁文艺从业人员遵守法律法规，恪守职业道德，履行社会责任。9月，国家广播电视总局办公厅发布《关于进一步加强文艺节目及其人员管理的通知》，要求坚决抵制违法失德人员。11月，中国演出行业协会网络表演（直播）分会公布了第九批网络主播警示名单，其中就包括吴亦凡、郑爽、张哲瀚等演艺人员。这也是首次将违法失德艺人纳入网络主播警示名单，意在严防违法失德明星艺人转移阵地、"曲线复出"。

随着中央网信办、国家广播电视总局等管理部门的深入整治，小红书、快手、网易云、豆瓣等多个平台和企业纷纷发布整治"饭圈"乱象公告。比如，针对"吴亦凡事件"引发的不当言论，微博管理员发布微博社区公告称，截至8月1日晚，关闭错误导向超话108个，解散违规群组789个，坚决遏制非理性行为，坚决处理极端言论；对于借机寻衅滋事、攻击政府机构、恶意营销蹭热点、恶意洗地等违规账号予以严肃处理，已禁言和永久关闭账号共990个。

当下文艺创作要向世界讲述中国故事，要传播正向积极的国家形象，这一切都离不开健康公正的文娱环境与评价体系。作为一项长期工程，2021年的文娱领域综合治理已显成效、未来可期，期待有关各方能真正将治理行动的整改措施落实到位，同时也期待监管部门后续出台更多有力措施，让"饭圈"文化重归正轨。

年度流行语凸显社会脉动

近年来，年度流行语盘点已成为岁末年初的一种文化现象。流行语是时代的脚印，从中我们能看出时代、社会与文化的变迁。回顾2021年，"觉醒年代""建党百年""小康""双减""躺平""YYDS""破防""绝绝子"等成为各机构和媒体发布的年度流行语中的高频词。这些热词既承载着人们对过去一年社会发展的记忆，也传递着人们对生活的态度，还折射出社会语言文化的最新变化。

表8 3　2021年度网络流行语

排名	《咬文嚼字》十大流行语	《语言文字周报》十大网络流行语	《语言文字周报》十大网络热议词	国家语言资源监测与研究中心十大网络用语
1	百年未有之大变局	卷 / 内卷	建党百年	觉醒年代
2	小康	躺平	江山就是人民，人民就是江山	YYDS
3	赶考	破防	抗美援朝	双减
4	双减	emo	双减	破防
5	碳达峰、碳中和	yyds（永远的神）	反诈	元宇宙
6	野性消费	夺笋	三孩	绝绝子
7	破防	赓续	元宇宙	躺平
8	鸡娃	社恐 / 社牛	山东曹县	伤害性不高，侮辱性极强
9	躺平	一整个 × 住	饭圈 / 饭圈整治	我看不懂，但我大受震撼
10	元宇宙	普信男 / 女	佛媛	强国有我

　　庆祝中国共产党成立100周年和全面建成小康社会，是我们国家2021年政治社会生活的主旋律，形成了"觉醒年代""建党百年""百年未有之大变局""强国有我""赶考""小康"等年度热词。2021年，国际关系风云变幻，新冠肺炎疫情持续反复，中国政府秉承"人类命运共同体"的理念，安内援外，不仅完成了本国十几亿人口的免费新冠疫苗接种，尽显中国之"治"，还向120多个国家及国际组织提供了20亿剂的新冠疫苗援助，彰显了大国风范。如果年度热词"疫苗"阐释了过去一年的抗疫之路，那么"人类命运共同体"则让人看到了中国的大国担当。此外，还有很多热词可以呈现我们国家过去一年在各领域取得的成绩。"双减"政策打破教育壁垒，"清朗"行动净化网络空间，"减污降碳"营造美好生态，"云端生活"引领数字诗意、"中国航

天"徜徉浩瀚宇宙，等等，都向世界展现了中国速度、中国力量，让世界看到了中国由制转治——制度优势已转化为治理效能。正因如此，一次又一次，万千网友齐刷"中国YYDS"，点赞中国智慧，并由衷地发出"此生不悔入华夏，来世愿在种花家"的感叹。

网络时代，我们在网络话语中拓展了自我表达的方式，但需要警惕的是，个人话语是否又在网络用语的集体狂欢中迷失了方向。诸如"我看不懂，但我大受震撼""我emo了"①"伤害性不高，侮辱性极强""我不李姐"②"尊重，祝福""社恐/社牛/社懒"等，这类表达情绪的流行语多以"我"为主语，虽然是表达个人情感，但是这种个人情感用统一词语表达，会输出一种无差别的集体情绪，呈现了个体被集体包裹的社会现状，透过它，往往能看到年轻人对现实问题的思考、对社会改革的期盼……我们不妨以年轻人的视角，深入研究流行文化的变迁、社会心态的走向、民众焦虑的根源，继而努力促进社会治理改革创新，寻求解决办法。

年度流行语如同社会生活的一面镜子，记录了一年中的波澜壮阔。这些流行语虽然不足以概括一年的所有变化，但可以通过它们了解社会心态，反映时代特征，某种程度上甚至能预测社会发展的走向。当然，流行语有褒有贬，要发挥其正能量和积极因素，才能使其更好地引领文化风尚，彰显时代精神。

---

① 意思是"我抑郁了""我傻了"。
② "我不理解"的意思。

第九章　国际与外交：冲突合作交错来

　　2021年的国际局势，冲突与合作共存，纷争与和解并立。美国经历了"国会山骚乱""美英澳联盟对法国的背叛""从阿富汗撤军"等事件，使其国际声誉、国际信誉不断下跌；在欧洲，俄罗斯与西方关系继续处于交恶状态，英国面临"脱欧后遗症"，德国也正经历着"后默克尔时代"的种种挑战；多个大洲的部分国家接连发生了政局动荡事件。2021年，世界多地也出现了寻求合作与局势缓和的迹象，俄罗斯加强了同印度、白俄罗斯等国家的合作关系，朝鲜与韩国重启了通信联络渠道，中东地区局势也出现了明显缓和态势。值得关注的是，全球治理进程在2021年有了重要进步，气候变化问题、生物多样性问题等都成了全球平等共商的重要话题。

　　2021年，不论国际局势如何风云变幻，中国外交始终站在历史正确的一边，站在人类进步的一边，站在国际公平正义一边，站在广大发展中国家一边，"乱云飞渡仍从容"。舆论认为，中国外交坚定从容、稳步前行，坚持独立自主，坚持开放合作，坚持平等互利，为维护世界和平、推动世界发展、构建人类命运共同体，提供了有力的"中国方案"。

第一节　冲突与纷争：一波未平另波起

2021年，国际冲突与动荡依然不断。美国"国会山骚乱"事件、"美英澳联盟对法国的背叛"事件和"从阿富汗撤军"事件，让沉醉于"自由""民主""人权"等美式价值观的部分国际舆论震撼不已，纷纷思考"美国怎么了""灯塔是否依然明亮"。俄美关系、俄欧关系、英欧关系等大国关系面临挑战，俄罗斯与以美国为代表的西方世界依然矛盾重重，在部分热点问题上仍存在"一触即发"风险；英国在实现正式"脱欧"后则面临主权、经贸、外交等多重风险；德国也在"后默克尔时代"面临一定的挑战。此外，2021年世界多国还发生了多起涉及内部或地区矛盾的暴力冲突事件，引发舆论关注。

美式价值观崩塌

2021年，美国在国内外经历了"国会山骚乱""美英澳联盟对法国的背叛"和"从阿富汗撤军"三大重要事件，世界震惊、舆论沸腾。三大事件互相佐证，充分凸显了美式"民主""自由""人权"等价值观在现实投射中的虚伪面目，世界揭开了美国一直大肆宣扬的"美式价值观"的虚假面纱，充分体会到美国对于盟友和"伙伴"的出尔反尔和背信弃义。

2021年1月6日，由于不满2020年美国总统选举结果，美国时任总统特朗普的支持者持械闯入国会大厦，试图阻止国会议员认证美国大选结果。事件酿成多起暴力事件，冲击者与警方发生冲突并造成多人死亡。事件旋即引发国际舆论哗然，美国自诩的"完美民主制度"被来自"民主制度中心"华盛顿的暴乱烙上了深刻的黑色印记。东南大学国际战略智库首席研究员周锡生认为，支持特朗普的人士直接冲击立法机构总部是对美国选举制度、民主制

281

图9-1　美国"国会山骚乱"事件

（图片来源：新华网）

度和宪法的冲击，是美国历史上一起罕见的严重事件。暴力冲击国会充分暴露美国民主选举制度的乱象，充分反映出美国政党撕裂、政治分裂、社会民众的极端分化与分裂。美国克里斯托弗纽波特大学政治学系助理教授孙太一认为："该事件告诉我们，美国的体系其实很大程度上还是依赖于非正式的制度，需要所有参与方去遵守大家默认的规则和规范，比如输了选举会承认并和平交接权力，又如国会并不能在认定结果的过程中篡改选举结果，再如抗议游行须是非暴力的，等等。"

　　2021年9月15日，美国总统拜登与澳大利亚时任总理莫里森以及英国首相约翰逊进行视频会议，共同宣布三国建立名为"AUKUS"的美英澳三边安全伙伴关系。而该联盟成立后的第一个措施，就是美英表示将支持澳大利亚获得核潜艇能力。这使得法国与澳大利亚之前达成的价值900亿澳元（约合人民币4,200余亿元）的潜艇购买协议作废，成为AUKUS的第一个"牺牲者"。美国对于法国盟友的背信弃义，引发法国各界震怒，更让世界看到了美国拜登政府吵着嚷着要"重视同盟关系"背后的丑恶嘴脸。法国《费加罗报》记者、专栏作家伊莎贝尔·拉萨尔撰文认为，对法国政府而言，此次危机不仅因为澳大利亚撕毁潜艇"世纪合同"让法国经济损失巨大，更因为盟国之间的互信而因此出现危机。美国《大西洋月刊》认为，AUKUS是美英澳宣布成立的一个新的"盎格鲁军事联盟"，美国将老的"盎格鲁联盟"优先级置于欧盟之上，成立AUKUS只是强化了欧洲和“盎格鲁–撒克逊”世界之间的差异。美国克里斯托弗纽波特大学政治学系助理教授孙太一认为，拜登政府目前为止给他国呈现的依然是特朗普政府“美国优先”政策的延伸，一旦盟友的利益与自身利益有冲突时，会毫不犹豫地牺牲盟友利益。

2021年5月，美国宣布开始从阿富汗撤军。8月30日，美国中央司令部司令肯尼思·麦肯齐宣布，美军已完成从阿富汗撤出的任务，美国在阿富汗近20年的军事行动正式结束。从舆情态势角度来看，相关舆情在2021年8月中下旬达到了一年以来的高潮，随后舆情呈现低位波动状态。而“阿富汗”一词还攀升到了2021年谷歌年度热搜榜新闻类榜单的首位。

1,200
1,000
800
600
400
200
@百度指数
2021-02-07
2021-03-16
2021-04-22
2021-05-29
2021-07-05
2021-08-11
2021-09-17
2021-10-24
2021-11-30
2021-12-31

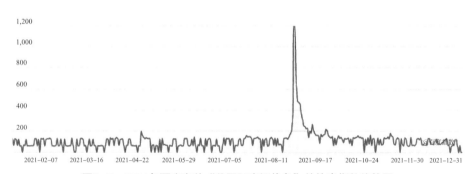

图9-2　2021年百度有关“美国阿富汗战争”的检索指数趋势图

（图片来源：百度指数）

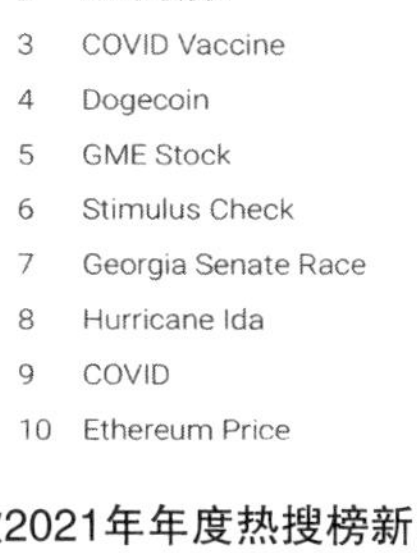

News
1 Afghanistan
2 AMC Stock
3 COVID Vaccine
4 Dogecoin
5 GME Stock
6 Stimulus Check
7 Georgia Senate Race
8 Hurricane Ida
9 COVID
10 Ethereum Price

图9-3　谷歌2021年年度热搜榜新闻类榜单前十名

（图片来源：谷歌趋势）

美国在阿富汗留下的"后遗症"不会随着舆情下降而消弭，而美国在撤军中的仓皇之态，以及毫不犹豫放弃其应当担负起的人道主义责任的态度，更让国际社会充分看清了其蔑视人权的真实面目。西班牙每日新闻网站刊文认为，美国正在弃数百万人的生命于不顾，其中包括大批妇女。拜登只字不提美国应对这些无辜民众负起责任，而这场该国历史上最长的海外战争给阿富汗人带去了无尽的痛苦和灾难。阿富汗局势并不是孤立的个案，美国为掩饰军事干涉行为而使用的所谓"民主和人权"的面具早已滑落。阿富汗局势表明，平民的命运根本不在占领国的考虑范畴之内。新华社评论认为，美国从阿富汗撤军引发的危机还在持续，引爆的舆论声讨和反思仍在发酵。20年战争、2,000多名美军阵亡、2万亿美元军费，以军事手段向他国强推所谓"民主模式"，到头来制造的是阿富汗生灵涂炭，给自身留下的也只有空虚和尴尬。美国类似损人害己的事情做得还少吗？多年来，自诩"山巅之城"的美国，炮制了一套虚伪的价值理念，并企图向全世界兜售，而其自身所处的窘境却不断自我"打脸"，使其在自挖的泥潭中越陷越深。

表9-1 阿富汗战争20年大事记

日期	事件
2001 年 10 月 7 日	美国开始在阿富汗空袭塔利班和"基地"组织目标，以报复当时受塔利班庇护的"基地"组织发动"9·11"恐怖袭击
2001 年 11 月	美国支持的阿富汗北方联盟进入喀布尔，多名塔利班领导人逃至国外。大约 1,000 名美国海军陆战队队员成为首批进驻阿富汗的美军地面部队
2003 年至 2007 年	美军忙于伊拉克战争，塔利班在阿富汗卷土重来，发动猛烈攻势
2009 年 2 月	时任美国总统奥巴马宣布向阿富汗增派 1.7 万名士兵，增援已经在阿富汗地面作战的 3.8 万名美国士兵和 3.2 万名北约其他国家士兵。到 2010 年，驻阿美军增至 10 万人，达到顶峰；驻阿外国军队总数达到大约 15 万人
2010 年 11 月	北约开会决定，2014 年底前向阿富汗安全部队移交防务，过渡期从 2011 年年中开始

续表

日期	事件
2011 年 5 月 1 日	美军在巴基斯坦的一次突袭中击毙"基地"头目本·拉登
2011 年 6 月 22 日	奥巴马宣布撤军计划，决定 2012 年夏季结束前总共撤离 3.3 万人，在 2014 年底前将安全职责完全移交给阿富汗安全部队
2014 年 12 月 28 日	北约驻阿富汗部队宣布正式结束在阿战斗任务，2015 年 1 月 1 日启动培训和支持阿富汗安全部队的非作战任务
2017 年 8 月 21 日	时任美国总统特朗普公布美国对阿富汗新战略，表明美国不会从阿富汗撤军，而是要增兵，以防"伊斯兰国"等极端组织乘虚而入
2020 年 2 月 29 日	美国政府与阿富汗塔利班签署协议，同意驻阿美军分阶段在 2021 年 5 月前撤离阿富汗；阿塔方面则承诺不允许其成员，以及"基地"等组织利用阿富汗国土威胁美国及其盟友安全。协议还要求阿富汗国内各派别启动对话和减少暴力
2021 年 4 月 14 日	美国总统拜登宣布 5 月 1 日开始撤军，9 月 11 日以前撤完
2021 年 7 月 8 日	拜登宣布 8 月 31 日将结束美国在阿富汗的军事任务
2021 年 8 月 15 日	塔利班宣布控制喀布尔。阿富汗总统加尼在社交媒体表示，其已经离开阿富汗
2021 年 8 月 26 日	喀布尔机场外发生自杀式炸弹袭击，美军 13 人死亡、18 人受伤，至少上百名阿富汗人丧生。"伊斯兰国"阿富汗分支宣布发动了此次袭击
2021 年 8 月 30 日	美国中央司令部司令麦肯齐宣布，美军完成从阿富汗撤出的任务

（数据来源：新华社。表格内时间皆为当地时间）

以上三大重要事件，看似特殊且不相关联，但舆论认为近年来一桩桩事件累积起来，充分反映出美式价值观、美式制度的吸引力已经越发黯淡，部分舆论则开始反思其背后存在的结构性矛盾、系统性问题。全球最大的政治风险咨询公司欧亚集团发布的《2021年世界十大风险报告》，将"分裂的美国"排在首位，强调极端两极分化给美国民主合法性带来严重风险。美国政治学者弗朗西斯·福山在美国《纽约时报》网站撰文指出，自20世纪90年代中期以来，美国的政治日益两极分化，容易出现长时间的僵持局面，导致政府无法履行基本的职能。美国的体制存在明显问题，包括金钱影响政治、选举制度与民主选择日益错位，但美国似乎无法进行自我改革。加拿大学者托马斯·霍默·狄克逊则认为，美国国内的经济、种族和社会鸿沟加剧了意识形态上的两极分化，左翼和右翼相互孤立、鄙视，政府因此陷入瘫痪，而这又会加大各种鸿沟。新华网刊文认为，美式民主弊病让世人越发看清了一个"苍白"的美国，而美式民主输出的失败，则加剧了其国际形象的崩塌。民主不是哪个国家的专利，而是各国人民的权利。美国打着所谓"民主改造"的旗号，带着种族主义的优越感和干涉主义的傲慢，把美式民主装扮成所谓"普世价值"，制造了一场场后果惨烈的悲剧。从叙利亚的千疮百孔到阿富汗"失去的20年"，从非洲、拉美地区一波波"民主化"退潮，到"阿拉伯之春"给相关国家带来动荡，事实反复证明，外部军事干涉和所谓"民主改造"贻害无穷。

图9-4　美国发动阿富汗战争的后果

（图片来源：央视网）

美式价值的不断崩塌，在全球产生了深远影响。美式民主制度的虚伪面纱已被层层揭开，西方民众越来越认为美国"民主灯塔"将会越来越暗淡无光。2021年5月，德国民调机构拉塔纳和由北约前秘书长、丹麦前首相拉斯穆森创建的民主国家联盟基金会在53个国家对5万多人进行的"2021年民主认知指数"调查结果显示，44%的受访者担心美国对本国民主构成威胁，50%

的美国受访者怀疑美国是非民主国家，59%的美国受访者认为美国政府只代表少数集团利益。2021年6月，英国伦敦大学政治学副教授克拉斯在《华盛顿邮报》发表文章《美国民主失灵令世界震惊》。文章援引的皮尤民调显示，美国不再是"山巅之城"，美多数盟友将美国民主视为"破碎的过往"，新西兰、澳大利亚、加拿大、瑞典、荷兰和英国分别有69%、65%、60%、59%、56%和53%的民众认为美国政治体制运行得不太好或者很不好。法国、德国、新西兰、希腊、比利时、瑞典等国均有超过1/4的民众认为"美国从来都不是民主典范"。2021年9月，英国知名学者马丁·沃尔夫在《金融时报》发表文章《美国民主的奇异消亡》指出，美国的政治环境已走到快无法挽回的程度，民主共和国进一步向专制主义转变。2021年11月，瑞典智库"国际民主及选举协助研究所"发布年度报告《2021年全球民主现状》，将美国首次列入"退步的民主国家名单"。

美式价值观的不断崩塌，也让中国国内网络舆论中曾经存在的一种"崇美"倾向逐渐趋于沉寂。中国人开始更加平视地看待美国、看待世界。参考消息网撰文称，美国莫宁咨询公司于2021年4月27日公布的对14个国家的民调结果显示，对美国持正面看法的中国受访者仅占17%，比三个月前减少了4%；持负面看法的中国人则从65%增加到了74%。文章认为，这次民调充分说明，美国"神话"在中国人的心里已经破灭了。曾几何时，美国一直是中国在发展中学习借鉴的对象，中国人对美国的先进长期投以仰视的目光。在美国价值观和文化大肆输出的影响下，一些人犯上了"崇美症"，觉得美国一切都是好的。然而自疫情突发以来，"灯塔国"的华丽包装被撕得粉碎，中国人对美国的真面目看得越来越清。美国严重的疫情暴露了其治理能力的漏洞，"黑人的命也是命"运动凸显美国仍深陷系统性种族主义，"冲击国会山"事件揭示了美国整个社会的分裂。而随着中国的崛起，中国人已经能抬头平视美国。正如民调传达出的信息，中国民众不再盲目"崇美"，审视美国的目光中透露出了前所未有的自信。

大国面临考验

2021年，以俄罗斯和美国为代表的俄西关系继续处于龃龉徘徊、不断震荡的状态。由于俄美、俄西之间存在较长时期的战略互信危机，美国等西方国家对俄既定政策始终无法有效照顾到俄方安全关切，俄美关系、俄西关系尚未走出危机阴霾，并且容易在诸如乌克兰危机、北约"东扩"等议题上一触即发。2022年初以来持续数月且尚未结束的俄乌冲突，就是在这样的国际安全大背景下爆发的。区域内冲突背后，凸显大国间激烈的博弈形势和安全困境的不断螺旋上升。

表9-2　2021年俄美关系大事记

时间	事件
1月26日	俄美决定将《新削减战略武器条约》有效期延长5年
3月16日	美国总统拜登指责俄罗斯总统普京是"干涉"2020年美国大选的"凶手"
4月13日	拜登与普京通电话，拜登提议双方在第三国举行会晤
6月16日	俄美元首在瑞士日内瓦会晤，双方会后发表联合声明，宣布两国将围绕军控和降低冲突风险等开展双边战略稳定对话
9月22日	俄罗斯武装力量总参谋长瓦列里·格拉西莫夫和美国参谋长联席会议主席马克·米利举行了会晤
10月	美国副国务卿纽兰访问俄罗斯；俄罗斯副总理奥维尔丘克访问美国
11月2日至3日	美国中情局局长伯恩斯访问俄国
12月7日	普京与拜登举行视频会晤，两国领导人就乌克兰局势等一系列问题进行讨论
12月30日	普京与拜登举行电话会谈，就俄乌边境紧张局势等问题再度交锋

（数据来源：媒体报道。表格内时间皆为当地时间）

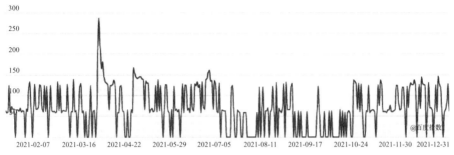

图9-5　2021年百度有关"俄美关系"的检索指数趋势图

（图片来源：百度指数）

　　部分舆论认为，这一年来，俄美关系、俄西关系缓和与对抗并存，但更为凸显的是地缘政治斗争依然激烈。中国社会科学院俄罗斯东欧中亚研究所研究员李勇慧认为，俄美虽然互动增多，但深层矛盾继续激化。美国总统拜登上台后寻求与盟友合作，继续打压和遏制俄罗斯，主要表现在制裁、人权、外交战和地缘政治博弈等方面。俄罗斯与北约自冷战结束后首次彻底中断关系，这也撕下了俄美关系表面缓和的"面具"。在北约没有放弃遏制俄罗斯的政策前，俄美关系不会出现实质性改善。在俄欧关系方面，与美国类似，欧盟就人权、民主等问题对俄采取打压和遏制政策，不断制裁俄罗斯并发起外交战。加之美国担心天然气管道成为欧盟对俄无法摆脱的依赖，因此对"北溪-2"施加制裁，让欧洲内部矛盾激化。欧盟特别是德国认为，通过天然气管道能影响和牵制俄罗斯。天然气管道已经成为欧美俄相互牵制的地缘政治工具。俄罗斯高等经济大学欧洲和国际综合研究中心副主任苏斯洛夫认为，俄美之间的结构性矛盾难以在短期内得到有效化解。从内政外交两方面考虑，美国不愿也不可能以让步为代价化解与俄罗斯的冲突。

　　也有舆论认为，俄美关系在拜登上台后发生的一系列变化，是两国领导人及其外交政策理念"对冲"的结果。中国社会科学院俄罗斯东欧中亚研究所研究员肖斌认为，"普京主义"在政治哲学上属于新保守主义，在处理与外部世界的关系上，"普京主义"不与西方合作、反制北约"东扩"、修正现行的国际秩序、对后苏联空间采取进攻性的政策。在美国总统特朗普时期，美国的"孤立主义"与"普京主义"能够"融洽相处"，俄美关系曾一度趋密。这种状态在拜登上台后发生了反转，恢复美国的全球领导力、重振盟友和布局亚太的"拜登主义"与"普京主义"发生了冲突。

在新浪微博中，"美俄关系"话题是网民持续热议的对象。部分网民认为美国霸权行径是美俄关系恶化的根源所在，例如有网民表示："根本问题是美国要独霸世界，而俄罗斯是一个核大国，是美国霸权主义的拦路虎。"部分网民认为俄罗斯只有通过与美国抗争才能在国际关系中维持平等地位，例如有网民表示："在强盗面前，只有有硬实力才能活着！"部分网民认为面对美国，中俄两国"唇齿相依"，例如有网民表示："美国试图'肢解'俄罗斯之后就是中国，力挺俄罗斯是不二选择。"

具有全球影响力的大国之间不仅在安全问题面临挑战，也在经贸领域面临挑战，较为突出的即为英国"退欧"所面临的"后遗症"问题。从2021年1月1日起，英国正式"脱欧"，正式退出欧洲单一市场与欧盟关税同盟。尽管根据英欧协议，双方商品贸易继续享受零关税、零配额待遇，避免了贸易成本的大幅上升，但从短期来看，英欧贸易仍面临不少新问题，如新增的边检成本、文件准备以及通关延误等。"脱欧"后所带来的冲击是较为明显的。英国国家统计局数据显示，2021年第一季度英欧货物贸易总额较2018年同期下降了23.1%。英国食品和饮料联合会的报告指出，2021年第一季度英国对欧盟食品和饮料出口额较2020年同期下降了47%，对爱尔兰、德国、西班牙、意大利等国出口下降了一半以上，其中乳制品受冲击最大，牛奶和奶油销售额下跌了90%。而相比货物贸易，英国支柱产业之一的金融服务业所面临的困难更大，因为相关公司在欧盟成员国的准入程度已无法与"脱欧"前相提并论。

部分舆论认为英国"脱欧"反而加剧了国内外矛盾，包括部分地区加快的"独立"倾向和渔业争议所引发的海域冲突。新华社撰文称，在英国北爱尔兰地区，"脱欧"后遗症的影响更为真切。北爱尔兰地区是英国"脱欧"后与欧盟贸易争议的焦点。按照英国"脱欧"协议，北爱尔兰地区留在欧洲单一市场与欧盟关税同盟内，以防止爱尔兰岛内出现陆上"硬边界"。但这一安排导致北爱尔兰地区与英国大不列颠岛之间设立关卡，由此加剧了北爱尔兰地区"亲英派"与"独立派"之间的矛盾。2021年4月以来，北爱尔兰地区局势紧张，多地发生大规模抗议活动。"脱欧"也加剧了苏格兰的"脱英"倾向。主张独立的苏格兰民族党连续第四次赢得苏格兰议会多数席位，继续担任苏格兰政府首席大臣的该党党魁妮古拉·斯特金表示，其在带领苏格兰渡过新冠肺炎疫情危机后，将寻求举行第二次"苏格兰独立公投"。此外，"脱欧"引发英国与欧盟国家之间的一些老问题卷土重来。5月初，英法两国在英属泽西岛海域的渔业争议一度升级，双方甚至分别派遣了军舰。此次争议的起因是泽西岛地方政府限制进入该海域的法国渔船数量，而法方认为此举违反"脱欧"协议。

部分舆论则认为"脱欧后遗症"将对英国长期发展战略带来影响，特别是英国首相约翰逊所提出的"全球化英国"目标。《中国青年报》撰文称，德国联邦统计局统计数据显示，2021年前6个月，德国从英国进口商品同比下降近11%，低至161亿欧元，这意味着英国在2021年失去了德国十大贸易伙伴之一的地位，而这是自1950年以来的首次。德国基尔世界经济研究所所长加布里埃尔·费尔贝梅尔认为："英国在对外贸易中失去影响力，是其'脱欧'的必然结果，这种影响可能是持久的。"2021年6月15日，英国宣布与澳大利亚达成"脱欧"后的首个超越原有贸易关系、从零开始谈判的自贸协定，但当时并未形成正式文本，更多的只是一种政治宣示。随后，英国媒体曝光称，英国同意放弃关于气候变化问题的《巴黎协定》中的某些承诺，以安抚澳大利亚，进而为达成英澳自贸协定助力。有分析认为，受新冠肺炎疫情影响，"脱欧"给英国带来的变化和后果，还没有全部显现出来，但可以肯定的是，"脱欧"对英国贸易产生的负面效应具有长期性，英国在后"脱欧"时代达成的协议，政治意义也远大于经济收益。鉴于"脱欧"持续影响英国贸易，北爱尔兰问题僵局难破，英美双边分歧不断，受困于"脱欧"后遗症的英国，**恐难施展其"全球雄心"。**

2021年，欧洲大陆还发生了一件重要事件，舆论认为这将对未来的欧洲乃至世界产生深远影响。德国著名政治人物安格拉·默克尔于2021年10月26日正式卸任其已担任了16年的德国总理职务。随着德国社会民主党、绿党和自由民主党于2021年12月7日在德国首都柏林正式签署联合组阁协议，新一届德国政府诞生，德国正式进入"后默克尔时代"。2021年境内关于默克尔的关注度在年底达到全年顶峰。

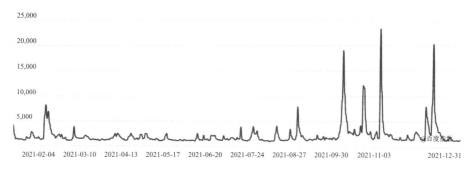

图9-6 2021年百度有关"默克尔"的检索指数趋势图

（图片来源：百度指数）

部分舆论认为"后默克尔时代"，三党存在一定的立场分歧，或将对未来政府决策走向提出挑战。新华网称，有分析人士认为，德国社会民主党、绿党和自由民主党在气候、税收、财政等政策上存在分歧，此前还在财政部部长等内阁职位的分配上发生过争执，如今的组阁协议是相互妥协的结果。新政府上台后，如何有效弥合各方分歧，化解面临的挑战，实现预定的内外政策和未来政府的有效运转，将考验内阁主要官员尤其是朔尔茨的政治智慧。上海国际问题研究院助理研究员李超认为，"三党联盟"内部在政治主张、经济理念上有一定的区别：社会民主党强调社会正义，对内主张平等、公平的社会资源分配，对外主张欧洲一体化；绿党聚焦于更为激进的社会议题，如反对限制移民、堕胎，支持吸食大麻、争取同性恋权利等，主张以"人权和价值观为导向"的对外政策；自由民主党倾向于经济自由主义，主张与俄罗斯、土耳其等国进行务实合作。因此，这届"大杂烩"政府很难找到鲜明的政治标签，其执政风格短期内将以延续和调适为主基调。

部分舆论认为"后默克尔时代"的欧盟将面临更多难题，德国作为欧洲"稳定中心"的局面将面临考验。复旦大学欧洲问题中心主任、欧盟"让·莫内讲席教授"丁纯认为，环视当下，"后默克尔时代"的欧盟，面临着一系列内忧外患。首先就是德法引擎有着失速和推力不足的风险。随着默克尔的离场，德法短期内难以再现曾经的"默克龙"盛景。尽管接棒默克尔的朔尔茨亦非政治素人，他有着社民党领导人和德国政府副总理兼财长的履历，亦全力支持欧洲一体化，但要获得默克尔那样的权威尚需时日，加上他所领导的是一个理念殊异的三党联合政府，他还需同法国领导人进行磨合并建立私谊。更何况，"德法轴心"所需的那种同频共振并非与生俱来，而是双方力争最大公约数的结果。

也有舆论对未来的中德关系表示谨慎态度，认为中德关系或面临一段时间的调整期。凤凰卫视时事评论员邱震海认为，德国短时间内很难找到一位像默克尔一样富有政治威信和凝聚力的强势领导人。从2021年德国大选结果就能看出这种迹象，各党得票更加分散，组阁谈判更为复杂。新一届德国政府还会不会延续默克尔的对华政策，一切都还是未知数，这对中德关系将是不小的考验。中德关系未来可能将迎来一个调整期，但不管怎样，中德关系基础扎实，默克尔为德国和欧洲也留下了珍贵的政治遗产。希望新的德国领导人能够珍惜默克尔留下的政治遗产，带领德国继续践行务实合作之道，推动中德关系、中欧关系实现更好更快发展。

此外，在境内社交平台中出现了一波民众对于默克尔时期中德关系健康发展点赞的舆情，也有部分网民对欧洲未来的发展方向持谨慎态度。新浪微博话题"德国告别默克尔时代""执政16年的'铁娘子'默克尔留下了什么"等累计获阅读量275万余次、讨论量580余条。有网民称，"从整体上来说默克尔还是很不错的领导人""怀念默克尔在德国执政的岁月""再见默大妈！""注意身体，等疫情过去欢迎再来中国走走看看！""16年，估计在德国后无来者""近30年来最成功的政治家之一""没有默克尔的德国将会怎样呢？可能会影响欧洲局势的走向"。

地区局势动荡

2021年，多国国内发生政权动荡、军事政变或区域冲突，地区局势呈现纷繁复杂态势，引发舆论关注。2021年2月1日，缅甸总统温敏、国务资政昂山素季及全国民主联盟部分高级官员被军方扣押。缅甸军方随后宣布实施为期一年的紧急状态，国家权力被移交给国防军总司令。自2021年5月10日起，以色列与加沙地带武装组织爆发严重冲突，持续11天的冲突共导致数千名平民伤亡。5月21日，在埃及的斡旋下，双方达成停火协议。之后，加沙地带不时向以色列南部放飞"燃烧气球"，以色列则多次以空袭进行报复。2021年5月24日，马里过渡总统巴·恩多和过渡总理莫克塔·瓦内被军人带至首都巴马科附近一处军营，以商讨新一届过渡政府成员名单。马里总理府一名工作人员证实，瓦内当天被军人"强行"带走。随后，马里宪法法院宣布，政变后上台的军政府领导人阿西米·戈伊塔上校为该国过渡总统，并称他将"行使过渡总统的职能，领导过渡进程，直至结束"。2021年7月7日，南非前总统祖马因藐视法庭罪向警方投案，其支持者于7月9日起在其家乡夸祖卢-纳塔尔省发起示威，要求释放祖马。抗议活动随后发展成暴力抢劫、纵火行为。南非总统拉马福萨7月12日派军队协助警察维持秩序，平息骚乱。2021年9月5日，几内亚特种部队中校敦布亚等政变军人宣称扣押总统孔戴并解散政府，同时成立"全国团结和发展委员会"。10月1日，敦布亚在首都科纳克里宣誓就任几内亚过渡总统。2021年10月25日，苏丹过渡政府总理哈姆杜克住宅被一些军方人员包围，另有数名部长被捕。苏丹武装部队总司令、苏丹主权委员会主席宣布实施紧急状态。

表9-3　2021年部分地区局势动荡事件舆论关注热度

时间	事件	百度指数2021年日均值
2021 年 5 月	以色列与加沙地带武装爆发严重冲突	1,624
2021 年 2 月	缅甸军方接管政权	1,231
2021 年 9 月	几内亚军事政变	154
2021 年 7 月	南非骚乱	64
2021 年 11 月	苏丹政变	19
2021 年 5 月	马里政变	19

（数据来源：百度指数）

地区局势动荡有其偶然性，但也是该国（地区）复杂的政治、经济、社会、文化等各方面因素交织的结果。中国国际问题研究院发展中国家研究所助理研究员马汉智认为，马里、几内亚、苏丹等中西部非洲军事政变的发生有其共同机制。一是国家面临持续的政治、经济困境。疫情以来，非洲遭遇了严重的经济和社会危机，疫情放大的全面危机使得现任政府的"绩效合法性"损失殆尽，军人遂"顺势而为"，夺取政权。二是军队在相关国家中持续扮演着重要角色。在一些西非法语国家，军方已深度介入政治生活，特别是中高级军官已成为介入政治的"主力"。比如，几内亚自1958年独立至今，该国军方深度介入政治、主导政局已成常态化。另外，相比于羸弱、低效的政府，军队本身具有较强的组织动员能力，能够对政府内部或社会其他任何群体发起挑战。因此，凭借其掌握国家暴力机器，能够迅速将现任政府赶下台。三是军事组织的自主性或利益受损是政变的直接动因。军人为保护自己的利益，因而寻求掌握国家最高政权。关于马里政变，有分析指出，马里军方的上校们似乎对新政府公布的新组阁名单不满。因为尽管新政府宣布保留军方的关键职位，但撤销了前军政府两个人物的职务。几内亚触发兵变的直接导火线是政府因国库捉襟见肘而试图削减军警开支，并得到了议会批准。

部分学者专家进而认为发生过政变的国家更容易诱发频繁政变状态。美国中佛罗里达大学教授乔纳森·鲍威尔和美国肯塔基大学教授克莱顿·泰恩合作研究了非洲1950年至2021年发生的政变。该研究认为，当一个国家发生了一次政变，往往预示着之后会发生更多的政变。而包括几内亚、马里在内的西非国家尤其受到频繁的政变问题困扰。中国社会科学院西亚非洲研究所副研究员王洪一认为，部分非洲国家政府在其军事现代化过程中，不能有效地控制军队，再加上这些国家的法治建设比较薄弱，政变者往往不会受到惩罚，政变的成本低，导致了这些国家军事政变频发。

第二节　合作与和解：柳暗花明又一村

2021年，虽然多地出现冲突与纷争局势，但也有部分地区和领域出现了新的合作前景与和解迹象。俄罗斯与白俄罗斯达成了区域一体化重要协议，俄罗斯与印度重新走向合作，朝鲜与韩国也宣布重启了通信联络渠道，中东地区也出现了明显缓和迹象，地区局势呈现向稳态势。此外，2021年接连召开了以气候变化和生物多样性为主题的国际会议。舆论认为，虽然各方立场仍存在一定差异，但两场国际会议圆满闭幕充分表明，各方可在这两个重要的非传统安全领域展开合作，为其他领域合作探索起到引领作用。

地区局势向稳

2021年，俄罗斯拓展同白俄罗斯、印度等国家的战略合作关系，对维护地区稳定起到了重要作用。舆论认为，从传统地缘政治来看，俄罗斯通过与周边国家达成战略合作，有利于保障其在安全问题上的合理关切，从长远来说有利于该地区的长期安全稳定。

2021年11月4日，俄罗斯和白俄罗斯联盟国家最高国务委员会举行视频会议，其间签署旨在落实联盟国家一体化的法令。俄罗斯总统普京和白俄罗斯总统卢卡申科签署了联盟国家一体化法令等一系列文件。这项法令涵盖28个行业一体化计划，明确了2021年至2023年落实建立俄白联盟国家条约的基本方向，旨在协调宏观经济战略、引入统一的税收原则，在金融信贷和银行、工业和农业领域执行共同政策，对石油、天然气、电力和运输服务市场进行统一协调等。此外，俄白表示将共同抵制任何干涉主权国家内政的企图。

图9-7　普京出席俄白两国联盟国家最高国务委员会视频会议

（图片来源：澎湃新闻网）

该消息发布后，旋即引发舆论关注。部分西方媒体甚至渲染所谓"俄白成立联邦国家""缩小版新苏联"等。不过，部分专家认为俄白两国接近，重点在于达成区域一体化协议。中国社会科学院俄罗斯东欧中亚研究所前所长吴恩远认为，**俄白签署联盟国家一体化法令，不涉及两国主权问题，并不是"合并国家"，而应理解为一项高水平的区域一体化协议。根据目前披露的法令内容，俄白两国这次一体化计划的水平较现在的欧盟还要高。**有俄罗斯专家指出，俄白相互"绑定"金融政策和主要业务，有助于双方合力应对当前国际变局和西方经济制裁下的外部金融风险。在工业、农业和电力领域执行共同政策，有利于资源分配和优势互补。为天然气、石油及其产品创造共同市场，可显著提升国际竞争力和影响力。也有部分舆论认为，俄白一体化有利于从战略上提升对抗西方围堵的能力。有分析人士指出，在当前国际形势下，俄白两国均认为走向区域一体化或领域一体化更符合实际。此次双方就一体化达成一致，既是长期磋商的成果，也是外部环境"倒逼"所致，将增强俄白两国对抗西方围堵的底气。

近年来，随着美国加强"印太战略"和印度逐渐"向西看"，俄罗斯和印度的关系似有渐行渐远之势。不过，有舆论认为，随着2021年俄罗斯总统普京时隔三年再次访问印度，俄印关系有转暖迹象。2021年12月6日，俄罗斯总统普京与印度总理莫迪于印度首都新德里举行会晤。两国领导人同意加强在经贸、能源和防务等领域的双边合作。根据会后发表的联合声明，印俄领导人强调，两国将努力实现到2025年双边贸易额达到300亿美元的目标，继续推动双边本币结算；重申能源合作是两国关系的重要支柱，继续推动在石油和天然气领域开展广泛合作；重申致力于在金砖国家框架内加强合作与协调；支持上海合作组织在国际事务中发挥更大作用。同日，俄印外交部部长和国防部部长举行"2+2"会谈，两国就加强防务合作签署多项协议。

部分舆论认为随着俄印关系回暖，该区域可以一定程度抵消美国的压力，并出现重归平衡之势。中国军事文化研究会网络研究中心主任杜文龙认为，美国所推行的"印太战略"对于印度的拉拢正在变本加厉，如果俄罗斯在这个时候不采取战略性举动，很可能印度与美国的军事关系会达到俄罗斯"不高兴"的状态。此时俄印接触并达成合作，可以有效"对冲"美国对印度的军事拉拢。俄罗斯战略与技术分析中心负责人鲁斯兰·普霍夫分析认为，印度在美国的强大压力之下仍然坚持如期履约，说明印度并不会向美国屈服。在俄印传统的军工合作领域，印度仍将坚持与俄前行。

2021年，持续处于国际舆论焦点的朝韩关系也有复苏迹象。2021年7月27日上午10时，朝韩两国分别发布消息表示，双方恢复被中断了13个月的通信联络线路。韩国《韩民族日报》分析认为，重启通信联络渠道有望成为重启对话、恢复双边关系的契机。中国新闻网评论认为，2020年6月16日，朝韩通信联络渠道被切断一度为半岛局势蒙上阴影。如今，朝韩通信联络渠道重启则让多方看到了朝韩僵局"破冰"的希望。韩国东国大学教授金榕炫认为，朝韩都有摆脱僵局的意愿，都在朝着改变现状的方向迈进。

部分舆论则认为，此轮朝韩走近有战略考量，将为缓和朝鲜半岛紧张局势、改善安全环境提供助益。中国现代国际关系研究院朝鲜半岛研究中心副主任刘天聪认为，朝韩双方此举对半岛局势改善具有重要的积极意义，能有效缓和半岛政治气氛，改善地区安全环境，大大减少因对立、断联带来的冲突风险。韩联社分析认为，朝韩关系要取得根本性进展，朝美对话必不可少。此前美国已多次向朝鲜强调对话的必要性，今后朝美对话的重启有望加快步伐。

此外，2021年，中东地区国家之间也出现了一定程度的缓和迹象，多国开始通过接触、磋商缓和近年来积压的矛盾和仇恨。

表9-4 2021年中东地区国家之间缓和情况

日期	事件
2021 年 1 月	卡塔尔埃米尔抵达沙特，出席海湾合作委员会第 41 届峰会。当日海湾国家签署"团结与稳定"协议，与会旁听的埃及也宣布与卡塔尔复交，长达三年半的卡塔尔断交危机落下帷幕
2021 年 5 月	伊朗证实，其与沙特在伊拉克举行会谈，这是两国自 2016 年断绝外交关系以来的首次会谈
2021 年 5 月	土耳其总统埃尔多安与沙特国王萨勒曼举行电话会晤
2021 年 5 月、9 月	土耳其与埃及分别在开罗和安卡拉举行了两轮政治磋商。两次"探索性会谈"的主要议题是双边关系和地区问题
2021 年 8 月	伊朗、沙特两国外长共同出席由伊拉克主办的"巴格达合作与伙伴关系会议"
2021 年 11 月	阿联酋阿布扎比王储对土耳其进行正式访问。这是王储自 2012 年以来首次对土耳其进行正式访问，也是阿联酋与土耳其近年来首次高层会晤
2021 年 12 月	阿联酋国家安全顾问罕见访问伊朗，并与伊朗总统会面。这是两国 2016 年降低外交关系级别以来，阿联酋高级官员首次到访伊朗

（数据来源：媒体报道。表格内时间皆为当地时间）

　　部分舆论认为，2021年相关动向体现出重要积极的信号，有利于中东地区局势不断恢复稳定。上海外国语大学中东研究所教授刘中民认为，沙特与伊朗关系的缓和，有利于海湾、中东地区乃至伊斯兰世界矛盾的缓解。而土耳其与沙特、埃及、阿联酋关系的缓和，有利于缓解地区国家围绕穆兄会意识形态和现实的争夺，也有利于缓和海合会内部矛盾，同时更有助于地区国家特别是海湾国家与土耳其的发展合作。中国社会科学院唐志超和中国国际问题研究院姚锦祥认为，与2020年持续动荡相比，2021年中东地区局势出现了间歇性缓和的发展态势，构成2021年中东发展的最大特点，也给已持续十年冲突的"昏暗中东"带来了一抹亮色。可以说，2021年可能是中东走出"暗黑时代"的非常重要的一年，各国对于和平与发展议题的关注度快速上升，一定程度冲淡了原有的矛盾与对立。

也有舆论认为，中东地区局势的缓和，有利于避免域外国家对中东局势的过分干涉，有利于地区内部化解矛盾，走出恶性循环。中国人民外交学会前副会长，前驻阿联酋、约旦大使，中国国际问题研究基金会高级研究员刘宝莱认为，中东地区主要国家良性互动增强。2021年是"阿拉伯之春"爆发第10年，地区国家对该地区的长期动荡深为忧虑，尤其是阿富汗局势突变引发地区国家战略认知发生深刻变化，对美国干涉别国内政和打"民主""人权"牌施压攻击的伎俩更为反感，故加快应变，独立自主意识上升。中国社会科学院唐志超和中国国际问题研究院姚锦祥也认为，中东地区缓和气氛的上升，一个难以忽视的因素就是地区秩序正由单极秩序向"后美国时代"的多极秩序演化，中东国家的自主性快速上升，试图摆脱传统大国博弈和权力斗争的束缚。中东缓和气氛的上升，很大程度上是地区内国家主动塑造议程的结果，这比过去域外大国主导下的"脆弱和平"多了更多内生性动力，也更具有可持续性。

全球治理加强

2021年，全球在非传统安全治理方面取得了一定进展，在气候变化、生物多样性以及卫生与健康等领域达成合作或恢复正常状态，引发了舆论关注。舆论总体认为，非传统安全问题日渐成为国际舆论的关注重点之一，希冀各方能够摒弃其他领域的隔阂与矛盾，在非传统安全领域同舟共济，为解决其他领域国际问题提供示范效应。

2021年10月31日，第26届《联合国气候变化框架公约》缔约方大会（COP26）在英国格拉斯哥开幕，并于2021年11月13日结束。中国代表团团长、生态环境部副部长赵英民在会后表示，本届大会达成的《巴黎协定》实施细则对于维护多边主义、聚焦《巴黎协定》落实具有重要意义，将开启全球应对气候变化的新征程。不过，在发展中国家长期关切的适应、资金和技术支持等方面，本届大会虽取得一定进展，但还有遗憾和不足，广大发展中国家对发达国家早已承诺的每年1,000亿美元还没有到位表达了极大失望。联合国秘书长古特雷斯在大会闭幕后表示，与会各方迈出了重要的步伐，但还"不够"，发达国家、金融机构和技术持有者应结成联盟，共同帮助新兴经济体减排、加速转向绿色经济。他呼吁发达国家兑现每年提供1,000亿美元帮助发展中国家应对气候挑战的承诺。此外，古特雷斯还对中国和美国在大会期间发布强化气候行动联合宣言表示欢迎。

部分舆论认为，中美等大国在气候变化问题上达成了一定程度的共识，避免因地缘政治问题而阻断气候变化合作进程。"绿色和平"东亚区全球政策高级顾问李硕认为，此次大会避免了最坏的情况，即各个国家把国家间的冲突过多地引入气候政治中。中美在会议期间发布的《中美关于在21世纪20年代强化气候行动的格拉斯哥联合宣言》，为会议注入了稳定因素。两国对气候问题的合作态度成为会议取得突破的政治基础。在艰难的双边关系中，摒弃分歧，推动多边进程，为新形势中的国际治理提供了经典案例。也有部分舆论认为，此次会议妥协意味比较明显，仍须警惕未来存在谈判和履约风险。"绿色和平"全球总干事詹妮弗·摩根认为，关于控制化石能源的关键内容，得以保留在了这份协议文本当中，尽管它的约束力微弱而又充满妥协，但它就像是所有气候谈判工作的"桥头堡"和"终极防线"，我们必须坚持让它被保留下来，并逐步加强其力度。需要警惕的是，某些国家还在寻求从协议中突破这条红线，试图削弱相关计划，以阻止在2022年气候大会中各国重新提出更有雄心的减排目标。

2021年10月11日至15日，《生物多样性公约》缔约方大会第十五次会议（CBD COP15）第一阶段会议举行。大会成功举行了COP15高级别会议，包括领导人峰会及部长级会议，举办了生态文明论坛。高级别会议通过了《昆明宣言》，生态文明论坛发出了保护生物多样性、共建全球生态文明的倡议，为将于2022年召开的第二阶段会议制定"2020年后全球生物多样性框架"凝聚了广泛共识、奠定了坚实基础。部分舆论认为，此次会议广泛凝聚了共识，形成了较强的约束力。中国科学院成都生物研究所所长吴宁认为，各方在领导人峰会上达成了共识，在雄心上的共识为下一步的谈判奠定了基础，铺平了道路，而《昆明宣言》是下一步具体谈判的纲领、方向与框架。

此外，随着拜登政府上台，美国于2021年1月20日宣布重返世界卫生组织，并于2021年2月19日正式重返《巴黎协定》。部分舆论认为这在一定程度上为加强全球治理、应对全球挑战起到了积极作用。联合国秘书长古特雷斯表示，美国重新加入《巴黎协定》以及美国总统拜登所作出的承诺意味着，占全球碳排放总量2/3的国家承诺实现碳中和。古特雷斯还对美国重返世卫组织表示欢迎，认为美国加入并支持新冠疫苗全球获取机制，将有利于确保所有国家公平获得疫苗。世卫组织总干事谭德塞表示，美国首席医疗顾问安东尼·福奇率领美国代表团参加世卫组织执行委员会会议，"是世卫组织美好的一天，对全球健康而言也是美好的一天。美国的作用、其在全球扮演的角色是非常关键的"。复旦大学国际关系与公共事务学院教授薄燕认为，美国重返《巴黎协定》释放了一个非常重要的信号，它表明当今最大的温室气体排放国之一的美国，愿意回到全球性气候治理协议下，这不仅有助于提高全球气候治理机制的普遍性和有效性，而且对气候领域全球合作是一个巨大的推进，有助于营造良好的政治氛围。

部分舆论则认为美国相关举措在一定程度上提升了美国在全球治理领域的领导力和影响力。察哈尔学会国际舆情研究中心秘书长、半岛和平研究中心研究员曹辛认为，美国通过重返世卫组织，提高了美国国内的抗疫信心和声势，世卫组织的联合国机构身份为拜登政府的国内抗疫提供了毋庸置疑的合法性，也有利于增加美国国内抗疫的信心。美国这一动作还提升了美国在国际抗疫合作中的领导力和影响力。通过向世卫组织主导的世界疫苗联盟捐款、提供技术支持等方式，美国还将有效提升自己在发展中国家的影响力，**让自己获得帮助欠发达国家民众抗疫救命的道义名声**。中国网评论员戚易斌认为，美国综合实力领跑全球，**在地区热点、防止核扩散、移民问题、网络安全、恐怖主义、粮食危机等传统和非传统安全领域扮演着至关重要的角色**，在发挥全球领导力、凝聚全球合力方面具有不可推卸的责任。相较特朗普政府退出的多个国际组织，重回"气候群"只是美国矫正动作里的一小步，其意义却不容低估。这不仅有助于重塑各国携手应对全球性挑战的信心，也为中美在多边舞台上加强合作创造了机会。

第三节　前进与领航：乱云飞渡仍从容

2021年，面对风云变幻、大国竞争愈演愈烈、全球性挑战层出不穷的国际局势，中国外交"乱云飞渡仍从容"，站稳立场，审慎应对，攻坚克难，推动中美、中俄、中欧等大国关系稳步向前；积极维护周边安全，推动战略互信，有效管控分歧，在区域热点问题中发挥建设性作用，为周边和区域和平提供指引；聚焦区域合作发展框架，大力推进同发展中国家的密切合作，

图9-8　2021年中国外交词云图

在气候变化、生物多样性等全球治理议程中发挥领航作用。舆论纷纷认为，2021年的中国外交，劈波斩浪，心系民生，胸怀天下，为世界和平与发展提供了"中国智慧""中国方案"。

表9-5　媒体总结的2021年中国外交十大关键词

1	元首外交	6	民主
2	中美博弈	7	发展
3	人类命运共同体	8	真正的多边主义
4	抗疫外交	9	外交为民
5	气候变化	10	胸怀天下

（数据来源：环球网）

大国关系前进与徘徊

2021年1月20日，拜登宣誓就任美国第46任总统。一年来，包括中美两国元首在内的两国多层级政府官员，就中美关系发展的战略性、全局性、根本性问题，以及共同关心的重要问题进行了多次充分、深入的沟通和交流。习近平主席全面阐述了中方对中美关系的原则立场，明确提出相互尊重、和平共处、合作共赢的战略框架，为两国关系的健康稳定发展把舵引航。双方外交代表在多个场合深入沟通，中方点出影响中美关系的症结和要害所在，亮明"三条底线"、打出"两份清单"。强调中国不承认这个世界上还有高人一等的国家，美国应当改掉动辄干涉中国内政的老毛病。要求美方不得挑战中国的道路和制度，不得阻挠中国的发展进程，不得侵犯中国的主权和领土完整。经过不懈努力，被非法拘押1,000多天的孟晚舟女士平安回国，有力伸张了公道正义。美方亦表示，愿与中国相互尊重，和平共处，加强沟通，管控分歧，美国不寻求改变中国体制、不寻求通过强化同盟关系反对中国，无意同中国发生冲突。①

表9-6　2021年中美两国各层级政府官员沟通交流情况

日期	事件
2月11日	国家主席习近平同美国总统拜登通电话。两国元首就中国牛年春节相互拜年，并就双边关系和重大国际及地区问题深入交换意见
3月18日至19日	应美方邀请，中共中央政治局委员、中央外事工作委员会办公室主任杨洁篪、国务委员兼外长王毅同美国国务卿布林肯、总统国家安全事务助理沙利文在美国安克雷奇举行中美高层战略对话
7月26日	外交部副部长谢锋在天津与来华访问的美国常务副国务卿舍曼举行会谈。国务委员兼外长王毅在天津会见舍曼
9月10日	国家主席习近平应约同美国总统拜登通电话，就中美关系和双方关心的有关问题进行了坦诚、深入、广泛的战略性沟通和交流
10月6日	中共中央政治局委员、中央外事工作委员会办公室主任杨洁篪同美国总统国家安全事务助理沙利文在瑞士苏黎世举行会晤
10月31日	国务委员兼外长王毅在罗马会见美国国务卿布林肯
11月16日	国家主席习近平同美国总统拜登举行视频会晤。双方就事关中美关系发展的战略性、全局性、根本性问题，以及共同关心的重要问题进行了充分、深入的沟通和交流

（数据来源：新华社。表格内时间皆为当地时间）

舆论认为，面对世界格局深刻演变，元首会晤等中美多层级会晤磋商具有积极意义，有利于中美两国超越冷战思维，避免掉入"修昔底德陷阱"，力争为我国国内发展营造最有利的国际环境。部分中美问题专家认为通过一年来的交流、沟通与争锋，美国拜登政府逐渐认清了现实，逐渐学会了同中国平等地"打交道"。中国国际问题研究院美国研究所副所长苏晓晖认为，美国开始认清现实，即此前对中国进行的打压和围堵并没有达到预期效果。现在

---

① 王毅：2021年中国外交：秉持天下胸怀，践行为国为民——在2021年国际形势与中国外交研讨会上的演讲，中国外交部网站，2021-12-20。

美国希望更多地了解中国，并通过与中国接触来解决一些深层次问题。中国国际问题研究院常务副院长阮宗泽认为，中美之间的高层交流频率在不断增加，这说明美国遇到了越来越多的困难，当前的美国无法"绕过中国"，必须要跟中国进行对话协商，甚至希望与中国共同应对这些挑战。中国人民大学国家发展与战略研究院研究员刁大明认为，中美能够共同发表《中美应对气候危机联合声明》，足以说明双方的沟通是有效的。清华大学战略与安全研究中心客座研究员孙成昊认为，尽管两国对中美关系的战略框架和定位尚未达成一致，但双方出于更加务实的接触目标，在专业层面的沟通正在增多。两国在经贸往来、气候治理、抗疫合作等领域的示范作用持续显现。此外，中美双方都高度重视风险管控，都不希望两国发生冲突。美方多次提及要搭建"护栏"，这种措辞背后的真正原因是美国尚未做好与中国"全面摊牌"的准备，需要集中精力处理国内事务，不能因为中美关系的波动而过度分心。

对比美国特朗普政府时期对华"全面出击"的态势，美国对华施压力度和中美紧张态势有一定程度的放缓。但相比特朗普政府，拜登政府更热衷于在价值观念等意识形态领域，以及高精尖、高科技等前沿领域，对我进行攻讦指摘和战略围堵。

舆论认为，美国在"民主峰会"、七国集团峰会、"五眼联盟"磋商等多个场合，试图重振"美式民主"在全球的影响力，是彻彻底底的"打着民主旗号的美式闹剧"。南非国家电视台网站撰文指出，美国举办的"民主峰会"极具争议，许多重要国家都没有收到邀请，其邀请函似乎是一种"认可证书"。美国试图让世界觉得，美国的认可比"峰会"本身还重要。人民网发文称，美国以自身标准划线，将世界上一半国家和地区划入"民主阵营"，将另一半国家归入"非民主国家"行列，这种做法本身就违背民主精神，是典型的将民主"私有化""标签化""政治化"。境内网民也纷纷对美国的霸权主义行为进行批评，认为美国此举非但不可能实现民主，反而加剧全球撕裂，致

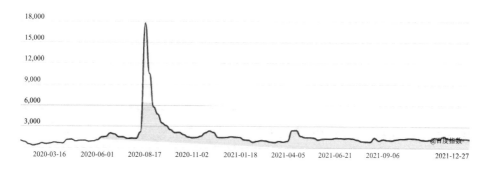

图9-9　2021年百度有关"中美关系"的检索指数趋势图

（图片来源：百度指数）

使矛盾重重。有网民称："假民主，真霸权。假和平，真分裂。假君子，真小人。""美国制造：制造矛盾，制造冲突，制造战争。""美国现在已经完全掌握了如何利用假民主维护自身霸权、巧取豪夺他国财富利益的一整套机制，越来越暴露出美国的自私、霸道和盛气凌人的优越感，最终一定会被世界人民所抛弃！"

面对美国持续在敏感问题上对华施压，中国顶住压力、表明立场、据理力争。特别是孟晚舟平安归国事件，引发舆论热议。舆论认为，孟晚舟归国对中国而言是一次全面胜利。深圳卫视《直新闻》认为，这是一场值得向国民理直气壮宣布的胜利，因为从政府、企业以及当事人孟晚舟角度来看，它都是一场多层次、立体性的胜利。中国人民大学国际关系学院副院长金灿荣认为，孟晚舟回国是我国外交的胜利，也是美国"长臂管辖"政策的一大挫败。事件在境内网民中引发热议，"孟晚舟即将回到祖国""孟晚舟回到深圳"等新浪微博话题，累计获得阅读量42.7亿余次、讨论量84.7万余次。有网民称："欢迎孟女士回家，这一切都是因为有强大祖国作为后盾。""国家层面有多少斡旋、付出和努力！""深刻体会到了祖国的强大，只有强大了，我们的人民才不会任由别人欺负！"

对比中美关系不断在徘徊中前进，中俄关系成为大国关系行稳致远的典范。2021年，中俄隆重纪念《中俄睦邻友好合作条约》签署20周年。习近平主席和普京总统正式宣布条约延期，凸显了双方互为战略依托、互为发展机遇、互为全球伙伴的坚定决心。一年来，中俄元首四次会晤通话，保持密切战略沟通。中俄携手抗疫为两国人民传统友谊打上时代"高光"，各领域互利合作为各自创新发展提供有力支撑，双方围绕国际和地区热点的战略协调给充满不确定性的世界注入更多稳定性，"中俄力量"成了国际公平正义的中流砥柱。在两国元首引领下，中俄关系经受各种考验，焕发勃勃生机，树立了大国战略互信的典范、邻国互利合作的典范、新型国际关系的典范。①

　　舆论纷纷认为，中俄在战略上相互信任，在交往上密切互动，充分反映出中俄关系牢固稳定，不受他国掣肘影响。新华网认为，中俄关系是面向新时代大国关系的典范。中俄双方始终坚持不结盟、不对抗、不针对第三方；始终担当有为，主持公道，坚定维护以联合国为核心的国际体系和以国际法为基础的国际秩序。中俄关系是互利共赢、相互支持的民心之交。疫情之中，中俄两国人民守望相助，感人至深。面对百年未有之大变局，中俄双边关系不断深化，这是历史发展的必然，也是时代前进的需要，既符合两国人民的愿望，更顺应人类文明发展的进程。中国社会科学院俄罗斯东欧中亚研究所副研究员赵会荣认为，中俄高层一直保持畅通和频繁的互动，尤其在重大问题和紧急问题出现时，两国高层都会通气和"对表"。中国现代国际关系研究院欧亚研究所所长助理、副研究员尚月认为，中俄新型大国关系既不囿于意识形态限制，也不受国际形势变化影响；既关照彼此的核心利益和重大关切，又保持了各自政策的灵活性和自主性。这在大国战略竞争激烈，以意识形态划线、联盟和集团对抗等观念沉渣泛起的当下，显得难能可贵。深圳卫

① 王毅：2021年中国外交：秉持天下胸怀，践行为国为民——在2021年国际形势与中国外交研讨会上的演讲，中国外交部网站，2021-12-20。

视《直播港澳台》特约评论员刘和平认为，在美国拜登政府极力游说与拉拢俄罗斯、要求俄罗斯在中美竞争大局中倒向西方阵营的大背景下，中俄关系能够维持战略稳定，已经非常难能可贵，它意味着美国拉拢俄罗斯离间中俄关系的阴谋并没有得逞。

中俄在官方层面的密切关系，也同样在民间层面有着较好体现，充分表明中俄关系呈现出"官热民热"的状态。中俄友好、和平与发展委员会于2021年10月发起的"2021中俄关系民意调查"显示，中俄新时代全面战略协作伙伴关系持续高水平发展的社会民意基础依旧稳固，两国民众支持中俄关系发展，对两国关系前景充满信心和期待。数据显示，超过91%的俄罗斯受访者和超过98%的中国受访者对进一步深化中俄关系充满信心和期待；72.6%的俄罗斯受访者和87%的中国受访者认为，中俄应该进一步加强全面战略协作。网民纷纷对中俄关系点赞，认为中俄虽不是同盟关系，但为新时代大国关系提供了范本，将持续造福两国人民。有网民称："中俄合作不仅造福两国人民，也是国际关系中的稳定因素。""中俄联手的关键是互信。""无论外部环境如何变化，中俄关系都不受影响！""一切对中俄关系进行的挑拨，都是徒劳的。"

在中欧关系方面，一年来，中欧全面战略伙伴关系在挑战中取得了新的进展。习近平主席两度主持中法德领导人视频峰会，中国—中东欧国家领导人视频峰会成功召开。中欧地理标志协定正式生效，比雷埃夫斯港、匈塞铁路等"一带一路"标志性项目稳步推进，中欧经济利益融合不断加深。中欧在维护多边主义、加强全球治理等领域存在广泛共识，在应对气候变化、共同抗击疫情等方面取得了积极成果。尽管中欧历史文化、社会制度、发展阶段不同，但共同利益远大于分歧。[1]

---

① 王毅：2021年中国外交：秉持天下胸怀，践行为国为民——在2021年国际形势与中国外交研讨会上的演讲，中国外交部网站，2021-12-20。

舆论认为，在美国拜登政府上台后继续坚持对华打压政策及加速与欧洲和解、合流的大背景下，2021年中欧关系一定程度上在争议和矛盾中度过。但在紧张关系的同时，双方在气候变化、能源等领域开展了深入合作，中国与欧盟成员国的既有合作也大体进展良好。中国现代国际关系研究院董一凡认为，2021年，中国与欧盟作为世界两大力量，双方全面战略伙伴关系在国际局势的波诡云谲中仍然把握合作主方向，中欧全面战略伙伴关系取得了新进展。"复旦欧洲观察"学术共同体撰文认为，2021年是中欧合作从高屋建瓴的"全面战略合作伙伴关系"向涵盖经贸、绿色环保、数字治理、基建、对外援助等全方位具体合作转变的转折点。在短期内，中欧合作成果将不以高层互访和领导人共同声明为主，而更多地体现在次级的合作项目落实、规范协调，以及更频繁的人文交流中。

表9-7　舆论关于2021年中欧关系的六个关键词

维度	关键词
中欧关系挑战	剧烈
欧盟成员国与中国关系	割裂
中欧关系中的美国因素	拉拢
英国对华政策调整	全球
中国对欧政策	多维
中欧合作及其未来	务实

（数据来源：澎湃新闻网）

和平稳定维护与指引

2021年，中国继续积极维护周边地区安全稳定，有效管控分歧。上海合作组织在成立20周年之际接收伊朗为正式成员，"中国+中亚五国"首次举行外长线下会晤，地区团结不断迈出坚实步伐。习近平主席应约同日本新首相岸田文雄通话，就构建契合新时代要求的中日关系达成共识，为双边关系克服干扰健康发展指明方向。中国与印度保持外交、军事途径对话，有效管控边境地区局部摩擦，共同致力于两国关系的改善和发展。中国与朝鲜、韩国、蒙古等邻国的友好合作也保持良好势头，成为地区稳定的积极因素。①

舆论认为，推进周边安全和平与稳定，有利于防止域外国家在亚洲兴风作浪、挑动对立甚至把亚洲推向新的冷战，更有利于为深化地区合作提供平等互信、繁荣发展的良好局面。《人民日报》刊文认为，周边是中国安身立命之所、发展繁荣之基。维护地区和平稳定，实现共同和可持续发展，是中国和周边国家的共同课题。复旦大学国际问题研究院教授林民旺认为，当今世界正处于"百年未有之大变局"，新冠肺炎疫情加剧了国际局势的演化，中国周边环境的稳定和发展越来越具有战略上的紧迫性。作为彼此搬不走的邻居，中国与周边邻国既有互相防范的一面，也有利益交融、命运与共的一面。对中国而言，周边的安全新形势既有危机，也孕育着机遇。要通过精准判断美国因素和地区中等强国的战略，精准把握周边国家在中美战略竞争中的对华战略取向，加强中国的战略谋划和策略运用能力，来实现危机中育新机、变局中开新局。

在中国积极维护周边安全稳定的大背景下，周边国家民众对华态度和舆情走向呈现不断向好趋势。例如，2021年10月20日由中国外文局和日本民间智库"言论NPO"共同发布的"中日关系舆论调查"结果显示，过去一年中，中美博弈的发展及扩大化对中日关系产生了明显的负面效应，超过60%的中国公众受访者和超过50%的日本受访者认为有坏影响。在围绕"中美博弈当中，日本应该如何应对"的讨论中，过半日本公众受访者希望"不站队"，大

---

① 王毅：2021年中国外交：秉持天下胸怀，践行为国为民——在2021国际形势与中国外交研讨会上的演讲，中国外交部网站，2021-12-20。

幅超过选择"更重视美国"的比例；此外，超过40%的日本受访者认为不管中美关系如何，日中都应该推进合作。2021年10月22日，印尼"外交政策协会"（FPCI）发布2021年度"中国－东盟关系民调报告"。民调报告显示，大多数受访者（67.12%）认可或强烈认可中国和东盟的紧密合作能帮助缓和疫情冲击，大多数受访者（58.48%）认可或强烈认可中国对东盟的新冠疫苗支持是出于好意，大多数受访者（59.17%）都强烈认可或认可中国和东盟伙伴关系能为区域的和平、稳定和繁荣带来贡献。该民调报告来自1,000多名受访者，遍布东盟10个成员国，涵盖政治家、商人、非政府组织工作人员和大学生等社会各界人士。

2021年，中国在阿富汗、缅甸等地区热点问题上充分表明立场，从中积极斡旋并发挥建设性作用。在阿富汗问题上，中方作为友好近邻和负责任大国，主动施加正面、积极影响，推动建立阿富汗问题邻国外长会新机制，发挥邻国优势和独特作用。中国还向阿富汗提供了紧急人道援助，开启"松子空中走廊"，协助阿富汗改善民生。中国致力于引导阿富汗新政权奉行包容、反恐、睦邻政策，坚决打击"东伊运"等一切恐怖组织，支持阿富汗防乱维稳、制恐止暴，走向良性发展。在缅甸问题上，面对缅甸国内政局变化，中国始终支持缅甸与东盟合作，逐步落实东盟提出的"五点共识"，坚决反对外部不当介入。同时，中国积极开展斡旋促谈，推动局势趋稳降温，鼓励缅甸各方通过和平方式妥善解决分歧，重启民主转型进程。[①]

中国在地区热点问题上的客观立场和负责任大国态度，引发舆论赞扬，认为中国充分发挥了大国建设性作用，为地区局势稳定提供了助益。在阿富汗问题上，部分专家认为中国的立场和方案能够为阿富汗解决当下问题和对

---

① 王毅：2021年中国外交：秉持天下胸怀，践行为国为民——在2021年国际形势与中国外交研讨会上的演讲，中国外交部网站，2021–12–20。

长远发展提供持久性帮助。中国现代国际关系研究院南亚所副所长王世达认为，通过中国就阿富汗形势、中阿关系的相关表态不难看出，作为负责任的大国和阿富汗的友好邻国，中国正在积极发挥作用，推动阿富汗尽快"由乱转治"。政治上，中国推动"阿人所有、阿人主导"原则真正落地。经济上，**中国推进"救急不救穷"与"授人以渔"并进。安全上，中方期待阿富汗塔**利班采取更加坚决果断的实际行动打击国际恐怖势力。上海国际问题研究院中国与南亚合作研究中心秘书长刘宗义认为，中国解决阿富汗问题方案有三大特点，一是中国方案充分尊重阿富汗作为一个独立主权国家的地位，尊重阿富汗人民的根本利益，既尊重历史，也尊重现实，体现了中国不干涉他国内政的一贯原则。二是"中国方案"是建立在和平共处五项原则基础上的多边包容性解决方案，是东方政治智慧的体现。三是中国方案既是政治解决方案，同时也将为政治解决提供坚实的社会经济基础。

在缅甸问题上，部分专家认为中国的立场有利于从客观角度助力缅甸局势得到有效缓和，推动缅甸通过对话解决国内政治危机。南京大学教授成汉平、国防科技大学国际关系学院东南亚研究中心副主任宁威认为，中国不干涉他国内政的原则是一贯的，保持理性克制正是不干涉他国内政在国际关系中的具体体现。缅甸事务必须交由缅甸民众自己协商解决和处理，其他国家的干预无助于问题的解决。国际社会应为缅甸解决内部分歧营造良好的外部环境，安理会行动应有助于缅甸和平和解，避免激化矛盾，避免事态进一步复杂化。厦门大学东南亚研究中心主任范宏伟认为，中国在缅甸问题上总体上采取了不干涉内政的立场，积极支持东盟进行斡旋，支持联合国缅甸问题特使发挥作用。不希望缅甸国内的政治动荡以及政治和解国际化和复杂化，关键是要由缅甸内部各方力量进行协商、找到解决问题的方案和路径。

合作发展领航与推进

2021年，中国继续扩大高水平对外开放，拓展深化区域合作广度和深度。中国关于履约承诺及对未来展望的表态接连引发舆论高度关注。2021年11月4日，习近平主席在第四届中国国际进口博览会开幕式上发表主旨演讲表示，将会积极推进加入《全面与进步跨太平洋伙伴关系协定》（CPTPP）、《数字经济伙伴关系协定》（DEPA）。2021年11月22日，中国与东盟正式宣布建立中国东盟全面战略伙伴关系。此前，中国已率先批准《区域全面经济伙伴关系协定》（RCEP）。舆论认为，中国积极参与区域合作框架，彰显中国的责任担当，为区域和世界发展注入了新的动力。央视网认为，当今世界正经历百年未有之大变局，疫情仍有反复，经济复苏艰难曲折，产业格局深刻演变，保护主义、单边主义思潮不断抬头。中国东盟与世界利益休戚与共，经济深度关联，作为全球最具活力的地区合作样板和增长极之一，更需要登高望远、把握大势、团结合作，为世界和平发展和繁荣稳定注入持久信心和新的动力。2021年9月17日，国家主席习近平在北京以视频方式出席上海合作组织成员国元首理事会第二十一次会议。中国上合组织研究中心秘书长邓浩认为，20年来，正是秉持"上海精神"，上合组织逐步探索出一条顺应时代潮流、契合本地区实际需要、符合成员国根本利益的合作之路，成为欧亚地区的安全"稳定器"和发展"助推器"。

2021年，中国积极推动同发展中国家的双边合作关系，一年来达成了诸多双边合作，多项合作成功落地。舆论认为，中国与其他发展中国家平等合作，造福相关国家人民，有力回击了个别国家接连炒作的所谓"债务陷阱""大而无当"等说辞。

2021年12月3日，中国和老挝两国元首通过视频连线共同出席中老铁路通车仪式，共同见证中老铁路通车。世界银行研究认为，中老铁路的开通，将使万象到昆明的货物运输成本降低40%~50%，老挝境内的沿线运输成本降低20%~40%，老挝从"陆锁国"变成了"陆联国"，这意味着巨大的经济红利。复旦大学"一带一路"及全球治理研究院常务副院长黄仁伟认为，中老铁路通车意义重大。中老铁路是"一带一路"的旗舰工程，是"一带一路"最成功的样板之一。这条高铁的贯通，将促进中国和东南亚的联系，在经济人员往来、文化旅游、推进RCEP等方面将成为一个实实在在的平台。加上中国和东盟的"10+1""10+3"合作，中国和东盟的连接就成了一个包含硬连通、软连通、心连通的立体板块。

2021年，中非合作也取得了重要进展。2021年6月11日，连接非洲第一大城市、尼日利亚最大港口拉各斯和工业重镇伊巴丹的拉伊铁路通车。在通车仪式现场，尼日利亚总统布哈里高兴地在列车上挥笔题词："这是值得夸赞的工程，感谢中国人民和中国政府！"国际在线认为，这条铁路是尼日利亚国家铁路干线网规划和西非共同体"互联互通"铁路网的主要组成部分，其建成不仅极大地改善了尼日利亚自身的交通环境，实现了拉各斯阿帕帕港与铁路的"港路联通"，打通了尼日利亚经济发展大动脉，也为尼日利亚与西非其他国家互联互通打下了坚实基础，对加快当地进出口货物流通，促进沿线地区外向型经济发展具有重要作用。在中非合作论坛的推动下，一个个由中国提供优惠贷款、中国企业实施建设的基础设施项目，解决了制约尼日利亚经济发展的瓶颈问题，改善了当地百姓的生活。而这些，仅仅是中非合作论坛机制下双方合作成果的一个缩影。

随着中国国家实力和国际地位的不断攀升，中国越来越积极地参与全球问题治理进程，推动国际体系变革。2021年11月1日，国家主席习近平向《联合国气候变化框架公约》第二十六次缔约方大会世界领导人峰会发表书面致辞。舆论认为，中国提出的减排承诺充分展现了中国在应对气变问题上的大国担当。深圳卫视"直新闻"认为，作为世界上最大的发展中国家，中国提出的"双碳"目标已是竭尽所能所作出的最大承诺，充分表明中国是气候治理的"行动派"。中国国际问题研究院世界经济与发展研究所副所长王瑞彬认为，中国在应对气候变化问题上，始终务实且负责，未来会按照自己的节奏来完成相应承诺。新华社撰文认为，中国应对气候变化的最新政策与行动进一步展现了中国在气候问题上的决心，彰显了推进全球气候治理的中国担当。中国应对气候变化新理念为全球气候治理贡献了中国智慧，中国不断强化自主贡献目标展示了推动全球气候治理的中国决心，中国应对气候变化实现的历史性变化为全球气候治理积累了宝贵经验，中国坚持多边主义为全球气候治理注入了强大动力。

2021年10月12日，国家主席习近平出席《生物多样性公约》第十五次缔约方大会领导人峰会（COP15）并发表主旨讲话，引发舆论高度关注。非政府组织"绿色和平组织"东亚分部全球政策高级顾问李硕认为，中国领导人的出席凸显了生物多样性议题在中国的重要性。联合国《生物多样性公约》秘书处执行秘书伊丽莎白·穆雷玛认为，中国一直是全球生物多样性议程的强有力支持者和贡献者。中国提出主办COP15，以及在此次会议上发布的《昆明宣言》，均清楚地表明了中国在生物多样性保护方面的领导力和承诺。世界自然基金会总干事马可·蓝博蒂尼认为，中国有资格也有机会促成COP15通过一项雄心勃勃且强有力的成果，这是中国为推动构建人类命运共同体发挥领导作用、做出贡献的重要契机。克莱恩斯欧洲环保协会（英国）北京代表处首席代表龙迪表示，中国接任联合国生物多样性公约主席国，为全球生物多样性领域注入了亟须的动力。

此外，中国继续开展卓有成效的抗疫外交，彰显说到做到的大国担当，引发了舆论的高度赞扬。《新民晚报》撰文认为，面对疫情跌宕反复，中国开展了卓有成效的抗疫外交，彰显了大国担当。中国始终站在国际抗疫合作"第一方阵"，秉持疫苗公共产品"第一属性"，担当疫苗公平分配"第一梯队",成为对外提供疫苗最多的国家;中国积极参与全球科学溯源,同世卫组织发布联合专家组溯源报告,体现了公开、透明的合作态度;中国还明确未来三年内提供30亿美元,用于发展中国家抗疫和恢复发展。习近平外交思想研究中心助理研究员何丹认为,中国秉持人类卫生健康共同体理念,毫无保留地开展国际抗疫合作,为世界疫情防控做出了重大贡献。新华社撰文认为,中国抗疫的世界贡献,在于"赋能"他国经济复苏。中国以开放合作态度,尽己所能为国际社会提供疫苗和抗疫物资。仅2021年,中国就向120多个国家和国际组织提供超过20亿剂新冠疫苗,成为对外提供疫苗最多的国家。印度尼西亚智库亚洲创新研究中心主席班邦·苏尔约诺认为,中国通过提供抗疫物资、派遣医疗队和援建病毒检测实验室等方式协助亚太多国抗疫,为亚太国家控制疫情和经济复苏做出贡献,展现了大国担当。坦桑尼亚达累斯萨拉姆大学中国研究中心主任汉弗莱·莫西表示,中国始终积极参与并推动国际抗疫合作,向多个国家援助了医疗设备和新冠疫苗,是多边主义与经济全球化的倡导者与支持者。

第十章 网络技术：千帆百舸竞争流

2021年，在互联网行业稳步增长的环境下，信息技术领域依旧向好发展。元宇宙成为2021年当之无愧的行业热点，引发了市场和资本的追逐。与之紧密关联的虚拟现实、增强现实技术进一步成熟，为"元宇宙"发展奠定了技术基础，"眼见未必为实"的时代已经到来；芯片产业、量子计算在高效计算方面取得进一步的发展，不断刷新计算速度极限，为开展大规模计算提供了支撑。科技进一步惠及普通民众，在为疫情常态化局面下的生活带来便利的同时，还逐渐向包容化发展，兼顾了特殊群体的需求。尤其是开展适老化建设、数字乡村建设等，网络触角延伸惠及至老年人、农村等群体。与此同时，在互联网行业高速发展的时代，行业垄断、资本扩张、直播行业乱象等问题显露，政府准确洞察行业风险，出台多项政策法规，严厉查处违法违规行为，有力促进了互联网科技行业进一步规范、健康发展。

第一节 热点涌现：行业蓬勃发展

2021年，元宇宙无疑是科技行业年度爆点，全球最大的互动社区之一及大型多人游戏创作平台Roblox在纽交所上市，因其在招股书中提及元宇宙而引爆市场，摘得"元宇宙第一股"的头衔。之后，Facebook等大型科技公司纷纷入场元宇宙，加之疫情的催化，虚拟世界、元宇宙成为科技行业新的追逐点，衍生出虚拟主播、虚拟偶像、数字替身等多样化数字场景，辅以芯片算力不断增强，虚拟数字技术取得了进步。

元宇宙成为科技行业年度黑马

2021年10月28日，美国Facebook首席执行官马克·扎克伯格在Facebook Connect大会上宣布，Facebook将更名为Meta，来源于"元宇宙"（Metaverse）。消息一经传出，"元宇宙"引发全世界的进一步关注，当之无愧地成了科技行业年度最受关注的热点之一。

"元宇宙"一词诞生于1992年的科幻小说《雪崩》，描绘的是一个虚拟现实世界。这个世界的生物、环境没有真正的物质形态，均以数字化、虚拟化形象存在。人类也以虚拟形象进行交易、生活等实际社会行为，形成虚拟现实结合的世界。在原著中，Metaverse是由Meta和Verse两个单词组成，Meta意为超越，Verse则代表宇宙（universe），合起来即为"超越宇宙"的概念。Metaverse致力于构建一个平行于现实世界运行的人造空间，由虚拟现实等技术支持的虚拟现实的网络世界。随着功能越来越强大的消费者计算设备、云计算和高带宽互联网连接的实现，元宇宙的概念正在逐渐成为现实。

元宇宙并不是一个全新的技术，虚拟现实相结合的应用早就得以发展。如发布于2003年的Second life，就是一个现象级的虚拟世界，用户可以在这里购物、社交、经商、建造等。在元宇宙中，用户通过物理硬件设备，基于设定的IP进行虚拟世界的体验。随着参与人数的增多，虚拟社会体系不断构建、社会形态变得逼真丰富。此后Roblox、我的世界、动物森友会等现象级游戏不断涌现，逐渐走入公众视野。自2020年新冠肺炎疫情突发造成的社交距离拉大，激发了虚拟现实类应用的进一步增长，虚拟会议、虚拟社交等成为科技领域新增长点。

经过几年的蛰伏和缓慢上涨，2021年成为元宇宙的元年，迎来拐点。2021年3月，全球最大的互动社区之一及大型多人游戏创作平台Roblox在纽交所上市，因其在招股书中提及元宇宙而引爆市场，凭借其"元宇宙第一股"的头衔，Roblox2021年日均活跃用户超3,400万，市值一度突破620亿美元，甚至超过暴雪成了美国市值第一的游戏公司。

随后国内外互联网巨头，如Facebook、腾讯、字节跳动、百度等知名大厂纷纷入场。2021年7月，Facebook公司成立元宇宙团队，创建的"元宇宙"将用于虚拟现实耳机、移动设备和游戏机。10月，Facebook正式更名为Meta，并称今后公司的业务重点将从社交媒体公司转移至"元宇宙"方向，"相信元宇宙将成为移动互联网的继承者"。11月2日，微软年度技术盛会Ignite 2021在线开幕，正式宣布进军元宇宙，并计划通过两项新举措发展元宇宙，也标志着微软成为继Facebook后进军元宇宙领域的另一个科技巨头。微软拟开展名为"Dynamics 365 Connected Spaces"的计划，旨在提供全新视角，帮助管理者深入了解客户在零售商店、员工在工厂车间等空间内的移动和互动方式，以及如何在混合工作环境中优化健康及安全管理。第二项计划名为"Mesh for Microsoft Teams"，将在微软现有的线上会议（Team）之上，加入一个名为"Mesh"的混合现实的功能，允许人们远程召开会议、发送信息、处理共享文档等，共享全息体验。该功能也允许人们使用个性化的3D头像，体验一个沉浸式的空间。国内方面，2021年8月，字节跳动公司收购国内领先的VR设备公司Pico，体现了字体跳动进入元宇宙的决心。有媒体披露："此次收购价格达90亿元，是目前为止中国VR行业最大的一笔收购案。"互联网和信息技术专家包冉分析，字节跳动收购Pico，一方面是字节跳动对标Facebook基于混合现实（MR）、人机交互的"数字元宇宙"战略，另一方面是其欲在"人与信息的连接之后"，将"人与人的连接"作为未来的发展战略基础。

在元宇宙成为互联网大佬的"必争之地"后，行业乱象随之浮现。比如虚假元宇宙投资项目、打着元宇宙游戏等旗号的新型骗局，以及虚拟房地产等新型标的的投机炒作等，给元宇宙发展带来了诸多不确定性风险和负面影响。搜狐网报道称，2021年末，在元宇宙游戏中的数字房产逐渐成为"虚拟炒房客"的另一场狂欢。这种虚拟世界里的房地产交易频频刷新价格新高，甚至超出了现实世界里很多大城市的实际住房价格，十分"魔幻"，还有明星、地产大佬等参与，这股"炒房热"有愈演愈烈的趋势。事实上，早在2018年就已经出现虚拟土地交易，但直到搭上元宇宙的顺风车，才突然出圈大火，行业跟风现象明显。

统计显示，在2021年11月22日到28日的一周内，四个最主要的元宇宙房地产交易平台的总交易额就接近1.06亿美元。据福布斯报道，有建筑公司在元宇宙中设计一个项目就可以赚近30万美元。2021年某元宇宙平台一块约565.8平方米的数字土地卖到了243万美元，约人民币1,552万元，刷新了虚拟房产的价格纪录。有网友惊呼："我看不懂，但我大为震撼。"2021年7月，某公司在"2021上海淘宝造物节"发行了310套数字房产NFT（非同质化代币）。有消息称所有房产两天售罄，总计售价36万余元。其中上海一对95后情侣就买入一套价值不菲的虚拟房产作为婚房。两人表示，由于刚毕业不久，当前收入无法支撑其在现实中买房，而数字房产同样可以带来归属感。消息冲上了微博热搜，引发了人们的关注和热议。微博平台相关话题阅读量超3,700万，部分网民保持冷静清醒的态度，不认同高价购入虚拟房产的行为；部分网民认为虚拟房产的高价出售来源于背后的虚拟平台公司炒作，吸引"韭菜"。

究竟是投机还是投资、是泡沫还是风口、是炒作还是趋势，仍需打一个大大的问号。《人民日报》在2021年12月发布评论称，"谨防热到烫伤的风险"。评论援引专家的分析称，元宇宙的炒房多是基于NFT的基础上进行。与此关联的"元宇宙炒房"存在"炒币"的风险，如产品金融化倾向、暴涨暴跌等，有不法商家借机炒作、开展非法集资及赌博洗钱等违法活动。此外，元宇宙作为新技术，还处于发展初期，存在较高的不确定性，如果元宇宙房产公司倒闭或失去流量关注，其虚拟房产价值则会大打折扣。因此还需要让子弹飞一会儿，在更长时间段内，才能观察得更清晰、理解得更深入。

监管应该走在创新前头。面对行业潜在风险，2022年2月，中国首个《元宇宙产业自律公约》（以下简称《公约》）发布。《公约》明确提出，元宇宙业务应立足服务实体经济，坚决抵制利用元宇宙热点概念进行资本炒作，避免形成市场泡沫。此外，要强化主体责任，远离非法模式。抵制编造虚假元宇宙投资项目、发行元宇宙虚拟币等非法金融活动等。元宇宙创新必须严格遵守有关法律法规和国家政策导向，共同维护良好的市场秩序和产业环境，推动中国元宇宙健康可持续发展。中国移动通信联合会元宇宙产业委员会执行主任于佳宁建议，大众需要努力理解元宇宙的实质，擦亮双眼，仔细辨别"真伪元宇宙"，严格遵守法律法规要求和政策导向，拒绝参与一切非法金融活动。特别要警惕那些打着元宇宙旗号的非法集资、欺诈、传销项目，不要被高收益的噱头蒙蔽，掉入传销诈骗的陷阱。

目前元宇宙产业的应用场景主要处于社交应用、游戏场景的阶段，丰富度有待提升；虚拟世界与现实世界的衔接仍有待优化，计算技术、生态环境不够成熟。虽然资本追逐声浪较高，但透过繁荣的现状需冷静看待。相信随着5G的不断普及、芯片产业发展推动计算效率的加快，虚拟现实、增强技术、脑机接口等技术或会得到新的突破；政府监管、行业规范也将进一步完善，期待未来元宇宙会在应用场景、沉浸效果上不断发展，为民众生活带来新的务实性、创新性改变。

虚拟数字技术蓬勃发展

元宇宙的火爆发展，得益于虚拟现实、现实增强技术的不断发展，虚拟数字人正以各种职业身份渗透到各个行业。2021年夏天，斯坦福大学开设了面向"元宇宙"的课程"虚拟人"（VirtualPeople），清华虚拟学生华智冰亮相，英伟达CEO替身"骗过"全世界，这些现象表明，虚拟数字技术蓬勃发展，"眼见未必为实"的时代已经来临。

虚拟人物越发丰富，"本领"越来越多。除了塑造人物外形，近年来研究领域探索把形象和思维相结合，将其真正主体化，发展成为具备虚拟形象、思考能力的虚拟人物。

2021年6月，清华大学迎来我国首个原创虚拟学生。6月15日，清华大学计算机系举行"华智冰"成果发布会。作为我国首个原创虚拟学生，华智冰将入学清华大学计算机系，开启在清华大学的学习和研究生涯。根据团队介绍，与一般的虚拟数字人不同，华智冰拥有持续的学习能力，能够逐渐"长大"，不断"学习"数据中隐含的模式，包括文本、视觉、图像、视频等，就像人类能够不断从身边经历的事情中来学习行为模式一样。随着时间的推移，华智冰针对新场景学到的新能力，将有机地融入自己的模型中，从而变得越来越聪明。9月，团队首次发布了她的正面露脸视频。视频里，华智冰边弹吉他边唱歌，声音、表情、口型都非常自然。根据其研发团队介绍，华智冰演唱视频中的肢体视频模板来自团队成员。视频中人物的面部特征，包括人脸、表情、口型等，全部由人工智能小冰框架XAvatar生成并进行融合。视频中的歌声，由人工智能小冰框架X Studio生成，实现了精度更高的视觉化交互内容。由于从根源上避免了使用任何真实人类面部，有效阻断了以往技术无法避免的隐私侵权问题，是隐私保护方面的巨大进步。2022年，为有力保障2022北京冬奥会，"华智冰"团队为听障人士打造的"冬奥手语播报数字人"

在北京冬奥会上亮相，实现了冬奥赛事新闻的手语报道，其动作流畅自然，方便障碍人士收看冬奥赛事。

此外，还有"每日经济新闻"的人工智能主播，全球首个做到和真人原型真假莫辨的数字孪生人N小黑和N小白，两人合作连续直播新闻70天，但几乎没有粉丝和用户看出来是合成人物。其背后的"制造者"小冰公司，也正式宣布，基于小冰深度神经网络渲染（X Neural Rendering）的全新数字孪生虚拟人来了。这是他们首次将人工智能虚拟人类的整体自然度，提升到和真实人类几乎无法分辨的程度。

在娱乐领域，也出现了偶像类虚拟人物。例如，在各大社交网络平台，夏语冰、阿喜、柳夜熙等虚拟人物已拥有大批粉丝。其中，号称"世界第一位VOCALOID中文虚拟歌姬"的洛天依在微博已积累了超过500万粉丝，在哔哩哔哩平台拥有超270万粉丝；于2021年10月31日在抖音平台上线的柳夜熙，个人标签为"一个会捉妖的虚拟美妆达人"，已积累超870万粉丝，作品点赞超2,700万。虚拟偶像、虚拟明星得到网民的关注和喜爱，也成为上游企业的重点发展目标。统计数据显示，近年来"虚拟偶像"赛道共发生40起投融资事件，披露投融资总金额超3.8亿元人民币。国内多家品牌都推出了自己的虚拟品牌代言人。艾媒咨询数据显示，2021年预计中国虚拟人核心产业规模达62.2亿元，带动产业规模1,074.9亿元。

虚拟现实技术的发展，离不开背后强大的计算能力。2021年4月，显卡厂商、人工智能公司英伟达正式对外公布了其自主研发的三维协作平台Omniverse。凭借优秀的性能，Omniverse被《时代》揭晓为2021年最佳发明之一。Omniverse专为虚拟协作和物理级准确的实时模拟打造，简化工作流程、方便协同工作的同时，实时实现精美、物理属性准确且逼真的视觉效果。Omniverse便利了创作者，为虚拟现实技术的发展、元宇宙产业的发展提供了重要的底层支撑。

有趣的是，Omniverse发布会本身就是由Omniverse虚拟构建的。2021年8月，英伟达在计算机图形学顶级学术会议SIGGRAPH 2021上，通过纪录片"爆料"，4月的线上发布会上，英伟达CEO黄仁勋其中14秒的演讲，是英伟达合成的"数字替身"，展示的并非其本人。他的外貌、表情均为合成而来，其动作由专业的动作捕捉演员完成。其所处的自家厨房、物品等均是数字合成的虚拟形象。这14秒融合了英伟达的深度学习与图像研究、工程师和设计师等团队的工作和创意，工程师用专业设备为黄仁勋搭建了3D 模型，将其标志性皮衣、家居环境进行扫描，根据采集到的数据，再手动调整3D模型的细节，确保效果足够逼真。由于其发布会形象非常真实、动作流畅，以至于没有人在其"自爆"之前注意到发布会上的"异常状态"。这次"炫技"式的举措让网民惊呼"英伟达骗过了全世界"。

　　诸多成功的案例，都说明了虚拟化人物的时代已经悄悄来临，具有巨大的发展空间。据量子位智库发布的《虚拟数字人深度产业报告》预计，到2030年，我国虚拟数字人整体市场规模将达到2,700亿元。其中身份型虚拟数字人约1,750亿。服务型虚拟数字人总规模超过950亿。目前市场仍处于前期培育阶段，具备较为乐观的市场前景。

　　在快速发展的同时，虚拟数字人行业也面临着挑战。首先，技术端仍偏薄弱，生产效率无法匹配高频需求的市场，限制了发展速度；其次，虚拟人的生存和运营仍需人力团队支撑，其运营成本较高、变现难，在追求IP热度和成本之间较难把握和衡量。百度智能云AI人机交互实验室负责人还指出，数字人产业链存在各个节点相对割裂的问题，不能高效协同，导致数字人在制作和调优上存在较高壁垒。有专家分析称："虚拟数字人当前仍处在比较早期阶段，需要不断地试错与探索，很多技术仍不成熟，能实现的展现方式也有待优化。但不可否认，未来依然存在很大的发展空间。"

量子计算不断刷新人类计算极限

随着人工智能技术的飞速发展，算力成为突破核心技术的关键。量子计算机相对传统电子计算机具有巨大的计算潜力和计算优势，具有存储能力强、运行速度快的特点，给计算能力带来了质的飞跃。目前，超导、半导体、光量子、离子阱等多种技术路线并行，成为当前计算机领域追逐的热点。

2022年2月，Hyperion Research进行的一项新研究显示，全球量子计算市场在2021年的收入估计为4.9亿美元。预计到2024年，该市场将以每年21.9%的速度增长。在国际数据公司（IDC）2021年年末发布的首份全球量子计算市场预测中，IDC认为，2021年为量子计算行业的关键一年。在2021年，为实现量子优势而实施的战略方法变得更加明确：供应商发布了量子计算路线图，路线图强调改进量子比特扩展和纠错的方法，通过上市或与政府、教育或私人实体合作寻求新的融资机会，或因预期提供而合并更全栈的方法。

我国虽然在量子科技领域起步较晚，但是在国家的政策支持、科研机构的努力下，实现了弯道超车，在量子计算领域呈现领跑态势。2021年5月，中科院量子信息与量子科技创新研究院潘建伟院士研究团队成功研制了62比特可编程超导量子计算原型机"祖冲之号"。量子比特数量越多，则会使用户在进行实验和运行应用程序时能够以更高的复杂度探索问题。2021年10月，"九章二号"和"祖冲之二号"相继问世，开创了我国在光量子和超导量子两种量子计算领域的领先优势，实现了"量子计算优越性"（国外称之为"量子霸权"）。"九章二号"量子计算机则已经由76个光子升级到了113个光子和144模式，其处理特定问题的速度已比传统超算快一亿亿亿倍，超快速度难以想象，同时增强了光量子计算原型机的编程计算能力，在实用化方面大步向前迈进。"祖冲之二号"比"祖冲之号"多出4个比特，这4个比特使量子计算性能实现了质的提升；它的计算复杂度比美国谷歌的同类型超导量子计算原型机"悬铃木"还高出了100万倍。

2021年11月，IBM公司宣布研制出能运行127个量子比特的量子计算处理器"鹰"，这是迄今全球最大的超导量子计算处理器。IBM称，127量子比特处理器上表示一个状态所需的经典比特数量超过了当今75亿人的原子总数。"'鹰'处理器的到来是朝着量子计算机在有用应用方面超越经典计算机的那一天迈出的重要一步。"根据计划，IBM公司还将于2022年左右推出433位量子比特的"鱼鹰"处理器，2023年左右推出1,121位量子比特的"秃鹫"处理器。

除了超导量子和光量子领域，越来越多的企业开始大规模开展离子阱量子计算机的研发。启科量子推出中国第一台离子阱量子计算机工程机AbaQ-1。2021年11月，霍尼韦尔量子解决方案（HQS）部门和剑桥量子公司（CQC）完成合并，成立了新公司Quantinuum，是世界上最大的、独立的综合量子计算公司。在2021年最后一天，由霍尼韦尔提供支持的Quantinuum H系列量子计算机继续实现指数级性能提升，其最新离子阱系统H1-2首先达到2048量子体积。

基于底层计算硬件，量子计算应用也在努力探索，不断朝向商业化迈进。根据"C114通信网"关于量子计算2021年盘点的统计分析，2021年诞生了诸多面向量子计算的商业用例，部分正在开发或已投入运行。例如，光子量子计算机公司PsiQuantum和QunaSys评估量子计算用于工业化学计算的容错量子计算的能力，旨在加速可持续材料的开发；评估量子计算在光刻胶、弹性体、塑料和试剂制造方面的进展。全球钢铁制造商Nippon Steel2021年6月与剑桥量子计算公司、霍尼韦尔合作优化工厂调度问题；IBM和E.ON旨在通过量子计算推动能源行业的转型。国内方面，中科院软件所团队于2022年2月发布全新量子计算编程软件——Isq-core，并成功部署至世界领先的超导量子硬件平台，标志着国产量子计算软硬件结合迈出了重要一步。量子计算编程软件成为用户与量子计算机的桥梁纽带，为用户进行量子计算相关理论研究和应用探索提供了有力支持。

从2021年的发展状况看，中美等国不断推出新型量子计算硬件产品，刷新计算极限，可以看出当前量子计算处于快速发展的状态，计算极限和计算边界还值得继续研究和探索。量子计算实用化还存在一定的阻碍，其中最大的问题就是量子纠错问题。潘建伟也曾表示，下一步将解决量子计算机实用化道路上的一些难题，首先是通过4~5年的时间实现量子纠错。这一步解决之后，基本就可实用化。量子计算在供应链、金融、交通物流、制药、航空、能源、气象等多个领域都有巨大的潜在应用空间，如更加精准的天气预报、密码破译、新材料设计、药物分析等，期待量子计算实用化后给行业和世界带来的新改变。

第二节　业态延伸：普惠效应显著

2021年互联网市场发展整体趋于稳定，行业方向从高速发展逐渐转变为寻求新的增长点，在满足网民基本网络需求的基础上，瞄准新形势、挖掘新用户。在疫情常态化的形势下，在线办公、在线教育、远程医疗需求增多，行业呈现出积极发展态势。互联网触角进一步延伸至老年群体、农村群体。互联网适老化改造，助力老年人消除数字鸿沟，享受互联网带来的便利；数字乡村建设如火如荼，直播及短视频内容丰富文化生活的同时，为农业产品销售加速助力。互联网普惠效应凸显，全方位助力数字中国建设。

互联网新应用助力疫情常态化境状下的生活

自2020年新冠肺炎疫情突发以来，疫情常态化成为人们生产生活的新型伴随方式，出行、就医、工作等方面受到限制。在这种情况下，互联网抓住人们的痛点，在办公、医疗、教育、日常购物等方面推出新方式，在不便利的疫情常态化下最大化优化人们的生活效率和品质。

受疫情影响，居家在线办公成了工作新形式。2021年谷歌公司批准了8,000多名员工在家办公的请求，并同意这些员工可以申请永久居家办公，非紧急情况，不需要来公司。脸书也表态，允许员工全职在家工作，预计在未来5~10年，公司50%的员工将进行远程办公。

在线办公需求显著增长。根据统计，截至2021年12月，我国在线办公用户规模达4.69亿，同比增长35.7%，成为用户规模增长最快的一类应用。目前市面上远程协同办公软件、OA系统、视频会议等应用大量出现，在线办公技术持续演进，为居家办公提供了技术支持。特别是视频会议、在线文档编辑等工具使用率提升明显。各类软件内置丰富的工具，方便开展工作，如内置语音识别自动转写、视频录制等功能，减少手动记录，方便回溯会议内容；多人协同的文档编辑保障了版本同步；PC、手机端等多平台共生提高了工作效率和方式。

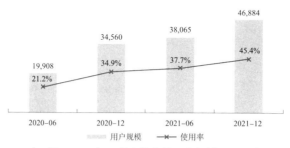

图10-1　2020年6月—2021年12月在线办公用户规模及使用率（单位：万人）

根据澎湃新闻网报道，远程、在线的办公模式已经得到越来越多人的青睐。2021年微软工作趋势指数（31个国家3万人数据）显示，73%的受访者希望选择远程工作。美国消费者新闻与商业频道（CNBC）一项调查预测：到2022年年初，近45%的组织将有某种形式的灵活工作安排，使员工成为新型混合办公者。企业服务市场也是一片蓝海。据通信协作软件公司Slack招股书预计，通信协作产品市场达280亿美元，整个市场规模仍处于快速扩张阶段。据IDC预测，包括视频会议、语音聊天、内容共享等在内的移动办公与协作市场规模将在2022年达到430亿美元。

有流量红利的地方，就有激烈竞争，阿里、腾讯、字节等科技巨头都加入了战局。2021年11月，在腾讯数字生态大会上，其负责人称，腾讯会议的用户数接近2亿。过去一年，用户的参会次数超过40亿，服务覆盖了全球范围内超过220个国家和地区。在2021钉钉未来组织大会上，钉钉对外宣布用户数已突破5亿，包括企业、学校在内的各类组织数超过1,900万。全球云视频会议龙头Zoom则主要凭借全球布局的数据中心节点提供可靠、易用的视频通话能力，在面向外部、跨组织沟通时更为高效、便捷。在线办公产品的不断丰富最大化减少了疫情带来的影响，也成了办公方式变革的重要辅助力。

除在线办公应用外，线上医疗行业成为我国2021年用户规模增长排名第二的应用。受疫情影响，互联网+医疗迎来了快速发展的时代。CNNIC的统计显示，截至2021年12月，我国在线医疗用户规模达2.98亿，较2020年12月增长8,308万，占网民整体的28.9%。2021年，在线医疗行业持续保持高速发展，互联网医院发展迅速，政府相关监管、行业规范措施不断出台，进一步推进了在线医疗领域快速有序发展。

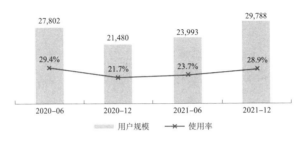

图10-2　2020年6月—2021年12月在线医疗用户规模及使用率（单位：万人）

2021年国家卫健委多次发文，要求"推动新一代信息技术与医疗服务深度融合，大力发展远程医疗和互联网诊疗，建设智慧医院"；2021年10月，国家卫健委发布了《互联网诊疗监管细则（征求意见稿）》，这是针对互联网诊疗发布的首个细则文件，也是2021年互联网医疗行业最重要的政策文件。**2021年密集的政策发布传达出了积极信号：互联网医疗行业将在政策指引下，实现快速、多元发展。**

据国家卫健委数据，截至2021年6月，全国互联网医院已达1,600余家，其中仅2021年上半年新增的互联网医院就有500家。2021年上海市互联网医院总数增至76家，标准化智慧健康驿站增至238家；北京市21家市属医院均已获批互联网诊疗资质，已上线运行，在线服务患者总数达34万人次。线上医疗方便了患者就医，医患双方通过手机实现图文问诊，随时随地一对一交流互动，提供医疗、健康、用药等全方位的专业指导，提高居民健康管理水平。

互联网企业也在医疗领域布局。疫情发生以来，丁香医生、好大夫在线、京东健康均推出在线问诊服务，超过100万的医疗从业者，在各医疗健康咨询平台注册并开通了线上问诊服务，及时缓解医疗机构的压力，又让人们更加方便地看病。网经社电子商务研究中心发布《2021年度中国数字健康市场数据报告》显示，2021年互联网医疗市场规模约为2,230亿元，用户规模为7.1亿人，同比增长7.25%。微医、妙手医生、七乐康、丁香园、好大夫在线等用户量多，成为互联网医疗领域的头部应用。网民纷纷表示，在疫情期间不方便去医院，但通过互联网平台问诊极大地解决了这个问题，通过线上预约，减少了线下排队时间、避免交叉感染的风险，提高了就医的体验。

人工智能技术也不断推进医疗行业发展，助力医疗数字化建设。2021年10月，国家微生物科学数据中心联合国内有关单位发布了基于人工智能的"新型冠状病毒变异评估和预警系统"，成为全球首个对 SARS-CoV-2（病毒名称）基因组已知变异及虚拟变异进行多维度风险评估和预警的系统。该系统不仅可以作为全球病毒变异监测和追踪的工具，同时还可以基于虚拟变异和风险评估模型，为针对新型变异毒株的精准防控和抗体疫苗设计提供有效的参考信息。《2021医疗AI报告》显示，截至2021年，近20款医疗人工智能器械获得了国家药品监督管理局医疗器械技术审评中心批准的医疗器械三类证，这在一定程度上有利于企业的研发产线及商业推广等。据蛋壳研究院统计，在2021年医疗人工智能产品公开招标数据中，质控和CDSS（临床决策支持系统）类人工智能产品居多，分别占据29%和28%；人工智能影像辅助诊断产品随后，占据22.6%。其中，人工智能肺部、胸部辅助诊断产品在2021年需求量最多。从地理位置来看，华东地区处于领跑地位。由于苏浙沪开放的医院智慧建设环境较为完善，在电子病历评级、互联互通评级、智慧医院服务评级，以及医疗人工智能器械的政策与落地（如新基建）等方面，均走在了全国的领先位置。

此外，科学技术还渗透在防疫的方方面面。例如，已普及应用的红外快速测温技术，用无接触、可靠、高效且无感知的方式，精确测量体温，不管是通关效率还是用户体验都有很大的提升；面向人们日常戴口罩的状态，百度等科技公司实现了口罩遮蔽下的人脸识别技术，可以在不摘口罩的情况下进行精准快速的人脸识别，免摘口罩的打卡方式大大提高了防疫的能力。无人机也有了新的"用武之地"，或在社区进行巡逻，"喊话"不戴口罩乱跑的居民，或飞到隔离住家中，自动测量体温，误差不超过1%；日常使用的行程码查询、基于用户的移动通信数据，实现了地理位置的计算分析，为疫情防控作出了巨大的贡献。

适老化工作消除老年群体"数字鸿沟"

中国互联网络信息中心（CNNIC）发布的第49次《中国互联网络发展状

况统计报告》显示，截至2021年12月，50岁及以上网民群体占比由2020年12月的26.3%提升至26.8%，互联网进一步向中老年群体渗透。老年群体与其他年龄群体共享信息化发展成果，能独立完成出示健康码/行程卡、购买生活用品和查找信息等网络活动的老年网民比例已分别达69.7%、52.1%和46.2%，中老年群体成了网民规模增速最快的群体。一方面，网络内容的丰富性吸引老年群体的不断加入，"网上冲浪"的老年人数量逐渐增多；另一方面，受疫情的影响，"健康码""网上预约"等应用成为生活必需的一部分，"数字化时代"下部分老年人被动加入，成为网络参与一员。2021年9月，中国社科院发布了《后疫情时代的互联网适老化研究》，系统性地展现了后疫情时代老年人的数字生活变化。报告显示，95.09%的老年人认为疫情后学习网络操作非常有必要。超过90%的被访老年人会上网看视频，约1/5的受访老年人会玩手机游戏。

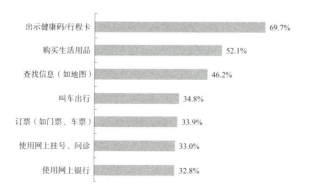

图10-3　老年网民能够独立完成网络活动的比例

但是，老年群体对互联网的接触时间较短，对互联网的认识不够深入，网络应用高速迭代，复杂的操作和多样化的应用给他们带来了一定使用难度，此外，网络应用使用的"层层套路"阻碍了老年人使用互联网的脚步。网络应用中隐蔽的广告时常出现，提示"内存不足""病毒威胁"等的弹窗信息，对网络不熟悉的老年人很容易点击，从而被动下载并安装大量无关应用，严重影响互联网体验；网络诈骗形式更加多样，披着"医疗保健""高收入理财"的外衣，诈骗分子利用信息差和网络优势，将诈骗目标对准老年网络群体，如免费送鸡蛋等小恩小惠吸引老年人加群进而高价推销"保健产品"、假冒公检法人员、亲友，诱骗老年人转账。因此，如何让老年人跟上网络发展节奏，更加轻松、简单地享受互联网带来的便利，成为近年来的热点问题。

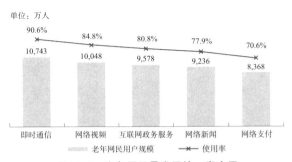

图10-4　老年网民最常用的五类应用

老年群体的数字鸿沟和数字排斥引发了全社会关注。新华社称，大量老年人成了数字化浪潮下的边缘人群。互联网不仅忽视了老年群体日常生活的幸福感、获得感，也长期以来很少关注到老年群体的切身需求。帮助老年人越过"数字鸿沟"，成为摆在全社会面前的现实课题。人们呼吁企业、社会和政府，既要在智能技术发展的当下为人工服务、线下办事渠道留下空间，也要完善适老化智能产品供给，从"供""需"两侧发力，应老之所呼，解老之所需。

国务院办公厅在2020年11月24日印发《关于切实解决老年人运用智能技术困难的实施方案》；随后，2020年12月，工业和信息化部印发《互联网应用适老化及无障碍改造专项行动方案》。为着力解决老年人等特殊群体在使用互联网等智能技术时遇到的困难，推动充分兼顾老年人需求的信息化社会建设，工业和信息化部自2021年1月起，在全国范围内组织开展了为期一年的互联网应用适老化及无障碍改造专项行动。行动着力解决老年人、残疾人等特殊群体在使用互联网等智能技术时遇到的困难，首批优先推动8大类115家网站、6大类43个App进行适老化及无障碍改造。首批适老化及无障碍改造App名单中，包括腾讯新闻、新浪微博等新闻资讯类产品，也有微信、QQ等社交通信工具，还有淘宝、京东、抖音、百度等生活购物类产品，以及支付宝、百度地图、滴滴出行、叮当快药等金融、出行、医疗领域App。互联网应用适老化改造，既是对国家号召的响应，也是企业温情的体现。

此外，考虑到老年人的身体状况、文化程度等多方面实际情况，国家还提出了具体的要求。要求针对老年人，要推出更多具有大字体、大图标、高对比度字等功能特点的产品，鼓励更多企业推出界面简单、操作方便的界面模式，实现一键操作、文本输入提示等多种无障碍功能。还要求提升方言识别能力，方便不会普通话的老人使用智能设备。针对当前互联网应用中强制广告较多，容易误导老年人的问题，互联网网站和手机App完成改造后的适老版、关怀版、无障碍版本，将不再设有广告插件，特别是付款类操作将无任何诱导式按键，以便各类特殊群体方便、安全地使用。

面对庞大的市场前景和政府的政策要求，各大购物网站、出行打车软件、外卖平台、内容社交平台等均进行了互联网适老化改造。例如，2021年，微信上线"关怀模式"，支付宝新增"长辈模式"，美团等增加了语音点外卖、线下门票预订关怀版专区等功能。酷狗音乐自2020年起迎合中老年人的喜好新增了"大字版"，精选中老年喜爱的曲目，添加广场舞、红歌、儿歌、相声、戏曲等优质内容板块，涵盖音频和视频两大类型，点击就能轻松畅享音乐和视频，避免过于复杂的搜索，深受大量老年群体的喜爱。在百度大字版App产品推出前，企业做了严密的大数据分析，针对老年人的视觉障碍、肢体障碍、认知障碍和听觉障碍，开发了相应的功能及推进了细化标准的建立。针对老年人视力衰退、文字接受能力下降的特点，百度大字版App在资讯呈现方式上更多采用短视频形式，老年人还可以听新闻、听文章；针对老年人的陪伴需求，百度大字版上线了"陪伴电台"，子女可以录制自己的语音包，用自己的声音为老年人播报资讯；针对老年人搜索不便的困难，百度大字版打造了语音搜索功能、图片搜索等功能。

在适老化工作开展的同时，部分企业看到了老年群体的市场前景，"银发市场"也成为互联网企业们未来重要的竞争领域，内容丰富的"互联网+老年人经济"正逐步成为"朝阳产业"。有调查机构结果显示，在互联网增长出现一定瓶颈时，老年群体成为互联网发展、市场下沉的新目标。据统计，2021年超50%的老年群体网络消费大于1,000元，同比增长1.9%。线上消费需求的不断激发，凸显银发人群"有钱有闲"的市场优势。淘宝、拼多多成为其主要购物渠道。除消费潜力外，短视频类应用的用户黏性较高，抖音、快手等应用成为头部产品；在此基础上，打车、本地生活类服务应用不断优化其内容、操作方式等，采用"线上+线下对接"等模式，迎合中老年群体的使用习惯，生活类应用的探索性使用频率逐步增高。但是，瞄准经济利益的前提，需要以更好地满足、适应老年人的需求为准则。新华社发文《字体更大就够了？互联网App如何做好老年人服务》称，互联网企业想要切入"银发经济"，做好老年人服务是基础。而从社会治理的角度看，一个善治的社会图景中，一定不会任由技术进步"抛弃"那些相对弱势者，一定会用"定向"关照与技术普惠，打开他们跟智能化社会的"接口"，为公共生活涂上更充分的人性化底色。

近几年互联网行业开展适老化工作取得了较好的效果，但是仍存在部分企业浮于表面、不够深入等问题，且适老化内容增长力不足、网络安全问题偶有发生。如何真正弥合数字鸿沟，让老年群体共享数字化生活的便利，是政府、社会和行业要认真思考、持续开展的工作。

数字乡村建设卓有成效

2021年2月21日，中共中央、国务院印发《关于全面推进乡村振兴 加快农业农村现代化的意见》，这是21世纪以来第18个指导"三农"工作的中央一号文件。中央一号文件聚焦农业农村问题，特别提出了大力推进数字乡村建设。2021年数字乡村建设持续向好，在基础设施建设、农村地区参与度、农业电商等方面取得了显著成效。

中国互联网络信息中心（CNNIC）发布的第49次《中国互联网络发展状况统计报告》显示，截至2021年12月，我国城乡上网差距继续缩小。我国现有行政村已全面实现"村村通宽带"，贫困地区通信难等问题得到了历史性的解决。我国农村网民规模已达2.84亿，农村地区互联网普及率为57.6%，较2020年12月提升了1.7个百分点，城乡地区互联网普及率差异较2020年12月缩小了0.2个百分点。自2019年中央印发《数字乡村发展战略纲要》以来，我国持续在提升农村地区信息化水平、农民现代化信息技能方面发力，基础设施水平不断完善，农村地区触网率持续增长。

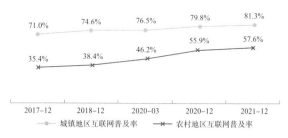

图10-5　2017—2021城乡地区互联网普及率

2021年11月，瞭望智库发布《2021农村电商发展趋势报告》称，在乡村振兴背景下，2021年以来，农产品线上"品牌化+平台化"方向趋势发展明显，农业科技、人工智能等正在持续推进农村电商的数字化发展。例如，拼多多基于开拓性的分布式人工智能"农地云拼"体系带动农产品大规模上行，让偏远地区的农产品突破了传统流通模式的限制，直连全国大市场。此举打破了传统渠道农产品销售的限制，延长了农产品价值链。同时，借助现代物流体系，助力了农产品销售规模化。

2021年12月，《人民日报》海外网舆情中心发布《中国数字乡村网络舆情报告（2021）》显示，数字乡村舆论热度明显上升，其中短视频发展势头尤为迅猛，数字乡村类题材短视频数量较2020年增长了30倍之多，短视频成为农村居民接收信息、创作获益重要途径。2021年，最有代表性之一的农村短视频博主非"张同学"莫属。"张同学"是一名来自辽宁的短视频博主，日常通过短视频记录在农村的生活。其视频内容没有滤镜、没有特效，就是真实地反映农村的真实生活。每条作品像是以记流水账式的形式呈现，记录自己起床、穿衣、做饭、吃饭、喂鸡猫狗、逛街等这些日常行为。但独特的东北农村场景却让网友感受到了别样的精彩，其真实性拍摄内容引起了部分曾经或正在农村居住的用户共鸣。张同学在更新视频两个月左右后，抖音粉丝量已经突破1,400万。截至2022年2月底，其抖音粉丝数量已接近2,000万，视频作品获赞超9,700万。除张同学外，大量农村用户活跃在短视频平台。有数据统计，截至2021年底，某短视频平台粉丝量过万的"三农"创作者超4万人，"三农"相关视频日均播放量超42亿次。

同时，农产品直播带货依旧如火如荼。直播带货已经成为广大农民的"新农活"，带动手机成了"新农具"。数据显示，2021年农产品网络零售额为4,221亿元，增速为2.8%。商家也出台了惠农政策和方案，助推农产品电商。例如，京东启动全面的乡村振兴京东"奔富"计划，构建农产品现代流通体系，促进高品质农产品正向循环，为乡村振兴提供完整的解决方案，计划启动10个月时间，已带动农村实现了2,200亿产值；拼多多上线"多多丰收馆"，多多买菜成为消费助农新渠道；抖音在2021年农民丰收季开启"富域计划"，在7省份农业原产地进行了上万场直播，助销千款区域特色农货，助力农民丰收增收。

不过，农产品直播电商在持续发展的同时也出现了一些负面的事件。有专家指出，部分商家虚构农产品滞销信息，营造虚假现场，以助农之名欺骗消费者；还有疯狂蹭热点，盲目跟风的现象，如山东"拉面哥"被大量网红骚扰，以农村孤寡老人、留守儿童、废弃村庄为背景，导演卖惨情景，博得同情借机谋利。农产品直播带货对农民增收、乡村建设均有重要意义，在行业发展的同时，要关注进一步改善参与主体基础数字素养与能力，走好乡村直播带货路。

第三节　监管发力：直击行业痛点

21世纪以来，互联网持续呈现出高速发展的势头，应用场景越发丰富，从办公娱乐到日常生活，无不有互联网的渗透。作为新兴且多变的新事物，互联网行业高速发展的同时，其潜在风险也逐渐暴露。现有的监管手段无法很好地适用于部分行业问题，导致部分企业及个人钻监管漏洞，无序扩张、恶性竞争、偷税漏税等行业乱象频出。针对此类问题，我国政府部门在2021年出台多项措施，直击互联网行业发展痛点，护航网络生态环境健康发展。

互联网反垄断出击资本无序扩张

随着互联网企业不断发展壮大，互联网巨头早已渗入各行各业。部分企业头部效应明显，凭借庞大用户群体、充足的资本背景，足以撼动社会的日常经营，出现了"垄断"和滥用市场支配地位的苗头。其发展和运营的方式合规与否将对行业乃至社会经济的基本盘起到重要影响。2020年年底，中共中央政治局会议首次明确提出"强化反垄断和防止资本无序扩张"，同时在2021年的政府工作报告中进一步得到强调。反垄断监管在保护市场公平竞争、保障和促进平台发展的同时，着力维护平台内经营者和消费者等各方主体的合法权益，使全社会能够共享平台技术进步和经济发展成果，实现平台经济整体生态和谐共生和健康发展。近年来，美国和欧盟均对数字平台开展反垄断工作，表明监管常态化与执法严厉化已成为全球趋势。国家在2021年重拳出击。据媒体统计，2021年，国内共有39家互联网企业被喊话，9家互联网企业被依法处罚，罚款金额近200亿元，堪称"互联网反垄断元年"。

部分互联网企业凭借其体量巨大、资本充足，形成无序扩张、恶性竞争之势。一方面，个别互联网企业利用优势地位和经营者对其的依赖性，使用封闭化、垄断性竞争手段，严重干扰了市场公平和用户的互联网体验。例如，自2019年起，部分平台强迫商家"二选一"，即只允许商家在本平台开店，而不能在其他平台开店，此举严重损害商家和消费者利益；部分大型互联网公司互相屏蔽，禁止其他平台信息在本应用内分享、讨论，导致信息在不同App出现隔离，严重影响了用户体验。此举引发网民的强烈不满，吐槽相关公司"资本家嘴脸、吃相难看"。

部分互联网巨头企业入局传统行业，使得行业生态平衡打破，资本力量重压下，严重影响原有小微企业和个人的利益。例如2020年起，部分电商巨头公司相继投入大量资源入局生鲜社区团购，凭借雄厚的资本优势，大打价格战、垄断进货渠道，严重影响了小商贩的利益。《人民日报》评论称："掌握着海量数据、先进算法的互联网巨头，别只惦记着几捆白菜、几斤水果的流量。科技创新的星辰大海、未来的无限可能性，其实更令人心潮澎湃。"互联网巨头的垄断和无序扩张会加剧中国经济脱实向虚状态，使社会资本流向虚拟经济和互联网经济，实体经济的生存越来越困难。网民对互联网巨头的行业扩张速度表示不满和担忧，在资本的作用下，大型公司一旦瞄准某个行业，很快就会对其产生颠覆性改变和影响。

此外，部分企业跨界收购其他行业成熟企业或新型产业，不断扩大自我版图。根据《新财富》2021年11月报道，全球586家独角兽公司中，腾讯投资了将近1/10，高达52家，仅次于红杉资本；阿里系（阿里、蚂蚁、云锋）投资了44家。腾讯位列前十大股东的41家上市公司，总市值高达5.4万亿元，相当于科创板的体量，超过了其自身4.6万亿元的市值。中国前30大App，70%隶属国内两大互联网公司。10亿中国网民的移动生活，被两大互联网公司控制。这严重扼杀了市场多样性和企业的创新性，在互联网巨头的无情打压和疯狂收购的状况下，新的互联网企业的产生越来越难甚至成为不可能的事，因为这些新的互联网企业要么被互联网巨头压制，要么被收购。长此以往，部分巨头形成多行业垄断之势，将会产生巨大的隐患。

2021年，国家对反垄断与市场恶性竞争作出了进一步的规范与整顿，密集出台多项法规条例，对打击资本无序扩张及平台垄断起到了重要作用。2021年2月7日，国务院反垄断委员会印发《关于平台经济领域的反垄断指南》，旨在对平台经济领域具体适用反垄断法提供更加细化的规则指引；8月19日，最高人民法院对《中华人民共和国反不正当竞争法》第十二条"互联网专条"的兜底条款进行了进一步补充和细化，为正确审理互联网不正当竞争纠纷案件，维护公平竞争秩序提供司法指引；10月23日，全国人大正式公布《反垄断法（修正草案）》并向社会征求意见。它迎来了其施行13年以来的首次大修，草案对于数字经济法发展提出的新挑战做出回应，强化了对大型数字平台的反垄断规制，重点关注了数据、算法、技术、平台规则的特殊问题，并在总则中明确"国家强化竞争政策基础地位"；11月18日，国家反垄断局正式挂牌。

政府在互联网反垄断方面积极作为，取得了较好的成效。2021年4月10日，因阿里巴巴滥用市场支配地位，实施"二选一"行为，被国家市场监督管理总局处罚。根据反垄断法相关规定，处以罚款182.28亿元。无独有偶，美团也因"二选一"被处罚34.42亿元，约占年收入3%。2021年11月，市场监管总局根据《中华人民共和国反垄断法》，对43起未依法申报违法实施经营者集中案件立案调查，包括了百度、阿里巴巴、腾讯等互联网企业对其他公司的收购，市场监管总局对涉案企业分别处以了50万元罚款。在政府监管下，部分企业调整应用开放策略。微信2021年9月发布声明称，在监管部门的指导下，于9月17日起开始执行落实"以安全为底线"的互联互通方案，点对点聊天场景中将可直接访问外部链接，并将在群聊场景试行开放电商类外部链接直接访问功能。

经过整顿，从2021年来看，政府对于互联网企业在平台经济领域的无序扩张、平台借助并购限制竞争、涉嫌垄断等问题监管、处罚力度不断加大，有力保障了行业的健康发展，铲除了潜在隐患。

媒体及网民也纷纷对国家开展的相关行动表示认可。长江产业经济研究院指出，我们真正需要反对的，不是它们的市场地位，而是它们利用地位攻击竞争对手的市场行为；不是垄断事实本身，而是利用垄断地位排挤中小企业的恶劣行为。因为，这会导致严重的不公，引起巨大的社会矛盾。也有专家指出，平台经济已经成为新时代社会变革与创新的重要引擎，更是走向共同富裕的重要引擎。强化反垄断与防止资本无序扩张，是完善社会主义市场经济体制的内在要求，必须深入推进公平竞争政策的实施，从而为缩小收入分配差距、促进共同富裕营造更为健康的市场环境。网民纷纷点赞政府行动，表示"此举有效防止资本绑架国民经济，减少经济内卷，也是平衡发展和安全的有力举措"。

直播短视频行业在整治中有序发展

中国互联网络信息中心（CNNIC）发布的第49次《中国互联网络发展状

图10-6　2017年12月—2021年12月网络直播用户规模及使用率（单位：万人）

况统计报告》显示，截至2021年12月，我国网络直播用户规模达7.03亿，较2020年12月增长8,652万，占网民整体的68.2%。其中，电商直播用户规模为4.64亿，较2020年12月增长7,579万，占网民整体的44.9%。直播凭借易操作、音视频丰富性，吸引了众多网民的关注。直播行业用户渗透率逐渐走高，网红经济、电商经济水涨船高。

在利好的形势下，大批量用户拥入直播行业，"当网红""直播卖货"成为风口，但随之而来的电商产品质量问题、数据造假、"网红"低俗化问题、盈利税收等问题逐渐显露，亟待规范。2021年，国家针对直播行业存在的问题出台相关政策，持续净化网络环境，有力维护良好的直播环境、用户体验和安全性，促进了直播行业繁荣有序发展。

2021年，多个电商主播因偷逃税等原因被查。如淘宝直播平台主播薇娅偷逃税被追缴并处罚款13.41亿元，雪梨因偷逃税款被依法追缴税款并处罚6,555.31万元，随后淘宝、微博等多平台封禁其账号，最终遭到全网禁封；快手平台头部主播"辛巴"因选品品质问题、言论等问题多次被封号禁言。以亿来计数的罚款，引来不少网友感叹"一度怀疑他们跟我们用的不是同一种货币"。由此可见，头部主播的负面消息暴露了整个行业的问题，或已成为偷逃税的重灾区。税务部门不断出手，也给网络主播们敲响了警钟：高速发展的网络直播行业不会成为法外之地，不能成为税收的"灰色地带"和盲区，绝不能存在侥幸心理。

电商直播领域数据造假问题也时有发生。部分商家通过刷观看量等数据，使得关注度和成交量却不匹配，造成"虚假繁荣"伪象。有专业人士指出，在直播间使用机器人或假粉丝增加人气，其实早已成为很多网络公司的常态，"刷单已成为行业公开的秘密"。有媒体记者在某刷单QQ群内潜伏发现，刷单明码标价，如直播增加观看人数，15元100人气（在线观看）；16元吸引10个粉丝。这样算下来，买一个在线观看人数仅0.15元。低成本的刷单吸引了众多商家和主播，造成刷单市场"火爆"。还有部分"明星"直播间刷单，营造高额成交量，直播结束后出现大批多台退款单的刷单行为，导致店铺收到平台的虚假交易警告。店铺不仅付出了高昂的直播间进驻费，商家信誉还受损，严重伤害了商家的直播积极性，但是如不直播则会降低商品的曝光度和竞争力。由此一来，直播成了"围城"。有网民坦言："现在做电商直播就是找死，不做就是等死。"因此，有必要及时出台相应的制度规范，以维护网络市场秩序，保护广大消费者合法权益，促进直播新业态健康有序发展。

2021年，《网络交易监督管理办法》《网络直播营销管理办法（试行）》等多项规定于上半年实施，将电商直播明确纳入网络交易监管范围，推动了电商直播行业市场秩序进一步规范，消费者权益保护力度进一步提升。2020年年底，国家互联网信息办公室对外发布《互联网直播营销信息内容服务管理规定（征求意见稿）》，规定明确，直播间运营者、直播营销人员不得发布虚假信息，欺骗、误导用户；不得虚构或者篡改关注度、浏览量、点赞量、交易量等数据流量。同时开展具体行动，在2020年至2021年整治多个直播平台，联合多部门发现并查处偷逃税款、购买虚假粉丝、恶意营销等多项问题，有力促进了电商直播的健康发展。

观察者网等媒体跟踪了直播电商行业整改后的新变化：头部主播逐渐隐身，取而代之的是团体化的主播和助播们。这可以认为是头部主播因假货、偷逃税等原因被封后行业的被动自我调整，各个主体都在警钟敲响后试图加强自身的抗风险能力，寻找自身和这个万亿级别市场的可持续发展之路。从商业模式来看，依赖单一头部主播已经被验证是高风险模式。艾媒咨询CEO兼首席分析师称，依赖单一头部主播对网红孵化机构（MCN）来说经营风险较大，一旦主播出现信誉问题，机构将会遭遇重创。直播电商的生态需要行业有多样化的主播来满足不同产品的销售需求，放弃以头部为主，改为中腰部主播和品牌提供机会。形成规模化，才是长久之道。

除了上述问题，直播行业良莠不齐，直播、视频内容低俗、恶意营销等问题时常发生。为此，国家持续出台相关政策。2021年9月2日，国家广播电视总局网站发布《关于进一步加强文艺节目及其人员管理的通知》，提出坚决抵制低俗"网红"、无底线审丑等泛娱乐化倾向。同日，文旅部发布《网络表演经纪机构管理办法》，提出要加强对经纪机构的管理，约束表演者行为，坚持正确的价值导向，治理娱乐圈乱象。为切实解决账号运营存在的突出问题，国家互联网信息办公室于2021年10月开展"清朗·互联网用户账号运营乱象专项整治行动"，对网络直播等网站平台账号乱象进行集中整治，严厉打击违法违规账号"转世"、账号名称信息违法违规、网络名人账号虚假粉丝、恶意营销等问题。

随后，微博、抖音等多家平台发布相关信息，根据要求开展用户账号运营乱象专项整治行动。相关政策出台后，大量低俗类、负面账号被禁封，如2021年9月，拥有近千万粉丝的网红"郭老师"账号被永久封禁，随后其转战其他平台发声，随即又被封禁，成为"全网封禁"账号。抖音平台在2022年1月发布落实情况称，2021年重点打击了借热点事件无底线蹭热度、博流量等账号行为，如2021年12月初，"孙海洋14年寻子成功"一事引发舆论广泛关注，部分主播却借此营销，通过实时直播和发布短视频等方式蹭热点，干扰当事人正常生活和线下社会秩序，扰乱平台生态。平台共处置违规主播49个，封禁多次蹭热点相关账号126个。国家互联网信息办公室发布公告称，2021年有关网站平台对2万余个"头部账号"依法予以关闭、暂停更新。这些有的侮辱英雄烈士，伤害民族感情，如"罗昌平""YvonnAlmond"等；有的肆意造谣传谣，干扰网络传播秩序，如"George-瓜瓜""孟婆在修行"等；有的传播软色情信息，毒害青少年身心健康，如"奇葩影录""高清私密大片"等；有的恶意低俗营销，污染社会风气，如"云南达摩""风小逸"等；有的存在偷逃税款等违法行为，如网络主播"雪梨Cherie""林珊珊_Sunny"等。

根据官方统计，2021年累计清理违法和不良信息2,200多万条，处置账号13.4亿个，封禁主播7,200余名，下架应用程序、小程序2,160余款，关闭网站3,200余家。国家出台的政策及相关强有力措施为营造清朗健康的网络空间、引导行业健康有序发展提供了重要保障。2022年，国家继续开展相关行动，在2022年3月，中央网信办宣布再次开展"清朗"行动，维护网络生态持续向好，网络面貌持续向上，网络空间日渐清朗。

本书参编作者:（按姓氏笔画排序）

王鹏远　牛一丹　孙鲁香　甘信建　朱晨筱

张　琛　张凯悦　张翔宇　周茂林　凌　翔